Ética e literatura em Sartre

FUNDAÇÃO EDITORA DA UNESP

Presidente do Conselho Curador
Herman Jacobus Cornelis Voorwald

Diretor-Presidente
José Castilho Marques Neto

Editor-Executivo
Jézio Hernani Bomfim Gutierre

Conselho Editorial Acadêmico
Alberto Tsuyoshi Ikeda
Áureo Busetto
Célia Aparecida Ferreira Tolentino
Eda Maria Góes
Elisabete Maniglia
Elisabeth Criscuolo Urbinati
Ildeberto Muniz de Almeida
Maria de Lourdes Ortiz Gandini Baldan
Nilson Ghirardello
Vicente Pleitez

Editores-Assistentes
Anderson Nobara
Henrique Zanardi
Jorge Pereira Filho

Franklin Leopoldo e Silva

Ética e literatura em Sartre
Ensaios introdutórios

Coleção Biblioteca de Filosofia
Direção *Marilena Chauí*
Organização *Floriano Jonas César*

© 2003 Editora UNESP

Direitos de publicação reservados à:
Fundação Editora da UNESP (FEU)
Praça da Sé, 108
01001-900 – São Paulo – SP
Tel.: (0xx11) 3242-7171
Fax: (0xx11) 3242-7172
www.editoraunesp.com.br
www.livrariaunesp.com.br
feu@editora.unesp.br

Dados Internacionais de Catalogação na Publicação (CIP)
(Câmara Brasileira do Livro, SP, Brasil)

Silva, Franklin Leopoldo e

Ética e literatura em Sartre : ensaios introdutórios / Franklin Leopoldo e Silva. – São Paulo: Editora UNESP, 2004. – (Coleção Biblioteca de Filosofia / direção Marilena Chauí; organização Floriano Jonas César)

Bibliografia.
ISBN 85-7139-515-2

1. Sartre, Jean-Paul, 1905-1980 – Crítica e interpretação   I. Chauí, Marilena.   II. César, Floriano Jonas.   III. Título.   IV. Série.

04-0673   CDD-142.78

Índice para catálogo sistemático:
1. Sartre: Filosofia e ficção: Existencialismo   142.78

Editora afiliada:

Asociación de Editoriales Universitarias
de América Latina y el Caribe

Associação Brasileira de
Editoras Universitárias

Apresentação da Coleção
Biblioteca de Filosofia

No correr dos últimos vinte anos, vimos crescer no Brasil a produção de trabalhos em filosofia, bem como o interesse – de natureza profissional ou não – despertado pela filosofia em um novo público leitor. Do lado universitário, esse crescimento decorreu, sem dúvida, da expansão dos cursos de pós-graduação em filosofia, provocando pesquisas originais e rigorosas nos mais diversos campos filosóficos. No entanto, em sua maior parte esses trabalhos permanecem ignorados ou são de difícil acesso, pois são teses acadêmicas cujos exemplares ficam à disposição apenas nas bibliotecas universitárias, mesmo porque a maioria de seus autores são jovens e não são procurados pelo mercado editorial. Disso resulta que bons trabalhos acabam sendo do conhecimento de poucos. Do lado dos leitores universitários, aumentou a procura desses trabalhos porque constituem um acervo bibliográfico nacional precioso para o prosseguimento das pesquisas acadêmicas. Do lado dos leitores não especialistas, a demanda por textos de filosofia também cresceu, possivelmente ocasionada pelas dificuldades práticas e teóricas do tempo presente, que vive a crise dos projetos de emancipação, da racionalidade moderna e dos valores éticos e políticos, fazendo surgir o interesse renovado pelos frutos da reflexão filosófica.

Biblioteca de Filosofia pretende, na medida do possível, responder tanto à necessidade de dar a conhecer a produção universitária em filosofia como ao interesse dos leitores pelas questões filosóficas. Por isso, as publicações se destinam a divulgar os resultados de pesquisas de jovens estudiosos, mas também trabalhos que, entre os especialistas, são hoje clássicos da filosofia no Brasil e que, escritos como teses, jamais haviam sido editados.

Esta coleção, publicando trabalhos dos mais jovens e dos mais velhos, busca dar visibilidade ao que Antonio Candido (referindo-se à literatura brasileira) chama de um "sistema de obras" capaz de suscitar debate, constituir referência bibliográfica nacional para os pesquisadores e despertar novas questões com que vá alimentando uma tradição filosófica no Brasil, além de ampliar, com outros leitores, o interesse pela filosofia e suas enigmáticas questões. Que, afinal, são as de todos, pois, como escreveu Merleau-Ponty, o filósofo é simplesmente aquele que desperta e fala, e que, para isso, precisa ser um pouco mais e um pouco menos humano.

Marilena Chauí

Agradecimentos

Dois dos textos que aparecem neste livro foram publicados em revistas: "A transcendência do ego: subjetividade e narrabilidade em Sartre" (*Revista Síntese*, Instituto de Estudos Superiores da Companhia de Jesus, v.27, n.88, 2000) e "Arte, subjetividade e história em Sartre e Camus" (*Revista Olhar*, CECH da Universidade Federal de São Carlos, ano II, n.3, maio 2000). Os demais são inéditos.

Gostaria de registrar aqui um agradecimento muito especial aos alunos da graduação do Departamento de Filosofia da Faculdade de Filosofia, Letras e Ciências Humanas da USP, que cursaram as disciplinas de História de Filosofia Contemporânea de 1999 a 2001 e que tiveram a paciência de ouvir as primeiras versões destes textos. A eles é dedicado este conjunto de ensaios.

Agradeço ao CNPq a concessão de uma Bolsa de Produtividade em Pesquisa para a elaboração dos estudos entre os quais se encontram os que aqui vão publicados.

Sumário

Introdução *11*

I   A transcendência do Ego. Subjetividade e narrabilidade *33*

II   A compreensão interrogante *57*

III Existência e contingência (comentário de *A náusea*) *81*

IV Temporalidade e romance *113*

V   Liberdade e valor *135*

VI A fuga para o em-si *157*

VII Alteridade *183*

VIII Desencanto e compromisso *205*

IX Arte, subjetividade e história em Sartre e Camus *227*

Conclusão
Práxis: a literatura como compreensão
ética da realidade humana *249*

Bibliografia *259*

Introdução

Reflexão filosófica e experiência de ficção

Quando se vai abordar um autor que escreveu obras de filosofia e de ficção, nada mais natural do que procurar a relação entre as duas formas de expressão. A princípio abrem-se várias opções para compreender essa dualidade: uma relação de complementação recíproca entre a filosofia e a literatura; uma ilustração de temas filosóficos por via da criação ficcional; a constatação da insuficiência da exposição teórica; a tentativa de abarcar de modo mais abrangente as questões estudadas; o desejo de corresponder a uma nova maneira de focalizar os temas filosóficos, tanto na forma quanto no conteúdo; a necessidade de encontrar uma outra expressão para uma nova configuração e tratamento da temática filosófica; o atendimento a uma imposição nascida de uma outra concepção da própria filosofia e de uma determinação diferenciada das questões. Todas essas possibilidades se revelariam pelo menos parcialmente verdadeiras se fossem exploradas em relação à obra de Sartre. No entanto, todas elas nos colocariam diante de perspectivas muito gerais, que provavelmente deixariam escapar a especificidade e a originalidade de um certo projeto de *pensar a ordem humana*: a compreensão da existência como *condição* e da contingência como o seu *horizonte-limite*. Se partirmos da pressuposição de que haveria uma determinação recíproca entre a forma e o conteúdo, então teríamos que ajustar todas as possibilidades mencionadas a esse projeto determinado, estabelecendo o centro irradiador desse projeto, do qual decorreria o ajuste entre forma e conteúdo na expressão da concepção da ordem humana. Isso significa que uma filosofia se determina, a partir de si mesma, a encontrar o modo de exprimir a correspondência entre a representação e a realidade. Haveria algo, naquele centro irradiador a que nos referimos, que fundamentaria o perfil expressivo, atuando como uma espécie de condição de possibilidade de uma determinada relação entre filosofia e literatura.

Do que se segue que é a determinação dessa relação que nos faria entender a originalidade do perfil expressivo, o *ajuste* característico do projeto sartriano de pensar a ordem humana. Entendemos que o centro de irradiação desse projeto determina a relação entre filosofia e literatura como uma *vizinhança comunicante*, e é responsável pela diferença e pela adequação recíproca dos dois modos da dualidade expressiva. Com isso, queremos dizer que a expressão filosófica e a expressão literária são ambas necessárias em Sartre porque, por meio delas, o autor *diz e não diz* as mesmas coisas. Parece óbvio afirmar que Sartre diz a mesma coisa quando faz filosofia e quando faz literatura, mas isso ainda deixa intacta a questão de *por que* ele o diz de duas maneiras diferentes. Pois bem: se renunciamos às simplificações, que seria dizer, por exemplo, que a literatura ilustra teses filosóficas apresentando em concreto situações que a teoria considera abstratamente, restaria afirmar que as duas formas de expressão não dizem exatamente o mesmo. Mas seria absurdo afirmar que Sartre filósofo e Sartre ficcionista dizem coisas completamente diferentes. Ora, se a literatura não serve apenas para ilustrar teorias filosóficas e se, no entanto, há uma identidade profunda entre as duas instâncias de expressão, segue-se, pensamos, que a diferença entre a elucidação da ordem humana e a descrição compreensiva de como os homens a vivem é ao mesmo tempo a identidade entre o nível das estruturas descritas fenomenologicamente e o nível das vivências narradas historicamente. Isso não significa simplesmente uma certa estratégia de relacionar o universal e o particular com o abstrato e o concreto, pois a compreensão fenomenológica das estruturas existenciais já ocorre como aproximação do universal concreto, e a compreensão histórica da individualidade vivida é exatamente o recurso para que o próprio indivíduo não permaneça suspenso na atmosfera abstrata criada pela separação entre o universal e o particular. Dito de outra forma, a descrição no plano do universal *já é concreta*: é isso que diferencia a ontologia fenomenológica do exame tradicional da *natureza* humana; e a compreensão das vivências individuais pela via da ficção só atinge o plano da existência concreta porque insere o drama existencial particular na estrutura universal do ser da consciência: é isso que libera a narração sartriana da tipologia romanesca tradicional em que, por exemplo, a personagem encarna ou explicita uma essência, o que faz que o indivíduo permaneça na órbita da abstração.

Isso talvez ajude a esclarecer o que se quer dizer com a expressão *vizinhança comunicante* para descrever a relação determinada entre filosofia e literatura. A princípio, não se trata de uma relação extrínseca e suspeitamos que não seja tampouco uma relação de identidade absoluta. A relação de uma a outra se daria por uma espécie de comunicação que, à falta de outro termo, chamaríamos de *passagem interna*, querendo significar com isso que a vizinhança entre filosofia e literatura é tal que não se precisaria, nem se poderia, sair de uma para entrar na outra, configurando assim dois espaços contíguos mas apenas indiretamente comunicáveis, ou seja, em que a passagem de um a outro se daria pela mediação da exterioridade. Pelo contrário, haveria uma forma de passar de um a outro que seria uma via interna, sem que, nesse caso, a comunicação direta anulasse a diferença. Cremos que seria essa uma forma de resguardar ao mesmo tempo o caráter concreto do universal e a presença do universal no particular. O universal, sabemos, não é uma entidade transcendente; e o particular não é a singularidade isolada. No entanto, o fato de serem comunicantes não implica que a passagem à qual se aludiu seja *dada*: trata-se de realizá-la, e isso é uma tarefa da consciência histórica, porque a ordem humana é histórica.

Por que, no entanto, é necessário afirmar a concretude do universal e a universalidade do particular? A primeira resposta, e talvez a mais óbvia, seria dizer que a filosofia existencial não reserva um lugar para a abstração e que, portanto, não pode sustentar a separação entre a generalidade abstrata e a particularidade concreta, bem como a hierarquia que a tradição institui entre as duas instâncias. Negando a anterioridade da essência, não poderia o existencialismo manter a prioridade do universal abstrato. Sem mencionar que essas observações não nos introduzem *de fato* naquilo que a filosofia da existência teria de mais peculiar, acrescentemos ainda que, dessa forma, não respondemos à pergunta formulada da perspectiva de Sartre. Na verdade, dizer que no homem a existência precede a essência é, se não uma fórmula, ao menos uma afirmação geral que somente adquire valor heurístico quando a associamos a uma outra, talvez mais completa no seu conteúdo interrogativo: o homem é o ser em que o próprio ser está em questão. Dizemos que essa afirmação seria mais completa no seu conteúdo interrogativo por duas razões. Primeiramente, ela enfatiza que o homem é uma questão permanente para si mesmo, e sua "definição" não pode ser tomada nem como o começo nem como o fim da filosofia, já que esta é, sempre e continuamente, o questionamento sobre a ordem humana, a interrogação do homem acerca de sua própria condição. E isso não tanto porque o homem seja um "mistério" para si próprio, mas porque é uma totalidade nunca acabada. Em segundo lugar, porque, fazendo da filosofia a interrogação sobre a ordem humana, o existencialismo sartriano entende que a *realidade* a ser investigada pela filosofia diz respeito, em tudo e por tudo, ao homem. Note-se que isso não significa apenas colocar o homem no centro do pensamento filosófico e fazer que disso dependa toda a filosofia, significa afirmar que a *realidade* é *humana* qualquer que seja a dimensão em que a tratemos. Não apenas porque seria primeiramente constituída de representações da consciência humana, mas porque qualquer aspecto da realidade somente se torna significativo quando apreendido no âmbito da consciência e da história humanas. A ordem humana se constitui quando a totalidade do universo adquire sentido a partir de projetos humanos. Tudo aquilo que existe em si e independente do homem existe também e inelutavelmente para o homem: como objeto de sua ação ou como algo que lhe é indiferente; como algo de que ele se apropria ou que resiste ao seu esforço; como algo que incorpora suas possibilidades ou que designa sua impossibilidade; como aquilo a que se adapta ou que modifica; como algo a ser destruído ou preservado; como algo que já dominou, que pretende dominar ou que considera inatingível. E aquilo que no próprio homem é natural faz parte da representação histórica e metafísica que tem de si mesmo. Tudo isso de forma alguma coloca o homem no centro do universo ou no topo de uma hierarquia dos seres; pelo contrário, assumir a ordem humana na sua totalidade é assumir a fragilidade e a contingência. O processo de historicidade pelo qual o homem elabora sua existência e torna-se o que vier a ser é uma *realização* em sentido próprio: a tarefa de tornar-se realidade como existência histórica. Portanto, quando associamos as duas afirmações mencionadas, a anterioridade da existência e a permanência da questão humana para o homem, o que ressalta é a ação, e, antes de mais nada, a ação do homem sobre si mesmo. Pois quaisquer que sejam as ações ditas exteriores, aquelas que se efetivam em relação à natureza e aos outros, será sempre sobre si mesmo que o homem estará agindo, até porque todas as ações estão impregnadas de historicidade, isto é, de deliberação e de projeto.

Isso justifica, ao menos de modo preliminar, o lugar da ética no pensamento de Sartre. E esse lugar não é um capítulo determinado de seu pensamento porque o projeto de pensar a ordem humana é em si mesmo ético. Daí por que talvez se possa dizer que não há uma só afirmação em toda a obra de Sartre que não possua ressonância ética. A ética configura a base intencional de tudo que ele escreveu. E isso não se deve apenas ao fato de que o homem é um ser histórico ou um ser que só age historicamente, pois há uma concepção de história que proclama que somos historicamente determinados a agir assim como a planta é naturalmente determinada a crescer ou o estômago a digerir. A ação humana é histórica no sentido de que ela é mediada e constituída pela liberdade. O fato histórico é contingente não tanto porque a contingência lhe seja intrínseca enquanto *fato*, mas principalmente porque a *ação* humana é contingente enquanto livre. É essa relação entre ação histórica e liberdade que constitui o núcleo ético da existência. É porque todas as ações envolvem opções livres, isto é, instituição de valor a cada escolha realizada, que a ação histórica está sempre revestida de um compromisso ético.

Nesse sentido, a questão ética é importante para examinar as relações entre filosofia e literatura em Sartre, porque parece ser em torno dessa questão que a própria relação se constitui de forma característica. Ou seja, a dualidade de expressão, no caso de Sartre, parece ser alimentada e sustentada pela intenção de desenvolver a questão ética. A dualidade de expressão aparece, pelo menos para a nossa interpretação, como o meio privilegiado, se não mesmo o único, de tratar o problema ético inerente à existência. Se essa interpretação faz sentido, então deverá ser possível mostrar que os textos teórico-filosóficos, os ensaios de crítica literária e política, os estudos de psicanálise existencial e a obra de ficção se organizam todos, de alguma maneira, em torno da questão ética. De forma mais restrita, poder-se-ia dizer que os problemas éticos esboçados em *O ser e o nada* são reencontrados em *Os caminhos da liberdade*, e que a maneira como são aí tratados já aponta para o modo como serão retomados na *Crítica da razão dialética*. Paralelamente, os estudos sobre Baudelaire e Jean Genet só podem ser adequadamente compreendidos se forem tratados como abordagens concretas dos delineamentos éticos esboçados nas questões gerais acerca da existência, como por exemplo a má-fé, o ser-para-si e o ser-para-outro. Essas remissões devem ser entendidas, nos termos enunciados, a propósito da *vizinhança comunicante*, isto é, não como exemplificações concretas da teoria, mas como algo que aponta para o equilíbrio (instável?) entre o tratamento teórico e o exame da particularidade vivencial. *O idiota da família* (não terminado, é bom sublinhar) indicaria talvez a possibilidade de *realizar* tal equilíbrio: nunca saberemos o resultado que teria sido obtido.

O homem é o ser para o qual o seu próprio ser está em questão: *estar em questão* significa, nesse caso, a impossibilidade de uma *resposta* total e definitiva, e também a impossibilidade de uma completa elaboração da *pergunta*. Não havendo essência ou natureza sobre a qual perguntar e responder, sendo a existência modulada pela historicidade, é o apego da filosofia à historicidade que governa a interrogação. Assim:

> As questões que o nosso tempo nos coloca e que permanecerão como *nossas* questões são de uma outra ordem: como é possível fazer-se homem na história, pela história e para a história? Haverá uma síntese possível entre a nossa consciência única, irredutível, e a nossa relatividade, ou seja, entre um humanismo dogmático e um perspectivismo? Qual é a relação entre a moral e a política? Como assumir, para além das nossas intenções profundas, as consequências objetivas dos nossos atos? A rigor, pode-se enfrentar esses problemas no plano abstrato pela reflexão filosófica. Mas nós ... pretendemos vivenciá-los, isto é, sustentar os nossos pensamentos pelas experiências fictícias e concretas que são os romances...[1]

As *nossas* questões são aquelas colocadas pelo *nosso* tempo. A ilusão de que podemos escolher as questões deriva da possibilidade, que sempre nos é dada, de não considerá-las ou de escamoteá-las, o que em geral significa substituí-las por perguntas intemporais: o que é o Homem? O que é o Bem? Perguntas que envolveriam um compromisso com o Absoluto. Mas a consideração histórica da finitude mostra a impossibilidade de dialogar com o Absoluto. A elaboração das questões se dá no horizonte da ordem humana, histórica. Por isso é o com-

---

1 Sartre, *Que é a Literatura?*, 1989, p.164-5.

prometimento histórico que está em jogo quando perguntamos como é possível *fazer-se* homem na história. O que está em questão é a síntese possível entre a irredutibilidade da consciência individual e a relatividade histórica, o que significa que nem a consciência, nem a história, unicamente por si mesmas, poderão me mostrar como o homem se faz homem. A própria questão só tem sentido humano se formulada já no âmbito da relação de compromisso entre o irredutivelmente humano (o humanismo dogmático) e a relatividade histórica do homem e de tudo que é humano (o perspectivismo). Ora, o compromisso entre o homem e a história é de ordem ética; esclarecer esse compromisso, examinando-o nas suas modulações, é igualmente uma tarefa de ordem ética, quer o façamos "no plano abstrato da reflexão filosófica", quer no nível das "experiências fictícias e concretas que são os romances". A reflexão filosófica e a experiência fictícia comunicam-se pela própria manutenção de suas diferenças; o abstrato e o concreto se interligam pela passagem interna entre a concretude do universal e a irredutibilidade absoluta do particular.

A articulação das instâncias humanas é complexa porque não há nela a limpidez das ideias puras. É difícil e dramático compreender a história que se faz, porque a contingência da ação corresponde à opacidade da história imediatamente vivida. Somente à distância se pode montar uma compreensão linear dos eventos históricos. E o historiador o faz justamente porque está fora e além do presente vivido, dispõe do acontecido e não está em confronto com o acontecimento. Mas "o acontecimento só aparece através das subjetividades", o que quer dizer que o presente não é transparente e o futuro é sempre uma conjectura: toda consciência atual é semilúcida e semiobscura.[2] Compreender a historicidade que caracteriza a existência certamente não é fazer história à distância. Por isso, tanto a reflexão filosófica quanto a experiência fictícia são tributárias do esforço de compreensão desse misto de obscuridade e lucidez que é a consciência empenhada no seu presente.

---

2 Ibidem, p.166, e nota 11, p.228.

Daí outro traço da filosofia da existência em Sartre, quer ela se dê na teoria quer no romance: não se pode pretender sempre a clareza total porque ela é em geral solidária da perda parcial da compreensão das relações entre acontecimento e subjetividade, ou seja, do eixo histórico-existencial da condição humana. Na reflexão filosófica, notadamente na elucidação ontológica, a fenomenologia, tal como Sartre a entende, corresponde a um procedimento que tenta evitar o sobrevoo e o distanciamento. No plano da experiência fictícia, um determinado modo de narrar cumpre a mesma função. Em ambos os casos, importa não adotar a posição do olhar totalizante, a pretensão de onisciência, a imitação de uma visão divina da história desdobrada. A reflexão filosófica, por mais que se queira fazer concreta, talvez não possa adotar, ela mesma, a perspectiva da situação particularmente determinada. Mas pode entender que, na realidade vivida que se trata de compreender, só há situações particulares e determinadas. E assim pode compreender o sentido geral das situações determinadas, o seu papel estruturante nas condutas humanas. Quanto à literatura, ela pode e deve ser situada. Se a representação literária implica mostrar a realidade pela ficção, é o perspectivismo e a particularidade da experiência humana singular que devem prevalecer. Como vimos, é pela irredutibilidade da consciência individual que o homem vive a relatividade histórica. O romancista deve, portanto, resistir à tentação de Sirius, deve compartilhar com a sua personagem a opacidade que, em cada situação, se interpõe entre a consciência e a realidade, entre a consciência subjetiva e o outro, entre o sujeito e si-mesmo. Também nesse ponto reencontramos o motivo fundamental da filosofia da existência, já referido: o homem é o ser para o qual o seu próprio ser está permanentemente em questão. Uma literatura que trabalha, por via das diversas situações que configuram a existência, as questões que continuamente se apresentam para uma consciência comprometida é uma literatura que renuncia à simples descrição de estados da consciência, quaisquer que sejam, mas procura examinar o problema que a cada momento se põe para a consciência nas suas relações com as coisas, consigo mesma e com as outras consciências. A realidade humana não é objeto de contemplação porque, numa sociedade fundada na alienação, o homem não atingiu sequer a sua própria realidade: é prisioneiro de uma imagem inautêntica de si próprio. Se a literatura é feita para esses homens e com esses homens, e também por eles, então é inevitável que ponha em questão essa situação histórica, caracterizada pela alienação, uma época em que a liberdade não é uma expansão natural mas sim uma experiência difícil e incerta.

Em suma, a representação literária, se parte de um diagnóstico realista fruto de uma reflexão autêntica sobre o homem e a historicidade, realiza-se como exigência incondicionada no próprio momento em que mostra o ser humano determinado pelas condições mais adversas. Como se explica esse aparente paradoxo? Pelo fato de que a obra literária supõe a transitividade das consciências no sentido em que ela só se realiza como um encontro de liberdades. A escrita é um exercício de liberdade que somente se completa apelando para a liberdade do outro, o leitor. A leitura, mais que fruição contemplativa, é exercício de liberdade. Se essa relação acontece, é porque a literatura, ao dirigir-se à liberdade do outro, visa-o como fim e não como meio. É nesse sentido que o ato literário – escrever e ler – eleva-se acima das condições não porque liberta, mas porque evoca no outro a liberdade que ele exerce ao visar a obra na gratuidade que lhe é própria. É como se a exigência incondicionada da obra constituísse, entre o autor e os leitores, reais e possíveis, aquilo que Kant denomina uma comunidade dos fins. O caráter incondicionado da obra de arte, invocado por Kant, é para Sartre o apelo à liberdade. Para que esse apelo deixe de ser uma exigência formal, ele deve se tornar histórico, acontecer de dentro da história e a partir dela, para que a liberdade passe de exigência formal a reivindicação real. A obra literária é representação imaginária da realidade. O imaginário representa o real pelo poder de negação. Para que a liberdade inerente à gratuidade e incondicionalidade da obra não se exerça somente no imaginário, é necessário que a obra provoque mais do que a fruição imaginária: é preciso que ela leve à consciência efetiva da liberdade na história.

Lembremos que o homem que lê se despoja, de certa forma, de sua personalidade empírica, escapa de seus ressentimentos, de seus medos, de seus desejos, para elevar-se ao mais alto de sua liberdade; essa liberdade toma a obra literária como fim absoluto e, através dela, toda a humanidade: a obra constitui-se em exigência incondicionada em relação a si mesma, ao autor e aos leitores possíveis: pode, portanto, identificar-se com a *boa vontade* kantiana que, em qualquer circunstância, trata o homem como um fim e não como um meio.[3]

Transformar um imperativo formal em projeto histórico; passar das intermitências do imaginário para a vida ativa no contexto histórico: tal deveria ser a ressonância do apelo à liberdade que ocorre por via da transitividade da literatura. Como não entender o caráter ético da relação que assim se constrói? E se o apelo à liberdade contido na obra é de caráter ético, como não entender que isso acontece porque a ética está intrínseca e inteiramente presente no questionamento da ordem humana que a obra romanesca expressa? Não seria, então, a questão ética o tema de todos os temas?

"A *praxis* como ação na história, isto é, como síntese entre a relatividade histórica e o absoluto moral e metafísico, com esse mundo hostil e amigável, terrível e irrisório que ela nos revela: eis o nosso tema."[4]

Literatura, absoluto e história

Sartre entende que a sua geração redescobre a função da literatura quando se dá conta daquilo de que deve falar, isto é, essa redescoberta é o encontro do *tema*, e tal encontro se dá por via de uma reincorporação violenta da consciência na história. O escritor encontra o tema porque este se desenha na práxis para a qual ele é reconduzido quando sua visão de mundo é compulsoriamente requisitada pela história, ou seja, quando a percepção da realidade passa a ser constituída pela

---

3 Ibidem, p.198-9.
4 Ibidem, p.176.

consciência da historicidade. Essa mudança, na concepção das relações entre literatura e realidade, apresenta-se com um teor praticamente coercitivo, porque a historicidade aparece como dado inelutável, como origem ou raiz de todas as opções. Esse modo de estar diante da história, que é descrito como uma presença brutal da atualidade, é que recoloca a prática literária como uma *ação na história*, entendida como uma síntese entre o irredutível e o relativo, entre "o absoluto moral e metafísico" e a contingência histórica. Não é mais possível a literatura de sobrevoo, aquela que considera sempre a história como já feita, aquela que trata o presente com a soberania e a onisciência com que o historiador trata o passado. A literatura de sobrevoo se vale do procedimento de incorporar a relatividade vivida na visão absoluta da consciência que narra o vivido, e assim a contingência do conteúdo é como que compensada pela necessidade própria à forma de narrá-lo. Trata-se de uma literatura que recusa a situação e o perspectivismo, o que quer dizer que recusa a sua historicidade. Daí a predileção pelos temas eternos, pela busca daquilo que, no homem e nos acontecimentos, se ocultaria por trás das aparências imediatas, atuais e fortuitas. Mas os tempos de crise, ou os momentos em que já não é mais possível ocultar a crise, remetem o indivíduo para a consciência da sua *situação*. O homem situado é aquele que vive conscientemente a sua relatividade histórica. Estar presente no mundo de forma situada não é uma escolha no sentido de que não se escolhe viver em épocas de crise, já que a ninguém é dado escolher a época em que vive, mas assumir que a vida histórica é sempre a existência situada significa assumir conscientemente a historicidade e suas consequências. Nas épocas de crise, a história se faz presente de forma mais brutal porque o acontecimento presente agride a consciência e não apenas apresenta-se para ser assimilado num encadeamento em que o presente histórico já pode ser de alguma maneira incorporado como a história passada. Pelo contrário, o presente deixa de ser aquele instante de passagem fugaz, como se a sua característica mais marcante fosse tornar-se passado; ele se apresenta antes como a ocasião da inquietude e da perplexidade, que são maneiras pelas quais a atualidade se prolonga na consciência com aquela espécie de retardamento temporal própria das situações-limite. É isso que confere densidade à ação histórica vivida na efetividade de um presente crítico, e faz a diferença entre esse compromisso e a visão da história feita. Mais tarde, algum historiador traduzirá esses momentos num encadeamento causal compreensível na linearidade da sua transição, mas essa lógica retrospectiva não anula a intensidade e a irredutibilidade da consciência agente na história. Essa consciência que vive a instabilidade do presente e a ansiedade inerente ao futuro leva diretamente ao caráter concreto da historicidade, ao mostrar que a história não é apenas o *meio ambiente* no qual transcorre a vida humana, mas o contexto contraditório das mediações pelas quais e entre as quais se constroem a subjetividade e a intersubjetividade. A *situação* significa sempre uma posição definitivamente no interior da história e é esse caráter interno e intrinsecamente definidor das possibilidades que se manifesta ao mesmo tempo na irredutibilidade e na relatividade do sujeito histórico. É nesse contexto que a geração de Sartre redescobre a função da literatura em sua relação com a historicidade.

"A historicidade refluiu sobre nós; em tudo que tocávamos, no ar que respirávamos, na página que líamos, naquela que escrevíamos, no próprio amor, descobríamos algo como um gosto de história, isto é, uma mistura amarga e ambígua de absoluto e transitório."[5] A situação é, como dissemos, uma determinada posição dentro da relatividade histórica. Mas a própria relatividade histórica é vivida de maneira dupla e ambígua. A realidade primeira da situação vivida está ligada à irredutibilidade da consciência, e essa irredutibilidade é simplesmente o absoluto a partir do qual cada consciência escolhe, e age, a partir dessa opção, no plano imanente de uma história que se faz e que se vive, inventando assim a forma individual de atravessar a situação histórica. O caráter transitório de cada situação é de certa maneira abstrato relativamente ao plano da vivência das opções e das ações

---

5 Ibidem, p.158.

na imediatidade do presente, pois o absoluto de que fala Sartre não transcende a situação: ele a constitui na sua instância mais íntima, que é a irredutibilidade da consciência que a vive. Nesse sentido, o presente em crise – ou a *situação crítica* – é portador do absoluto, ou seja, o presente na sua proximidade e na sua carne pode revelar o absoluto dantes talvez insuspeitado. É por certo um paradoxo que esse absoluto nos seja revelado no refluxo da historicidade, mas é um paradoxo derivado da "mistura amarga e ambígua" que faz o absoluto surgir do seio da transitoriedade. É nesse cruzamento contraditório que surge o tema da literatura, porque ele é produto da relação entre o incondicionado e o contingente, entre o metafísico e o histórico.

O espiritualismo, o positivismo e a literatura de sobrevoo se fizeram herdeiros de uma concepção otimista da relatividade, que consiste em considerar o relativo como uma espécie de decomposição do absoluto. Tudo que é relativo tira a sua realidade e a sua legitimidade do fato de ser virtualmente parte do absoluto. Até mesmo o limite extremo do relativo, o erro, pode ser incorporado nesse dogma da precedência e da integridade *a priori* do absoluto e da verdade. Não há, propriamente falando, erro, mas apenas aparências falsas do verdadeiro, e como toda aparência pode ser reconduzida à essência, assim também todo erro tende a ser dissolvido na totalidade da verdade. Assim, o erro não é para ser combatido, mas interpretado e reposto na positividade absoluta do verdadeiro. Esse é o sustentáculo lógico da tolerância: em toda opinião, em toda doutrina, em todo sentimento, por mais afastados que aparentemente estejam do verdadeiro, a verdade está em germe, como presença virtual, à espera de que, adequadamente visada, se atualize e se incorpore na totalidade positiva. Há, portanto, que unificar, assimilar, integrar absolutamente tudo, para que o absoluto então apareça conforme preconiza a doutrina clássica: ele não tem contrário, não faz sentido conceber o oposto ao absoluto, ele é um, único e íntegro por definição. O que entendemos como oposição ou contrariedade é apenas fruto de uma visão finita, limitada. Quando o absoluto é concebido como ordem, isso significa que ela já está dada, se não na sua plena realização, ao menos na sua totalidade potencial, que há de se atualizar necessariamente. Disso se encarregará o progresso, que também é algo já virtualmente dado e necessariamente realizável. A totalidade é dada e, assim, justificada em si mesma; essa posição justificadora da totalidade positiva exclui por princípio a negatividade. É essa posição que sustenta a teodiceia como justificativa integral da positividade do absoluto: o mal nunca pode ser visto como o oposto do bem, ele é apenas o próprio bem inadequadamente compreendido. O mal é a ideia confusa do bem, assim como o erro é o verdadeiro visto de maneira confusa e obscura. O erro será sempre analiticamente corrigido e o mal será sempre historicamente redimido. É a totalidade do cosmos ou da história que de direito existe como realidade. O erro particular, o sofrimento individual não são efetivamente reais; integram-se, ao fim e ao cabo, na totalidade e na teleologia. É por isso que, tanto na filosofia quanto na literatura, o procedimento do sobrevoo da realidade e da história é tradicionalmente canônico: quando nos desligamos da particularidade e das limitações de nossa visão contingente, atingimos, intelectualmente, a plenitude da positividade e nos damos conta das ilusões que geram o negativo e o vazio.

A imbricação entre a transitoriedade e o absoluto, a "mistura amarga" de que é feita a história, o despertar para a historicidade, fez, entretanto, aparecer ao mesmo tempo o absoluto trazido pelo tempo da adversidade: o Mal. Não a aparência confusa do bem, mas a realidade absoluta. E não se diga que o mal, trazido pela vivência histórica, isto é, pelo relativo e pelo transitório, não poderia ser qualificado de absoluto. É tal justamente por estar entranhado tão profundamente na história secreta dos tempos felizes, que pareciam governados pelo bem. O mal pôde surgir historicamente com a força de um absoluto porque aquilo que se tinha como a positividade absoluta o segregava e alimentava em latência a destrutividade que as circunstâncias fizeram irromper. Assim, a historicidade colocou os indivíduos frente a frente com a guerra e a morte; a guerra e a morte os fizeram defrontar-

-se com o Mal como absoluto. De modo que se pode dizer que, para a geração francesa que viveu a guerra e a ocupação, a experiência objetivamente histórica do absoluto se deu como a experiência do Mal. Sartre a descreve como a vivência de um tempo em que a tortura era um fato cotidiano.

> Châteaubriand, Oradour, Rue des Saussaies, Tulle, Dachau, Auchwitz, tudo nos demonstrava que o Mal não é uma aparência, que o conhecimento pelas causas não o dissipa, que ele não se opõe ao Bem como uma ideia confusa se opõe a uma ideia clara, que ele não é efeito de paixões que se podem curar, de um medo que se poderia vencer, de um extravio passageiro que se poderia superar, de uma ignorância que se poderia esclarecer; que ele não pode ser de forma alguma mudado, retomado, reduzido, assimilado ao humanismo idealista como aquela sombra que, segundo Leibniz, é necessária ao brilho do dia. Satã, afirmou um dia Maritain, é puro. Puro, isto é, sem mistura e sem remissão.[6]

É, pois, algo trazido pela história que faz desmoronar as bases da ideologia integradora das teodiceias clássicas e contemporâneas. Aquela espécie de espiritualismo lógico professado por um Brunschvicg parece ter-se tornado tão remota como se nunca tivesse existido, embora tenham-se passado apenas duas ou três gerações. É essa a brutalidade contida na irrupção da historicidade: o transitório despertou as consciências para o absoluto, e este invadiu o cotidiano, desafiando os esquemas de crença e de racionalidade até então vigentes.

Como se pode, na dimensão dos fatos históricos, encontrar algo de tamanha magnitude? Até então os bem-pensantes achavam que o ódio era uma limitação do espírito, uma espécie de unilateralidade passional; que o antissemitismo era uma idiossincrasia de espíritos pouco esclarecidos; que a exaltação racista era manifestação de uma visão cerceada da realidade; nada que não se pudesse reparar, assim como aos equívocos históricos que daí pudessem decorrer. Esse otimismo humanista, alimentado por uma ética intelectualista, nutrido

---

6 Ibidem, p.160-1.

por uma ideologia iluminista do progresso humano, foi desmentido de forma absoluta, quando ruíram as pressuposições básicas relacionadas com a concepção radicalmente relativa do Mal. Mas com isso arruinou-se também a própria ideia de homem ou de humanidade. Quando se pratica o mal, está-se a serviço de uma potência absoluta, e não sob o efeito de obscuras paixões sobre as quais a razão teria perdido momentaneamente o controle. "Compreendemos que o Mal, fruto de uma vontade livre e soberana, é absoluto como o Bem ... Chegamos então, a despeito de nós mesmos, a esta conclusão, que parece chocante às almas delicadas: o Mal não pode ser redimido."[7] Há, portanto, uma fratura na positividade; talvez a razão não possa explicá-la, mas a história a mostrou de maneira irrefutável. E foi dessa fratura que surgiu a experiência do absoluto. Constatou-se que as práticas humanas não se organizam a partir de um fundamento que as explique e justifique, mas a partir de um espaço oco, algo como um abismo de onde elas irrompem, terríveis, inesperadas, inexplicadas. E então a ideia de homem perdeu seus alicerces de apoio, revelou-se uma construção frágil e artificial. O que passou então ao primeiro plano da experiência não foi a realidade constituída do homem, mas a sua aniquilação.

A experiência da tortura é algo que envolve a aniquilação total porque corresponde à autoaniquilação.

> Pois a tortura é em primeiro lugar uma tarefa de aviltamento: quaisquer que sejam os tormentos inflingidos, é a vítima que decide, em última instância, qual o momento em que eles se tornam insuportáveis e em que é preciso falar; a suprema ironia dos suplícios é que o paciente, quando acaba por delatar, aplica sua vontade humana em negar que é homem, faz-se cúmplice de seus carrascos e se precipita, por um movimento próprio, na abjeção. O carrasco sabe disso, estreita esse momento de fraqueza, não só porque extrairá daí a informação que deseja, mas porque essa fraqueza lhe provará, uma vez mais, que ele tem razão em empregar a tortura, e que o homem é um animal que se deve levar na

---

7 Ibidem, p.162.

chibata; assim ele tenta aniquilar a humanidade em seu próximo. E em si também, indiretamente: essa criatura ... ele sabe que ela é feita à sua imagem e enfurecer-se contra ela é enfurecer-se contra si mesmo; se quiser escapar por sua vez dessa degradação total, tem como único recurso afirmar a sua fé cega numa ordem de ferro, que contém como um espartilho nossas fraquezas imundas.[8]

O mecanismo da tortura é montado de tal forma que a vítima nunca deva, em princípio, perder a capacidade de decidir: se a tortura chega a um grau em que esse resíduo de poder sobre si é eliminado, ela perde o efeito e o propósito; passa a ser apenas um exercício de força sobre algo inerte. A principal marca de crueldade é que a tortura leva a vítima a concordar com o seu carrasco, a renunciar conscientemente a si mesma. Ela, portanto, despoja-se do próprio sentido de existir, que consistia em resistir, e se entrega sabendo que o faz. Nisso consiste a aniquilação absoluta: no fato de que o carrasco e os tormentos funcionam mais como *ocasião* do que como causa direta, já que sempre ficará a cargo da vítima falar ou prolongar a tortura. Mas o carrasco também está sempre a ponto de aniquilar-se, porque, sendo ambos homens, a condição de carrasco é a condição de vítima possível. E, portanto, ele também se entrega não a um carrasco, mas à ordem à qual se subordina e à qual serve com "fé cega" – é nela que encontra o sucedâneo de um sentido a atribuir ao que é e ao que faz. Nele também é preciso que um resíduo de consciência – isto é, de liberdade – o mantenha na sua condição, na sua fé ou no seu ofício. Por isso, diz Sartre que a tortura é a comunhão de duas liberdades na "destruição do humano".

É impossível saber *a priori* até que ponto a força das convicções e da fidelidade sustentará a resistência. A vítima da tortura não tem, portanto, em última instância, nada que a sustente. Nenhuma natureza, nenhuma crença, nenhuma esperança. Na sua solidão, ela somente contará com aquilo que puder inventar, com o valor que instituir a cada momento. Por isso, diz Sartre que esse é o momento da invenção

---

8 Ibidem, p.161.

do homem, e essa invenção se dá a partir da gratuidade subsequente à derrocada de toda e qualquer ideia prévia de homem. Esse momento de decisão é um momento de criação do mundo humano. "Eles se calavam e o homem nascia do seu silêncio."[9] A reinvenção do homem e do mundo humano se dá, portanto, na situação-limite de resistência à adversidade. É um nascimento associado à iminência da morte. Por isso, é uma experiência absoluta. Sucumbir é render-se absolutamente, é a aniquilação; resistir é vencer absolutamente, e viver do outro lado da vida, do outro lado do desespero. Em ambos os casos, deixa-se para trás a ideia *natural* de homem, aquela gradação indefinida na qual há sempre para onde avançar e sempre para onde voltar, em que se está sempre *no meio* do caminho, em alguma medida, mais ou menos justa, numa *situação mediana*. É contra esse relativismo sereno e complacente que é invocada a situação-limite: pois o relativismo pode trazer a paz da consciência quando nele se repousa como num porto seguro, nas águas calmas da mediania. Sempre haverá alguém *melhor* do que eu e sempre haverá alguém *pior*. Portanto, devo aceitar o meu lugar, sem me louvar em excesso, sem me recriminar tampouco: nem heroico, nem prosaico, apenas um homem comum, uma vida média feita de virtudes ajustadas, implicitamente, àquilo que *não sou*, quando me comparo ao melhor e ao pior. Ou seja, um modo de tirar proveito, na organização de minha conduta, de uma ideia de espécie humana desde sempre dada num perfil de índice gradativo: os indivíduos se dispõem ao longo dessa escala e, como ninguém a domina inteiramente, ninguém pode dizer que está no topo ou no chão. Essa moral da relatividade acomoda-se àquilo que supõe acima e abaixo.

Ora, se não há uma escala predefinida de valores que imponha a cada um a sua posição no placar moral da humanidade, é porque cada indivíduo inventa o seu lugar criando o valor que o faz ser o que é, sem nenhuma justificativa que transcenda a sua situação particular. É essa invenção que dá, a cada escolha de si, o valor absoluto. É nesse

---

9 Ibidem, p.162.

sentido que Sartre recusa o relativismo que promove a síntese das ações humanas a partir de uma estrutura categorial prévia e transcendente a todas as situações.

> Bem longe de sermos relativistas, proclamamos com firmeza que o homem é um absoluto. Mas ele o é na sua hora, no seu meio, na sua terra ... Não será correndo atrás da imortalidade que nos tornaremos eternos: não seremos absolutos por refletir em nossas obras quaisquer princípios descarnados, suficientemente vazios e suficientemente nulos para passarem de um século a outro, mas porque combatemos apaixonadamente em nossa época, porque a amamos apaixonadamente e porque teríamos inteiramente aceito morrer com ela.[10]

O homem é absoluto na *sua hora*: no momento histórico que lhe foi dado viver e a partir do qual ele engendra sua conduta, respondendo aos apelos do tempo e envolvido nas suas contradições; no *seu meio*: entre aqueles homens determinados, que agem de certa forma, que levam adiante certos projetos político-históricos que dizem respeito a eles e aos outros, que vivem e morrem no misto de obscuridade e lucidez que é próprio de toda consciência comprometida com o mundo; enfim, é dentro dos limites humanos que o homem é absoluto, porque o mundo humano é algo de sua invenção e de sua responsabilidade. E sendo o mundo humano o lugar absoluto do homem, o absoluto é histórico porque ele surge a cada vez que o homem nasce e renasce historicamente, ou a cada vez que um homem morre pela preservação desse mundo humano.

É isso que significa estar o absoluto presente na relação mais brutal e aviltante que pode haver entre as pessoas: a tortura. Pois assim como não há nenhum valor que preceda o mundo humano, assim também quando as "potências desumanas" o dominam, ainda temos aí obra humana, já que o terror vem ao mundo quando homens livres se entregam ao desumano. E é sempre uma rendição histórica, porque

---

10 Sartre apud Campbell, *Jean-Paul Sartre ou une littérature philosophique*, 1946, p.268.

nenhum destino traça na eternidade o percurso das condutas humanas. Assim, é na contingência e a partir da *facticidade* que "o homem é um absoluto": isso não significa que, sem fundamento, sem justificativa, sem valores e sem Deus, ele se erga acima de si mesmo ou se ultrapasse, homem além do homem. Pelo contrário, é como se ele se fizesse absoluto por exigência de sua própria fragilidade. É a solidão do para-si que impõe à consciência o absoluto de sua liberdade, é uma consciência despojada de tudo, aquela que se lança adiante de si por sua conta e risco. E quando o sujeito lançado no mundo encontra a densidade da história, um passado herdado compulsoriamente, um presente já constituído, um futuro incerto, será a partir dessa fragilidade originária que ele irá situar-se e projetar-se, razão pela qual ele só pode mesmo ser a origem absoluta de suas escolhas, isto é, de si próprio, inventando-se absolutamente no embate com a relatividade histórica. A presença do absoluto no relativo constitui sempre a singularidade de cada situação. Mesmo que não se viva a todo momento uma situação-limite como no caso da tortura, a historicidade vivida na irredutibilidade da consciência em todas as situações se configura sempre como um tipo de convergência entre o absoluto e a história.

É nesse quadro de convergência que se inscreve o *tema* e se esboça a *tarefa* da literatura: "Essa tarefa consiste em criar uma literatura capaz de reunir e reconciliar o absoluto metafísico e a relatividade do fato histórico, e que designarei, à falta de outro nome, como literatura das grandes circunstâncias".[11] Mas a "literatura das grandes circunstâncias" é a literatura das grandes crises: épocas em que a relatividade do homem aparece de forma mais nítida e mais dramática; e a relatividade perante a história é a forma concreta de viver a finitude para uma consciência que só pode experimentar as suas limitações nas suas ações. É nesse contexto que os acidentes individuais moldam as escolhas inevitavelmente absolutas. Se a contingência não é uma categoria, mas o meio concreto em que se passa a realidade da existência,

---

11 Sartre, op. cit., p.164.

então ela é a marca inevitável do sujeito. Isso significa que o caráter inescapável da contingência retira qualquer possibilidade de que a relatividade do homem e de suas ações venha a diminuir no mais mínimo que seja o teor absoluto da responsabilidade inerente às escolhas. Essa associação tão íntima entre a contingência e o absoluto não é senão a outra face da relação entre subjetividade e história. A situação-limite da tortura tem a finalidade de mostrar o limite extremo da invenção histórica do valor. O valor pelo qual o prisioneiro decide morrer não preexiste numa objetividade transcendente, mas é inventado por ele na liberdade, renovada a cada momento, de manter a fidelidade a uma causa e a outros homens. E a renovação a cada momento é também a possibilidade da revogação. É por estar entre essas possibilidades extremas que a decisão é absoluta. Nessa situação, o indivíduo, abandonado e carente da solidariedade de todos os outros, é solidário de todos os outros, escolhe ser homem por toda a humanidade. É essa universalidade concreta implicada na conduta singular que manifesta o teor ético absoluto da ação individual.

I
A transcendência do Ego.
Subjetividade e narrabilidade

Objetivar o Ego não significa apenas despojá-lo das prerrogativas transcendentais da lógica kantiana ou da fenomenologia husserliana. Se o psíquico é o fluxo de uma exterioridade interiorizada, cabe também elucidar os modos do processo de subjetivação constituintes da individualidade nos seus níveis metafísico, psicológico e histórico. E o que relaciona essas instâncias são precisamente as ideias de constituição e processo que permitem a descrição compreensiva da subjetividade na sua formação característica, que é o projetar-se adiante de si no mundo. Isso significa que, embora a *história* seja um dos modos de instanciação do processo, a *historicidade* é o que o caracteriza na sua produção totalizadora, razão pela qual podemos admitir algo como uma consciência narrativa na apropriação ressignificativa que o sujeito faz da factualidade na qual se insere por sua história individual e social. A narrabilidade, entendida como modalidade temporal do surgimento do sujeito para si mesmo, aparece assim como um aspecto intrínseco, pelo menos em nível reflexivo, da constituição do Ego.

Trata-se, pois, de elucidar primeiramente o modo de constituição do Ego. Tornou-se lugar-comum na filosofia a ideia de que o Ego seria a instância que deveria garantir a unidade de todas as representações do sujeito. Em Descartes, isso ocorre na medida em que o *Eu penso* é estabelecido como núcleo essencial e substância a partir da qual se compreendem todas as modalidades de pensamento como variações dessa unidade fundamental. Em Kant, o *Eu penso* aparece como elemento unificador de todas as funções de unidade do entendimento, o que fica patente quando nos damos conta de que as unificações distributivas realizadas pelas categorias dependem formalmente do que Kant denomina apercepção sintética *a priori*, que é o sujeito transcendental unificador de todas as sínteses categoriais. É isso que assegura que as diferentes sínteses categoriais remetam todas a um único sujeito, que assim aparece como polo unificador de todo conhecimento. O enunciado dessa função da subjetividade transcendental em Kant tornou-se célebre: "O *Eu penso* deve poder acompanhar todas as minhas representações". Assim como as categorias da lógica transcendental, esse *Eu penso* é concebido por Kant como formal. O filósofo critica severamente, nos *Paralogismos da razão*, a concepção cartesiana, substancial e metafísica do *Eu*, mostrando que não há intuição empírica correspondente à realidade do *Eu*, o que invalida o estatuto que Descartes lhe atribui. Mesmo assim, a função unificante do *Eu* deve, segundo Kant, ser mantida, e, para isso, o *Eu* receberá o estatuto transcendental: não é possível conhecê-lo objetivamente porque nenhum conteúdo de afecção empírica nos é dado que revele esse sujeito. Ele deve, portanto, na linha do pensamento crítico, ser afirmado como *condição de possibilidade* de todas as representações. Assim, como as categorias são condições de possibilidade de sínteses, cada uma na esfera de unificação que lhe corresponde, o *Eu* transcendental é condição de possibilidade de toda e qualquer síntese. Se o conhecimento consiste em operações de síntese, o *Eu* transcendental é o operador mais geral dessas sínteses, o que faz que toda a unidade da experiência se remeta a ele.

A questão que se coloca é a seguinte: esse operador supremo de sínteses cognitivas é um *ser* ou uma *função*? Para Kant, manifestamente é uma função, pois atribuir-lhe *ser* equivaleria a concebê-lo metafisicamente, à maneira de Descartes, o que contraria os pressupostos da filosofia crítica. Nesse sentido, a afirmação kantiana de que o *Eu* é condição de possibilidade das sínteses equivale à renúncia de defini-lo como *ser*. Ele é polo unificador enquanto engloba e unifica as possibilidades categoriais de síntese, que sem ele ficariam reduzidas a uma *unidade distributiva*, com a consequente dispersão do sujeito.

É por essa razão que Sartre considera que o neokantismo francês – Brochard, Lachelier, Renouvier, Boutroux, entre outros – força o sentido do pensamento kantiano já ao colocar a questão *"o que é a consciência transcendental?"*, indicando a possibilidade de resposta numa direção que consideraria o *Eu* mais do que o conjunto de condições de possibilidade que em Kant configuram um sujeito *lógico* e não *real*. Esse deslizamento talvez possa ser explicado se admitirmos que o neokantismo francês consideraria que o *poder* de síntese incluído na *condição transcendental* remeteria a uma *realidade* por trás dessa possibilidade. Por isso, diz Sartre que o neokantismo tentou *realizar* aquilo que a filosofia crítica instituiu somente como *possibilidade*: "Mas há uma tendência perigosa da filosofia contemporânea – cujos traços encontraríamos no neokantismo, no empírio-criticismo e num intelectualismo como o de Brochard – que consiste em *realizar* as condições de possibilidade determinadas pela crítica".[1] Ou seja, o neokantismo tende a pensar como real aquilo que Kant pensou como *possibilidade lógica*. Por isso, a consciência transcendental aparece definida como *ser*. Mas deve-se manter a diferença, estabelecida claramente por Kant, entre a consciência transcendental como sendo *de direito* (o Eu penso *deve* poder acompanhar...) e a consciência empírica como sendo *de fato*. Caso contrário, faríamos da consciência transcendental uma pré-consciência empírica, o que significaria ignorar a distinção entre o *direito*

---

1 Sartre, *La transcendance de l'Ego*, 1972, p.14.

e o *fato* e reduzir a consciência transcendental a uma espécie de inconsciente colado à consciência empírica e constituindo-a em cada caso.

Isso significa que devemos indagar se, *de fato*, em *cada consciência*, o *Eu* aparece constituindo-a segundo a norma que parece ser posta pelo enunciado kantiano. Quanto a essa questão, Sartre vê a seguinte alternativa: "1. O *Eu* que encontramos em nossa consciência tornou-se possível por via da unidade sintética das nossas representações; 2. ou é o *Eu* que unifica de fato as representações entre elas?".[2] Para responder a essa questão, é preciso perguntar como o *Eu* está presente na consciência, ou seja, "resolver o problema da existência *de fato* do *Eu* na consciência". Com essa remissão a Kant, Sartre introduz a questão da constituição do Ego: devemos considerar o ego como um "habitante" da consciência – seja como princípio de unificação, seja como presença real, em ambos os casos como estando *na* consciência?[3]

Segundo Sartre, a Fenomenologia permite repor essa questão de forma a escapar do intelectualismo e do substancialismo característicos da interpretação dos neokantianos. E a Fenomenologia o consegue na medida em que Husserl a concebe como um estudo dos fatos de consciência: uma ciência que nos faz retornar às próprias coisas pelo procedimento de intuição. Pode parecer estranho que Sartre valorize a Fenomenologia como ciência das próprias coisas quando se sabe que Husserl a define como ciência *eidética*, isto é, que proporciona a intuição de essências. Sartre esclarece, numa nota, que o que está chamando de ciência dos fatos é a mesma coisa, nesse caso, que Husserl denomina *ciência de essências*. Compreenda-se: Sartre não quer dizer que a Fenomenologia seja a ciência dos fatos empíricos, nem está, muito menos, ignorando a diferença entre fatos empíricos e essências. O que ele deseja estabelecer é que a Fenomenologia preocupa-se com o que é *dado na intuição*, seja real seja ideal, e não, como Kant, com as condições de possibilidade do conhecimento. É nesse sentido que, enquanto

---

2 Ibidem, p.16.
3 Ibidem, p.13.

a crítica kantiana ocupa-se do *direito*, Husserl ocupa-se dos *fatos*, isto é, do dado imediato, que permite *descrever* a consciência e não inventariar suas possibilidades lógicas *a priori*. Para o caso da constituição do Ego, que é o problema em pauta, isso é importante porque a Fenomenologia estudará "as relações do *Eu* à consciência" como "problemas *existenciais*".[4] Percebe-se também por que a questão da constituição do Ego começou a ser tratada por via de uma interpretação da apercepção pura *a priori*, ou Eu transcendental kantiano: a Fenomenologia também vai postular uma consciência transcendental, anterior ao empírico e constituinte da consciência empírica. O método da *redução fenomenológica* consiste em colocar entre parênteses (*epoché*) todo o mundo da atitude natural, aquele em que atua um certo realismo espontâneo, pelo qual depositamos uma confiança pré-crítica nas percepções como signos da existência efetiva das coisas. A consciência transcendental, precisamente por ser constituinte da consciência empírica, pode isolar-se depois de operar a redução de todo o mundo natural. Mas, ao cabo dessa operação, o que encontramos não é o transcendental como conjunto de possibilidades lógicas, como em Kant, mas a consciência como "fato absoluto", quer dizer, aquilo que permanece depois que tudo que temos habitualmente por "realidade" foi colocado entre parênteses ou fora de circuito. Este é o sentido de "fato absoluto": um "campo transcendental" anterior à consciência no seu sentido físico ou psicofísico, que é anulado na sua realidade empírica pela redução.

É importante salientar que a expressão "campo transcendental", utilizada por Sartre,[5] indica a separação entre a consciência e o *Eu*, o que implica que a consciência é *constituinte* e o Eu é *constituído* – por isso, o campo transcendental é definido como *"sem Eu"*. Ora, em Husserl isso constitui um problema: nas *Investigações lógicas*, Husserl havia concebido o *Eu* como uma "produção sintética e transcendente

---

4 Ibidem, p.17-8.

5 "...que o campo transcendental torna-se impessoal, ou, se se preferir, 'pré-pessoal', *sem Eu...*" (ibidem, p.29).

da consciência"; nas *Ideias*, ele concebe um *Eu transcendental* como estrutura necessária anterior a cada consciência. Seria o *Eu puro* que resiste à redução,[6] que permanece idêntico e que não pode ser considerado no mesmo plano do vivido, mas deve ser visto como *dado fenomenológico*. Sartre interpreta a posição de Husserl como uma duplicação transcendental do *Eu* psíquico, procedimento que ele considera desnecessário e um retrocesso em relação à concepção anterior de consciência transcendental. Conceber uma instância transcendental pessoal, que unifique toda consciência, envolve o risco de fazer dessa instância uma espécie de inconsciente – uma consciência inconsciente, paradoxo derivado do deslizamento para a esfera do psíquico do sentido de campo transcendental.

Com efeito, a intencionalidade não apenas dispensa um núcleo unificador, como deve ser considerada incompatível com ele. Quando dizemos que "toda consciência é consciência de" alguma coisa, queremos significar que a consciência constantemente se transcende, e se há alguma unidade das *consciências* que tenho do mundo, esta se encontrará muito mais do lado do objeto do que do lado da consciência. Se os objetos fossem *conteúdos* da consciência (da representação), então seria necessário um princípio unificador para dar conta da diversidade das operações e das consciências operantes. Mas a Fenomenologia mostrou justamente que a consciência não assimila o objeto; pelo contrário, ela sai de si para ir ao encontro do objeto, ela se transcende para encontrar o objeto transcendente.

> Contra a filosofia digestiva do empírio-criticismo, do neokantismo, contra todo "psicologismo", Husserl não cessa de afirmar que não se pode dissolver as coisas na consciência. Vemos uma árvore. Mas a vemos lá mesmo no lugar em que se encontra: na margem da estrada, no meio

---

6 "O *Eu* parece estar lá constantemente, mesmo necessariamente ... Ele pertence, antes, a cada vivido que surge e se escoa; seu 'olhar' se lança para o objeto 'através' de todo *cogito* atual. O raio desse olhar varia em cada *cogito*, surge de novo com um novo *cogito* e desaparece com ele. Mas o *Eu* permanece idêntico" (Husserl, *Ideias*, #57, citado no apêndice de *La transcendance de l'Ego*, 1972).

da poeira, solitária e vergada pelo calor, a vinte léguas da costa mediterrânea. Ela não poderia entrar na nossa consciência, pois não é da mesma natureza ... A consciência e o mundo são dados ao mesmo tempo: exterior, por essência, à natureza, o mundo é, por essência, relativo a ela.[7]

Esse objeto não é unificado pela consciência, isto é, não há um núcleo que seria o *si* da consciência de si, constituído como um *Eu*, e que atuaria como "suporte" das diversas consciências. A intencionalidade nos faz entender que a consciência é *de si* na medida em que é consciência *de* um objeto que a transcende. A consciência é uma interioridade aberta e translúcida (como um vento, diz Sartre), inteiramente transparente a si própria. Introduzir nela um núcleo, real ou formal, só pode obscurecê-la. Em resumo, a consciência é *nada*, e por isso é absolutamente si-mesma, transparente a si mesma; e ao mesmo tempo é *tudo* na medida em que é sempre consciência *de* e consciência de tudo que pudermos captar como existente.

Relativamente a essa caracterização da consciência, dificilmente encontraríamos formulação mais clara e precisa do que a de Luiz Damon S. Moutinho:

> Deve-se lembrar que a consciência liberada [pela *epoché*] tornou-se um *nada* ... Entretanto, pode-se dizer que esse nada é *tudo*, na medida em que é "consciência de todos os objetos". Não é senão porque é "nada", porque é absolutamente translúcida a si mesma, que a consciência é espontaneidade. De fato, ligada sinteticamente a algo, pelo princípio de ação e reação, ela envolveria alguma passividade, não seria assim espontânea. A consciência não se liga, pois, senão a si mesma, na realização das sínteses das consciências escoadas; ela nada "produz" que não ela mesma. Diante disso, como afirmar que a consciência "constitui" o Ego?[8]

Isso significa que o fluxo das consciências se unifica a si próprio na medida em que a consciência nele se transcende para alcançar os

---

7 Sartre, *Uma ideia fundamental da fenomenologia de Husserl: a intencionalidade*, 1968, p.29.
8 Moutinho, *Sartre – Psicologia e fenomenologia*, 1995, p.41.

objetos. Mas, ao que parece, a cada vez que ocorre a consciência de alguma coisa, parece ocorrer também o *Eu* dessa consciência. Quando me recordo de ter visto uma paisagem, recordo a paisagem mas posso lembrar também que *eu* vi essa paisagem. Como constatou Descartes, cada vez que penso, sou *eu* que penso – daí a inseparabilidade, julgava Descartes, entre *Eu* e pensamento ou entre *Eu* e consciência. Mas é preciso atentar também para o caráter *reflexivo* do *cogito*, isto é, para o fato de que se trata de uma consciência "de segundo grau". Quer dizer: "Este *cogito* é operado por uma consciência *dirigida para a consciência*, que toma a consciência como objeto ... estamos diante de uma síntese de duas consciências das quais uma é consciência da outra".[9] Destas, a *consciência* da consciência é chamada reflexionante e a outra refletida. Ora, se o *cogito* é obtido como resultado da reflexão, então o *Eu* do "Eu penso" é o eu da consciência refletida e não da consciência reflexionante, isto é, o *Eu* afirmado no *cogito* é o Eu que aparece como objeto para a consciência reflexionante. Há, portanto, razões para distinguir pelo menos dois níveis:

1 Consciência irrefletida, que é apenas consciência do objeto transcendente.

2 Consciência reflexionante, que reflete sobre a consciência irrefletida.

Em ambos os casos, há consciência de si. No primeiro, espontânea e não posicional: a consciência *do* objeto não se volta sobre si mesma. No segundo, consciência posicional da consciência refletida.

Sartre chama a atenção para o fato de que o *Eu* surge na passagem da consciência irrefletida para a consciência reflexionante: ele não é anterior à consciência do objeto; pelo contrário, é *posto* pela consciência reflexionante à maneira de um objeto. A isso chama Sartre de *ato tético*: significa que a consciência *põe* a consciência (a consciência afirma a tese da consciência). É a consciência posicional – aquela que capta o Eu penso. O exemplo de Sartre é sugestivo.

---

9 Sartre, *La transcendance de l'ego*, 1972, p.28. Cf. também p.26: "[A consciência] é o existente absoluto *à força de inexistir*".

Estava absorvido há pouco na minha leitura. Procuro lembrar as circunstâncias de minha leitura, minha atitude, as linhas que lia. Assim ressuscito não apenas os detalhes exteriores, mas também uma certa espessura de consciência irrefletida, pois os objetos só foram percebidos *por* esta consciência e permaneceram relativos a ela ... O resultado não deixa dúvidas: enquanto lia, havia consciência *do* livro, *dos* heróis do romance, mas o *Eu* não habitava essa consciência, esta era apenas consciência do objeto de consciência não posicional de si mesma.[10]

Não há, pois, *Eu* no plano da consciência irrefletida: há o apelo dos objetos, estou no mundo dos objetos e são eles que constituem a unidade que posso encontrar na consciência que deles tenho. Não se trata de uma desatenção momentânea do Eu para consigo mesmo, trata-se da estrutura da consciência. Com isso ficaria demonstrado, segundo Sartre, que o *Eu* é exterior à consciência espontânea e captado apenas sempre pela consciência reflexiva. Não é originário. O que pode ser dito também em outras palavras: o *Eu* é um existente e sua realidade transcende a consciência, tal como a realidade dos objetos, dos quais ele evidentemente se diferença. Tenho, portanto, intuição do *Eu*, que é também diferente da intuição dos demais objetos. É uma intuição que ocorre na consciência refletida, quando captamos o nosso próprio Eu de maneira fugidia – com o "rabo do olho", como diz Sartre. É certo também que o *Eu* somente aparece num ato reflexivo: é o objeto transcendente de um ato reflexivo.[11] Assim, ao contrário do que pensa o próprio Husserl, não há razão para o *Eu* escapar da redução fenomenológica. Afinal, contra a própria índole da Fenomenologia, Husserl concebe um Eu transcendental que não é tão diferente do de Kant:

---

10 Ibidem, p.30. Cf. também Perdigão, *Sartre – existência e liberdade*, 1995, p.59: "Ao aparecer na reflexão, o Eu traz todas as características de mero objeto do nosso conhecimento, algo que está como que 'fora de nós', entre as coisas do mundo exterior".

11 Sartre, *La transcendance de l'Ego*, 1972, p.37. Nesse sentido é que Sartre observa que o *cogito* afirma "demais". A intuição do Eu não deveria ser suficiente para sustentar o seu caráter fundante e unificador, quando afirmo, por exemplo: *eu tenho* consciência dessa cadeira. Mais correto seria dizer: *há* consciência dessa cadeira, o verbo indefinido indicando o campo transcendental e não o núcleo pessoal do Eu.

unifica e sintetiza, permanecendo como núcleo invariável no interior da consciência.

A concepção sartriana de um Ego (*je + moi*) *transcendente* à consciência afirma-se também por via da crítica à *presença material* do *Eu*. Os moralistas interpretaram os sentimentos que nutrimos em relação aos outros como emanações do íntimo do *Eu*, em que a primazia do sujeito desejante se afirmaria pelo objeto desejado, que seria apenas uma maneira de o sujeito se satisfazer: "Tenho compaixão de Pedro". Na instância da consciência irrefletida, há apenas Pedro como aquele de quem sinto compaixão e a consciência disso. É, portanto, o objeto que polariza o estado de consciência. Mas, para afirmar a instância íntima do *Eu*, os moralistas imaginaram um *estado desagradável* interno, motivado pelo sofrimento de Pedro. Minha compaixão, eventualmente meu auxílio, é um modo de fazer cessar esse estado desagradável: ele seria, portanto, a causa da minha compaixão, como se aquele que se compadece de outrem reagisse a um "estímulo" interno negativo. Sendo o estado desagradável interpretado como causa, eu deveria ter consciência dele anteriormente ao sentimento de compaixão, tido como efeito. Portanto, a consciência reflexiva viria primeiro, antes da consciência irrefletida, o que Sartre considera simplesmente absurdo. A consciência irrefletida é primeira e autônoma: não depende da consciência reflexiva para existir. O que significa que primeiro há: Pedro de quem se deve ter compaixão, ou aquele que deve ser socorrido (consciência irrefletida); depois o *Eu* como referente de um certo incômodo diante do sofrimento de Pedro, e que *interpreta* a consciência espontânea de "Pedro sofredor" como *efeito* dessa reflexão: "o *Eu* não deve ser procurado *nos* estados de consciência irrefletidos nem *por trás* deles. O *Eu* só aparece com o ato reflexivo e como correlato noemático de uma intenção reflexiva".[12]

Com efeito, o que é que *existe* efetivamente como vivido da consciência irrefletida? Suponhamos a reação subjetiva a que habitualmen-

---

12 Ibidem, p.43.

te denominamos *ódio*. Manifesta-se pelos vividos de *repulsa*, isto é, consciências espontâneas que se unificam transcendentalmente num objeto, a pessoa que se odeia. A pessoa odiável é, pois, o polo transcendente de unificação dos vividos de repulsa. A consciência reflexiva atribui a essa unificação um sentido, que passa a ser o sentimento de ódio. Este não corresponde ao vivido, mas ao sentido que a reflexão atribui à pluralidade dos vividos. A repulsa, consciência irrefletida, vivida, é, portanto, anterior ao ódio. O erro da psicologia é entender que o vivido é manifestação desse sentimento de ódio, que seria sua causa anterior, como se a reflexão pudesse anteceder o vivido. O "estado" (de ódio) é a unidade dos vividos.

Assim como o "estado" psíquico é a unidade dos vividos, o Ego é a síntese dos estados e, por isso, também uma síntese psíquica transcendente à consciência: "O Ego está para os objetos psíquicos assim como o mundo está para as coisas".[13] Isto é, assim como o mundo é o horizonte em que são percebidas todas as coisas, o Ego é o plano sintético das experiências dos estados psíquicos. Mas não é assim que o vemos. Para nós, habitualmente, o Ego é o núcleo fundante e irradiador dos estados psíquicos, situando-se antes deles e como causa de todos eles. É assim que o *constituímos* quando o *apreendemos* reflexivamente. Como se o Ego fosse o sujeito e os estados seus predicados. Trata-se de uma inversão na gênese temporal do Ego. Por ser sujeito, é visto também como substrato, suporte: o Ego seria o suporte de uma totalidade sintética constituída pelos fenômenos psíquicos. Isso faz do Ego algo não apenas imanente à consciência, mas ainda situado no seu núcleo mais íntimo. Ora, a transcendência do Ego afirma precisamente o contrário disso. O Ego unifica porque transcende, não porque esteja constituído *a priori* como substrato. Ele só faz sentido se for pensado como a totalidade concreta dos fenômenos psíquicos. Totalidade melódica – e aqui a referência de Sartre a Bergson é explícita, o que não costuma acontecer: "A unidade deriva nesse caso da

---

13 Ibidem, p.58.

indissolubilidade absoluta dos elementos ... O sujeito do predicado será aqui a totalidade concreta e o predicado será uma qualidade abstratamente separada da totalidade...".[14] Não há necessidade de supor algo que suporte a continuidade das notas de uma melodia.

A inversão de que se falou antes deriva de que todos os estados psíquicos são intuídos como relacionados ao Ego e, assim, pertencentes a ele, o que em parte se justifica porque o Ego é a síntese transcendente de todos os estados. Mas a relação nos aparece como se o Ego fosse a fonte produtora de cada um desses estados, assegurando assim a unidade subjacente à multiplicidade. Assim, a totalidade do psíquico aparece como produção espontânea do Ego, falsidade que fica patente quando nos damos conta de que o Ego é *objeto* e *passivo* e não sujeito ativo. A causa dessa inversão é que nós não apenas apreendemos o Ego, como também o constituímos, e nessa constituição operamos a inversão. A consciência, verdadeiramente espontânea, projeta sua espontaneidade no Ego, fazendo que ele nos apareça como *criador*. Espontaneidade fantasmática, que faz que as qualidades dos estados que afetam o Eu sejam interpretadas como suas produções.

Disso decorre uma consequência importante, que será desenvolvida por Sartre em textos posteriores. Entre o que o Ego realmente é e a maneira pela qual o representamos, abre-se um espaço de irracionalidade e de falsidade. Irracionalidade porque o Ego aparece ao mesmo tempo como imanente e transcendente; interior e exterior à consciência. Falsidade porque o Ego, tal como o representamos, *mascara* a espontaneidade da consciência. Ora, a expressão da subjetividade estará certamente comprometida com esse mascaramento, sobretudo quando o sujeito compreender suas ações como determinadas por esse núcleo interior, dissimulando assim a liberdade, ou, como diz Sartre, a "fatalidade da espontaneidade", que é fator de angústia para a consciência.

---

14 Ibidem, p.57.

> Talvez, com efeito, a função essencial do Ego não seja tanto teórica e sim prática. Notamos que, de fato, ele não encerra a unidade dos fenômenos, que se limita a refletir uma unidade *ideal* enquanto a unidade concreta e real já foi operada bem antes. Mas talvez sua função essencial seja mascarar para a consciência sua própria espontaneidade.[15]

Sendo o Eu exterior, não estou mais seguro do meu próprio Eu do que da egoidade dos outros, pois o meu Ego é um ser no mundo, assim como o de todos os outros. Mas, seguramente porque a espontaneidade da consciência aparece como originária, isto é, a liberdade aparece como se fosse uma fatalidade, algo de que não podemos escapar, a consciência constitui o Ego e nele se projeta como para escapar de si mesma, da própria espontaneidade que, por não se reportar a nenhum solo fundador, é angustiante pelo que apresenta de instável e movediça. Há, portanto, uma questão ética envolvida na representação do Ego; há uma motivação moral para que representemos o Ego como a condição de nós mesmos, aquilo a partir do qual somos o que somos. Isso conferiria à existência um fundamento estável ao qual poderíamos remeter a expressão subjetiva: opções e compromissos. É angustiante pensar que o que somos se constitui fora de nós, na contingência das coisas e da história. Como pode o sujeito narrar-se a si mesmo a sua existência se não há nenhuma antecipação de algo concatenado e necessário? Se essas formas – esses moldes – de existir já não estão constituídas e prontas para que neles se derramem os acontecimentos, a fim de que se tornem sólidos e definitivos? Mas pode ocorrer também que, se a narratividade for um modo privilegiado de buscar a verdade da existência, talvez ela deva ser reinventada a partir dessas dificuldades não para solucioná-las, mas para fazer delas uma forma mais autêntica de narrar, em que a expressão da subjetividade esteja mais diretamente atravessada pelas exigências éticas da representação do humano.

---

15 Ibidem, p.81.

Nessa reinvenção da escrita, a Fenomenologia vem trazer uma caução maior. Husserl, com efeito, esclarece e legitima duas operações praticadas por Sartre: a suspensão da adesão à existência e o emprego do imaginário a serviço da verdade. Sob certas condições, as descrições, além do valor estético, constituem instrumentos de exploração verídica do real. A ficção aí desempenha um papel determinante, uma vez que a invenção de "variações eidéticas" imaginárias é a única maneira de colocar em evidência a contingência do que advém e a constituição dos fenômenos que surgem.[16]

A constatação mais ampla contida nessa apreciação extremamente sugestiva de Saint-Sernin é que a Fenomenologia não apenas provocou as profundas alterações no pensamento filosófico que Sartre assinala no artigo sobre a intencionalidade e em *La transcendance de l'Ego* [A transcêndencia do Ego], como também influiu em outros campos da cultura e, notadamente, na elaboração da narrativa literária. Justifica--se a expressão utilizada por Saint-Sernin: reinvenção da escrita. Não se trata somente da renovação de procedimentos literários, mas da tentativa de encontrar uma expressão que dê conta daquilo que o comentador denomina, em outra parte do texto, "exploração totalizadora das possibilidades humanas". Assim como para Aristóteles a poesia fala do homem de maneira mais universal do que a história, também para Sartre a ficção pode articular de forma mais completa – "totalizadora" – aquilo que a experiência ético-histórica fornece em fragmentos e lacunas, que afetam obrigatoriamente os fatos, razão pela qual a facticidade em si mesma não poderia ser, no âmbito da vivência imediata e no plano de sua elucidação analítica, objeto de "exploração totalizadora".

A consideração teórica dos fatos, a partir do modelo científico, envolveria os instrumentos da razão analítica, que, em princípio, poderiam esclarecer os modos de interação humana. É assim que procede a economia, por exemplo, que busca a explicação matemática das in-

---

16 Saint-Sernin, *Philosophie et fiction*, 1990, p.172-3.

terações. A recusa da razão analítica por parte de Sartre vincula-se ao entendimento da especificidade das relações humanas. Não se pode falar *apenas* de relações no sentido lógico ou neutro. As relações humanas são qualificadas na medida mesmo em que são vividas pelos homens, sujeitos ativos e não simples posições num sistema complexo. É, portanto, a característica de agente (derivada da espontaneidade da consciência), atribuída a cada sujeito, que constitui o requisito para a compreensão das relações humanas. Os seres humanos não apenas se relacionam, mas enfrentam-se, cooperam, aproximam-se, distanciam-se, hostilizam-se, auxiliam-se. Isso significa que as *relações* humanas estão vinculadas às características próprias das *ações* humanas e ao modo como os homens as compreendem no contexto da vida histórica. Em suma, a compreensão sartriana das relações humanas se dá a partir da historicidade como requisito indispensável à consideração do ser humano como agente e livre.

A partir dessa compreensão, todas as implicações naturalistas da vida humana podem ser deixadas em segundo plano, ou mesmo desconsideradas, já que o ponto focal é a *existência histórica*, concebida como fator decisivamente diferenciador entre os homens e os objetos naturais. A existência humana é, fundamentalmente e antes de tudo, histórica. A sua compreensão depende da consideração da historicidade e da remissão a ela de todos os outros elementos que eventualmente componham a vida humana, no próprio homem e naquilo com que ele se relaciona.

Ora, a Fenomenologia, ao propor a volta aos dados imediatos, abriu justamente o caminho para que se pudesse visar diretamente aquilo que constitui originariamente a coisa, o fato mesmo, despojado de todas as interpretações que o recontextualizam no mundo natural. Assim, o fato pode ser descrito naquilo que mais o caracteriza. Diante do fato da existência, qual é o significado que o revela imediatamente? A existência me é dada a princípio como composta: nela estão agrupados elementos de várias ordens, que podem ser divididos em históricos e naturais. Esse bloco aparece como opaco e o que ele contém é aparentemente indiscernível. Mas assim como a *variação eidética* permite visar as coisas naquilo que as constitui, despojando a representação das vestes da atitude natural, assim a variação imaginária da existência permite *visá-la* também na sua especificidade e originariedade, que, nesse caso, não será a essência, mas precisamente a *contingência*. A verdade da existência será a sua contingência. É por isso que a descrição fenomenológica constitui "instrumento de exploração verídica do real" e é por isso também que nesse procedimento o "emprego do imaginário" está "a serviço da verdade". Como atinjo essa verdade? Suspendendo a crença em tudo aquilo que constitui a minha adesão à existência como *vida natural*, aí compreendida a categorização ordenadora a que antes nos referimos como os "moldes" do existir. Essa suspensão constitui, por sua vez, um *afastamento* da vida natural operado pela imaginação. É por isso ainda que esse trabalho da imaginação é uma "exploração verídica do real": exatamente por dar-se como variação imaginária e, portanto, liberada da factualidade ordenada segmentadamente nas frações categoriais do "mundo da experiência", "põe em evidência" "a contingência daquilo que advém". Como Sartre já havia observado na *Transcendência do Ego*, é isso que constitui o retorno ao concreto. A consideração do homem por via das várias objetividades científicas que visam a ele no mundo natural seria, nesse caso, mais abstrata do que a variação fenomenológica. Tome-se por exemplo o caso da psicologia:

> Compreender-se-á sem dificuldade ... por que nos preocupamos pouco com a psicologia ... Entendemos a psicologia como a mais abstrata das ciências porque ela estuda os mecanismos de nossas paixões sem recolocá-los no seu verdadeiro contexto humano.[17]

Variações imaginárias, não só no sentido da fenomenologia husserliana propriamente dita, que as admite, mas como exploração fictícia das situações humanas, permitem que a narração descritiva,

---

17 Sartre apud Saint-Sernin, 1990, p.176.

articulada pelo imaginário no seu modo característico de posição do objeto, deem a pensar a verdade da existência. E, então, trata-se menos de o sujeito captar essa verdade do que ser envolvido e capturado por ela; dessa forma, o vivido aparece na sua inteira contundência.

É nesse sentido que se deve compreender a descrição que Roquentin faz de sua descoberta: a existência repentinamente desvelou-se. Perdeu a postura inofensiva de categoria abstrata e interposta. As coisas perderam o verniz superficial que as mantinha agrupadas; fundiram-se numa massa que passa a recobrir e ao mesmo tempo revelar as individualidades. O que significa ser capturado pela verdade? Certamente algo muito diferente do que uma relação objetiva com as coisas, quando estas permanecem na distância respeitosa que a lógica utilitária impõe. A atitude natural serve-se das coisas, mesmo quando pretende tão somente conhecê-las. Tudo está organizado e hierarquizado conforme as necessidades. Daí a familiaridade com as coisas e a identificação entre familiaridade e necessidade. Algo é necessário porque sempre esteve ali. Mas basta que, por alguma razão, essa familiaridade se rompa e se instale uma relação de estranhamento entre o sujeito e as coisas para que também desapareça a necessidade, aquele anteparo seguro que constituía o substrato da minha representação das coisas.

> Deitei um olhar ansioso à minha volta: presente, nada mais do que o presente. Móveis leves e sólidos encrostrados em seu presente, uma mesa, uma cama, um guarda-roupa – e eu mesmo. Revelava-se a verdadeira natureza do presente: era o que existe, e tudo que não era presente não existia. De modo nenhum. Nem as coisas, nem sequer o meu pensamento. Decerto havia muito tempo que eu tinha compreendido que o meu me tinha escapado. Mas julgava, até então, que se tinha retirado do meu alcance ... Agora compreendia: as coisas são exatamente o que parecem – e *por trás* delas ... não há nada.[18]

---

18 Sartre, *La nausée*, 1997, p.139-40; ed. port. *A náusea*, 1964, p.165-6.

Pode-se dizer que a relação natural com as coisas é constituída por duas crenças. De acordo com a primeira, as coisas são ocasiões de afirmação da minha subjetividade – elas são *para mim* e a existência delas se pauta por aquilo que delas faço, pelo modo como as integro à minha própria existência. Mas acredito também – segunda crença – que esse caráter de fenômeno (ser-para-mim) é somente a face que as coisas voltam para mim; acredito que, por trás dessa fenomenalidade ou da cumplicidade que parecem ter comigo, elas *são* algo mais, e que esse ser transfenomenal assegura que elas foram no passado e que serão no futuro, independentemente da cumplicidade que mantêm com a minha história. Por isso, é chocante descobrir que não há nada *por trás* dos fenômenos. Não há o ser que atravessa o tempo e que desdobra sua necessidade para além da minha representação. E também não é verdade que esse fenômeno presente seja algo constituído por mim, pela minha consciência. As coisas são como fenômenos em-si. Só existe o fenômeno e ele não depende de mim para existir, porque participo da mesma contingência. Por isso, quando tento atravessar a aparência das coisas e chegar a um outro modo de existência que não seja a fenomenalidade presente, contingente, acabo entendendo que a única maneira de ver as coisas por trás delas mesmas seria "imaginar o nada". Porque, precisamente, "as coisas são inteiramente o que parecem – e por trás delas não há nada" – ou há o nada. Por que Roquentin sente que a presença das coisas é o *único modo* de existência delas? Porque o objeto em torno do qual a sua vida se vinha compondo – a única referência a que podia remeter a sua própria existência – havia deixado de existir: desistira de escrever o livro sobre o marquês de Rollebon, personagem que até então fora objeto de suas pesquisas, visando à elaboração de uma biografia. Essa desistência equivalia ao desaparecimento ou à morte do marquês, provocada pelo próprio Roquentin, pela sua decisão de abandonar o trabalho. A morte repentina do marquês deixava Roquentin precisamente ante esse *nada* que ele tinha dificuldade em pensar. Roquentin havia decretado a morte daquele de quem fizera personagem da sua vida – o elo com o mundo, com o passado, com tudo aquilo que não era ele. E não tinha como não lamentá-lo, por si e pelo marquês.

> Um momento antes ele ainda estava ali, em mim, tranquilo e quente, e, de vez em quando, sentia-o mexer. Estava bem vivo, mais vivo para mim do que o Autodidata ou a patroa do *rendez-vous* dos ferroviários ... Agora já nada restava ... A culpa era minha: tinha pronunciado as únicas palavras que era preciso calar: tinha dito que o passado não existia. E, num repente, sem ruído, o senhor de Rollebon tinha voltado ao seu nada.[19]

O que representa essa perda só pode ser medido em relação à função que desempenha na vida de Roquentin essa personagem que ele invocou, retirou do passado e tornou alguém com quem convivia, um outro que era preciso decifrar. Um outro, mas alguém que não impunha sua presença, como o Autodidata, alguém que participava da vida de Roquentin mas no modo da irrealidade. As cartas, referências, os livros, documentos do marquês, tudo testemunhava uma existência no passado que Roquentin tornava irrealmente presente. Mas, num momento de enfado, havia feito que tudo isso retornasse ao passado: "tinha pronunciado as palavras" e o marquês havia retornado ao "seu nada". Agora a sua ausência pesa. O que Roquentin pressente é que a expulsão do marquês da vida presente vai provocar uma mudança, algo como uma revelação desse próprio presente. Com efeito, o episódio é ocasião para que Roquentin se questione sobre sua própria identidade.

> Hoje acordo em frente de um caderno de papel branco. Desapareceram os archotes, as festas glaciais, os uniformes, os belos ombros friorentos. Em seu lugar, *qualquer coisa* resta no quarto morno, qualquer coisa que não quero ver. O senhor de Rollebon era meu sócio; tinha precisão de mim para ser e eu tinha precisão dele para não sentir o meu ser. Eu fornecia a matéria bruta, essa matéria de que tinha para dar e vender e da qual ignorava o que havia de fazer: a existência, a minha existência.

---

19 Ibidem, p.140-1; ed. port., p.167.

Quanto a ele, a sua contribuição consistia em representar. Punha-se frente a mim e tinha-se apoderado da minha vida para me representar a dele.[20]

Roquentin descobre a associação das existências entre ele e o marquês: uma associação singular, pois o marquês precisava de Roquentin para *ser* e este precisava do marquês para *não ser*, para não sentir o seu ser. Por isso, Roquentin fornece a Rollebon a *matéria* da existência: ele mesmo, Roquentin. E Rollebon *representa* a existência, tomada de empréstimo a Roquentin. Aqui se revela o sentido de ser o livro de Roquentin sobre Rollebon uma gratuidade: Rollebon foi revivido ou reinventado porque Roquentin não sabe o que fazer de si mesmo, isto é, da sua existência. Esta parece ser uma matéria inerte que ele não teria incorporado. Por isso, acha que pode "dispor" dela, que a tem para "dar e vender". E efetivamente ele a "dá" ao marquês, que passa a representar o papel de existir para Roquentin (talvez *por* Roquentin), como uma personagem que ganha autonomia em relação ao criador. Rollebon fica sendo então o polo alienante de Roquentin: a consciência de Roquentin visa o marquês não como um outro, ou como uma criação, mas como *um outro si mesmo*, isto é, alguém em quem se deposita a própria subjetividade, alguém em quem se procura descarregar a responsabilidade pela própria existência. Esse é o sentido de Rollebon ser "sócio" de Roquentin: a existência torna-se um empreendimento comum, de modo que Rollebon pode existir *em* Roquentin tanto quanto o próprio Roquentin pode existir em si mesmo. Rollebon *apoderou-se* da existência de Roquentin para representar, *para este*, a sua própria existência. Não se trata de uma sociedade igualitária. Roquentin alienou muito de si, tanto que, aos poucos, o marquês invadiu a sua existência, a tal ponto que, a partir de certo momento, esta já não lhe pertence mais. O empréstimo da existência o despojou e ele tornou-se dependente: a sua própria existência passou a ser creditada a Rollebon.

---

20 Ibidem, p.143; ed. port., p.169.

> E eu já não dava por que existia; já não existia em mim, mas nele; era para ele que comia, para ele que respirava; o sentido dos meus movimentos era-me exterior, estava ali, precisamente em frente a mim – nele ... Eu era apenas um meio de o fazer viver, a minha razão de ser era ele: o marquês me havia libertado de mim. Que hei de fazer agora?[21]

As últimas frases são extremamente significativas. *O marquês me havia libertado de mim.* Para isso, Roquentin o trouxera do passado, esse "sócio" a quem acabara transferindo não só tudo que possuía, mas também o que *era*: a sua própria existência. A impossibilidade de continuar o livro figura a impossibilidade de viver essa associação, entregar-se, estranhamente, aos cuidados de um ser recriado, delegar a existência a um inexistente. Por que o fizera? A resposta é algo que Roquentin só poderá ter quando restituir-se a própria existência, já que ele, obviamente, não tem clareza de seu ato de alienação. Não consegue perceber que a renúncia à espontaneidade dos atos é ainda um ato: trata-se da "fatalidade da espontaneidade" de que fala a *Transcendência do Ego*. Mas a náusea, já intermitente mesmo antes da "Segunda morte do marquês", é indicativa de alguma coisa. Ela deriva de uma sensação de instabilidade, um desequilíbrio que aumenta à medida que Roquentin vai, malgrado ele mesmo, percebendo que terá de separar-se de Rollebon, terá que enviá-lo ao nada de onde viera. O marquês era, portanto, uma espécie de antídoto contra a vertigem, algo que permitia caminhar na areia movediça. Nele Roquentin, ao mesmo tempo que se anulava, sentia-se também protegido, porque o marquês não desfrutava de *ser* no presente, *havia existido* outrora. Tudo nele estava, portanto, completado, consolidado. Suas hesitações, suas ambiguidades, suas mentiras, seus projetos, suas angústias, suas expectativas, suas decepções, seus ressentimentos, tudo isso estava achatado numa superfície delimitada que era o passado; a existência de Rollebon estava isenta de riscos porque já se completara. Quando Roquentin lhe delegou a sua própria existência, queria talvez partilhar essa segurança do *feito*, do *realizado*, do que não está em curso,

---

21 Ibidem, p.143; ed. port., p.169-70.

do já historicamente encerrado. Quando percebeu que isso, na verdade, equivalia ao *nada*, porque o passado equivalia ao *nada*, exorcizou o marquês e, assim, exorcizou a necessidade. Voltou a si, a *si* de quem o marquês o libertara. Libertou-se da necessidade, daquilo que precisava apenas ser explicado *como* acontecera porque *já* acontecera. E isso o aterrorizou: "Que hei de fazer agora?".

Livre do marquês e de volta a si, há algo que o espreita: ele mesmo: "A coisa, que estava à espera, deu o alerta, precipitou-se sobre mim, vaza-se em mim, estou cheio dela. – Não é nada, A Coisa sou eu. A existência, liberta, despida, refluiu sobre mim. Eu existo".[22] A descoberta da existência é ao mesmo tempo a dor de sentir-se abandonado por aquilo que nos protegia da contingência. Mas, uma vez assim capturados pela verdade, sabemos, a partir de então, que a existência tem de ser vivida, não pode ser objetivada ou transferida. Nada do que sou pode ser alheio a esta existência. Mesmo quando tento projetar objetivamente parte do que sou, fisicamente, como tenta Roquentin ao procurar descrever a sua própria mão como algo fora de si, percebemos logo que essa mesma tentativa apenas reforça o fato de que essa mão é *minha* mão; os gestos que faço ao descrevê-la anulam por si mesmos a objetividade que desejaria lhe conferir. Não é possível deixar de sentir que ela existe como eu existo. Uma vez que a existência se desvelou, ela investiu Roquentin, o que significa que ele tornou-se ele mesmo. Já não funciona mais o artifício de viver em outro, de ver-se em outro, de existir por meio de outro. Tudo nele é parte dele. Não pode livrar-se de si mesmo e não há ninguém que o possa fazer por ele. Já ninguém desempenhará a tarefa que ele havia atribuído ao marquês de Rollebon.

Ou seja, Roquentin se constituía falsamente quando vivia para o marquês. Aqui se manifesta a ligação entre a narratividade de *A náusea* e a análise de *La transcendance de l'Ego*. Vemos aí a mesma inversão na gênese da subjetividade. Roquentin projetara um Eu fora de si e o ten-

---

22 Ibidem, p.143; ed. port., p.170.

tara tomar como causa e origem de si próprio, para ter ali um abrigo contra a espontaneidade e a contingência, no qual repousava o sujeito falsamente constituído. O marquês o libertara de si, isto é, dispensava-o de defrontar-se livremente com a contingência do existente. A "fatalidade da espontaneidade" o restituiu a si, mas esse processo não se completa apenas com o desvelamento da existência contingente, pois a fatalidade da liberdade não é simétrica à fatalidade da determinação. Não saímos desta para cair naquela. A fatalidade da espontaneidade exige que Roquentin assuma a existência, que ele se constitua para si. Não pode fugir da imanência de si a si, mas há algo nesse entremeio que depende da liberdade.

> Se ao menos eu pudesse parar de pensar, já não seria mau ... Existo. Penso que existo ... Se pudesse fazer que não pensasse! Tento, consigo: tenho a impressão de que a cabeça se me enche de fumaça... mas eis que tudo recomeça: fumaça... não pensar... não quero pensar... penso que não quero pensar. Não posso pensar que não quero pensar. Porque isso mesmo é um pensamento. Então, isso nunca mais acaba?[23]

Essa paródia do *cogito* tem a função de mesclar a angústia à constatação da existência. Não se trata de uma demonstração, trata-se de que o sujeito se impõe a si mesmo por via do fato incontornável da existência. Não se pode contar com a tranquilidade objetiva da reflexão que constata a realidade originária do pensamento e o *Eu* como essa instância cuja propriedade essencial é pensar. A reflexão está totalmente penetrada pelos afetos contraditórios de um sujeito que se constitui dolorosamente.

> Existo porque penso... e não posso deixar de pensar. Nesse momento preciso – é odioso – se existo é porque tenho horror a existir. Sou eu, *sou eu* que me extraio do nada a que aspiro: o ódio à existência, a repulsa pela existência, são outras tantas maneiras de a *cumprir*, de mergulhar nela.[24]

---

23 Ibidem, p.145; ed. port., p.172.
24 Ibidem.

A narrativa do encontro do sujeito com a sua própria existência é também a descrição da *dor* e do *horror* de existir. A existência faz refluir sobre o sujeito a liberdade que ele havia alienado. Daí a perplexidade: *que hei de fazer?* A questão se põe a partir de uma constatação irrecusável: eu existo. E se posso dizer também: eu sou, como na sinonímia cartesiana, isso significa que esse ser terá de qualificar-se a cada momento por suas ações. Terá de concretizar esse *sou* em todo e qualquer gesto. Terá de escolher o que fazer, isto é, *o que ser*, terá de defrontar-se com o sentido das ações e a pluralidade dos possíveis. O herói de *A náusea* procurará desesperadamente evitar esse caminho.

A narrativa se encerra com Roquentin procurando ainda uma maneira de transformar a contingência em necessidade. Mas certamente ele aprendeu que todos os seus gestos e todas as suas ações o transcendem e é nessa transcendência que ele poderá se constituir. Essa é a diferença entre o *eu existo* e o *eu sou*. Eu *existo* significa que *sou*, antes de tudo, nada. É essa disponibilidade para ser que indica a característica original do estar-no-mundo. Não há uma história a ser narrada antes de ser vivida. Curiosamente, a transcendência do sujeito a si mesmo implica a imanência da história à existência, paradoxo provavelmente inscrito na inevitabilidade da liberdade.

II
A compreensão interrogante

Interrogação e negatividade

Quando Heidegger enumera as estruturas existenciais fundamentais que constituem o ser do *ser-aí*, menciona entre elas a *compreensão*: "Interpretando a compreensão como um existencial fundamental, mostra-se que esse fenômeno é concebido como modo fundamental do *ser* da pre-sença".[1] Esse caráter fundamental e originário da compreensão faz que ela não possa ser tomada apenas na acepção das variadas formas pelas quais dominamos intelectualmente os aspectos da realidade, isto é, como uma espécie de objetivo final da atividade de conhecer. A prevalência do estatuto lógico nessa significação cognitiva da compreensão faz dela algo derivado, precisamente, de alguma estrutura lógica que a possibilitaria. O que Heidegger quer acentuar é que os sentidos habituais de compreensão ligados à apreensão lógico-cognitiva é que são derivados de uma significação e de uma

---

1 Heidegger, *Ser e tempo*, 1988, #31, v.I, p.198.

função fundamentais inscritas na compreensão como estrutura existenciária, isto é, constitutiva da existência. Essa estrutura existenciária caracteriza a abertura do existente para o mundo, ou o seu modo de estar-no-mundo: "Compreender é o ser existencial do próprio poder--ser da pre-sença de tal maneira que, em si mesmo, esse ser abre e mostra a quantas anda seu próprio ser".[2] O ser do *ser-aí* se constitui pelas suas possibilidades existenciais. Essas possibilidades, por serem fundamentais, estão inscritas nas estruturas existenciárias. É nesse sentido que o modo estrutural da compreensão é uma forma de o existente mostrar-se, ou abrir-se, já que *compreender é ser*, isto é, o ser do existente implica que ele é compreendendo. Daí o sentido originário da compreensão. Mas como ocorre essa compreensão enquanto modo originário de ser? "Dizer que função *e* significância se abrem na pre--sença significa que a pre-sença é um ente em que, como ser-no-mundo, ele próprio está em jogo."[3] A compreensão é função primordial porque nela se funda essa perspectiva de abertura do existente ao mundo, ou do mundo para o existente, que Heidegger chama de significância: o descortino das possibilidades do existente ao qual ele é conduzido na medida em que compreende. Compreender não é, pois, conhecer isso ou aquilo; é ser de forma imanente às possibilidades de existir, que não estão separadas do existente, no sentido de possíveis destacados dele mesmo, mas que fazem parte, estruturalmente, de um modo de presença no mundo que *consiste nessas* possibilidades, que consiste em *ser-para*. A característica da existência está precisamente em que o *ser-aí* existe como possibilidade, isto é, *lançado* ou *projetado*. Como, justamente, se trata de possibilidades e não de estados ou de algo já dado, o existente é tal que, no seu ser, o seu próprio ser está constantemente "em jogo". Esse jogo de possibilidades não significa indiferença ou neutralidade em relação ao porvir da existência, como se o existente estivesse solto e anterior a todas as suas possibilidades. Já que as possibilidades tecem o seu ser, ele está sempre dentro das possibilidades,

---

2 Ibidem, p.200.
3 Ibidem, p.198.

no jogo, escolhendo ou recusando a partir de sua liberdade, porque o ser do existente é *poder-ser*.

Dito de outra forma, a compreensão como estrutura originária relacionada com as possibilidades de ser do existente é aquilo que faz que, para o homem, o seu ser esteja constantemente em questão. É preciso atentar para o caráter suspensivo de uma compreensão que se constitui como presença permanente da questão, porque é isso que nos faz entender por que a compreensão se situa num plano anterior à atividade judicativa do entendimento. Dessa forma, qualquer formulação de juízo é algo que decorre da compreensão em sentido fundamental. Tendemos habitualmente a ver a compreensão como algo que ocorreria *por meio* da formulação de juízos, como resultante da atividade judicativa. Mas, estando a compreensão num plano anterior, como mostra Heidegger, podemos pensá-la na ausência de qualquer juízo, isto é, anteriormente a qualquer objetivação judicativa do mundo e do próprio existente. Haveria, então, uma instância compreensiva em que nada seria afirmado, ou até mesmo negado na forma proposicional. Mas como se pode *compreender* sem formular *respostas* a determinadas questões? Como se pode compreender quando não se pode ultrapassar os limites da *questão*? Talvez seja possível refletir sobre essa dificuldade aproximando a noção heideggeriana de compreensão daquilo que Sartre entende por interrogação ou conduta interrogativa.

Uma ontologia que não queira permanecer na abstração deve caminhar na direção das sínteses e não das separações. Isso significa primeiramente que todas as disposições da consciência devem ser consideradas como momentos de uma síntese que seria o ser-no-mundo. O existente não pode ser parcelado para ser mais bem compreendido. Descartes teria intuído algo semelhante quando disse que a experiência da união substancial deveria ser aceita mesmo que teoricamente incompreensível. Isso significa que a experiência de ser-no-mundo precede a elucidação analítica dos seus componentes. Da mesma forma, o ser do homem e o ser do mundo só podem ser objetos de uma investigação concreta quando sinteticamente relacionados. Como efetuar essas tentativas de síntese no homem e entre o homem e o mundo de forma que a realidade da experiência humana possa aparecer como totalidade em processo e não como partes a serem objeto de uma totalização *a posteriori*? Entendendo essa experiência e a relação nela inscrita a partir das condutas humanas.

> Mas cada uma das condutas humanas, sendo conduta do homem no mundo, pode nos revelar ao mesmo tempo o homem, o mundo e a relação que os une, desde que as encaremos como realidades apreensíveis objetivamente, não como inclinações subjetivas que só podem ser compreendidas pela reflexão.[4]

A *conduta* permite uma apreensão sintética e objetiva da experiência porque não separa, na constituição dessa experiência, a experiência subjetiva do mundo da experiência. Assim como não se pode falar num sujeito-no-mundo anterior à experiência pela qual ele vem a ser, também não se pode falar de um mundo da experiência sem qualquer sujeito que nele experimente e se experimente. A conduta é exatamente a relação em que a experiência se constitui como síntese possível. Ela não é simplesmente um comportamento, no sentido meramente operacional e naturalista, porque essa síntese ocorre entre a intenção subjetiva da consciência e os seres e ações visados intencionalmente, de modo que o que Sartre chama de apreensão *objetiva* deve ser distinguido tanto das "inclinações subjetivas" quanto da concepção de um mundo pré-experiencial ou pré-humano.

Trata-se, portanto, de compreender as condutas humanas, mas essa intenção mesma já configura uma conduta, aquela pela qual interrogamos as condutas humanas. Dessa maneira é que se oferece para o investigador a "conduta primeira" a ser considerada, e que é a própria conduta interrogativa. Se busco na compreensão das condutas algo que me revele a relação homem-mundo, já o faço por via de uma conduta que é a própria interrogação. Esta é, portanto, o modo mais fun-

---

4 Sartre, *O ser e o nada*, 2001, p.44; ed. franc., 1982, p.38.

damental de compreensão. A tarefa é então elucidar a conduta interrogante enquanto tal. Primeiramente se tentará entender o próprio significado da interrogação. Dirijo-me ao ser que interrogo para que este me revele algo acerca de si. Para interrogar, já tenho que estar diante do ser interrogado. É essa posição que Sartre chama de "familiaridade pré-interrogativa" com o ser.[5] Sobre o fundo dessa familiaridade, abre-se a possibilidade da resposta, ou melhor, duas possibilidades, a afirmativa e a negativa. Tomemos a possibilidade negativa e examinemos o seu significado. Se pergunto: há alguma conduta capaz de revelar a relação homem-mundo? A resposta poderia ser: não há nenhuma. Nesse caso, estou diante de uma revelação ou de uma ausência de revelação concernente ao que foi perguntado? Há que se optar pela primeira alternativa, pois, dentre as respostas possíveis, caberia em princípio esperar, além da revelação de qual ou quais condutas me permitiriam entender a relação homem-mundo, também a revelação de que não há nenhuma conduta que o permita. Nesse caso, a não existência daquilo que procuro me é revelado como resposta, como se fosse o "fato da não existência" em lugar do fato da existência. A negação aí é uma realidade, embora nada de real (nenhuma conduta) me tenha sido revelada. A negação é uma realidade que suprime os seres reais porventura dentro da minha expectativa. Mas quando a resposta é afirmativa, ela traz também a negação como que infiltrada nela. A resposta poderia ser: sim, há uma conduta que revela a relação homem-mundo; é esta e nenhuma outra. A determinação positiva exclui todas as outras, isto é, nega todas as outras. O que Sartre quer indicar com essa presença da negação, tanto na resposta negativa quanto na afirmativa, é exatamente uma *certa presença*, que, no entanto, não posso qualificar de *ser*. Não há coisa alguma ou não há qualquer coisa além desta particularmente determinada. Tanto num caso quanto no outro, a resposta está relacionada ao não ser. Mas já a pergunta também estava relacionada ao não ser, visto que quem pergunta *não*

---

5 Ibidem, p.45; ed. franc., p.39.

sabe que resposta receberá. Daí o tríplice não ser constitutivo da interrogação de que fala Sartre: não ser relativo à pergunta (indeterminação completa quanto ao sim ou não); não ser relativo à resposta negativa (não há); e não ser relativo à resposta positiva (só há isso e *nada* mais). O significado da interrogação mostra, pois, que é necessário um recuo da conduta interrogativa, que não deixa de ser curioso ou paradoxal. Pois o que nos foi revelado é que "A possibilidade permanente do não ser, fora de nós e em nós, condiciona nossas perguntas sobre o ser ... Aquilo que o ser *será* vai se recortar necessariamente sobre o fundo daquilo que *não é*".[6] Essa presença constante da negatividade ou do não ser é que vai configurar o perfil da conduta interrogante – e daquele que interroga.

Isso, no entanto, acontece no plano da ontologia e não do juízo. A crença de que a negação é exclusivamente um ato judicativo constituiu-se paralelamente à concepção da plena positividade do real. Como a realidade absoluta não pode conviver com o seu oposto, não haveria possibilidade de intencionar objetivamente o não ser, o mal, o vazio ou o nada. Seriam os nossos juízos que introduziriam na plenitude do ser algo como a efetividade da negação, mas isso seria um equívoco. Tanto é assim que, na estrutura predicativa do juízo de negação, podemos traduzir a forma negativa em forma positiva. Este vaso não é vermelho equivaleria a este vaso é não vermelho. Este homem não é feliz, a este homem é infeliz. A realidade em si mesma não poderia revelar a negação. Assim, quando falo do não ser ou do nada, só poderia fazê-lo restrito ao âmbito do julgamento. E essa tese parece estar apoiada num fato inegável: é sempre dentro de uma expectativa humana que a negação e, portanto, o não ser acontecem. Faço a experiência da negação quando algo que espero não se realiza, quando não encontro aquilo que de alguma maneira antecipava na minha consciência. Na realidade em si mesma não haveria lugar para aquilo que não existe, ou que não está, ou que não é. Isso é verdadeiro em certa

---

6 Ibidem, p.46; ed. franc., p.40.

medida. Quando dizemos que depois de um terremoto não restou nada, é evidente que estamos nos referindo a uma cidade, edificações etc., pois, do ponto de vista exclusivamente material, as coisas apenas mudaram de posição. Se procuro numa máquina algo que a impede de funcionar, posso dizer *não há nada*, e é claro que com isso quero dizer que não encontrei o que procurava. Mas o que foi dito acerca da interrogação nos fornece uma perspectiva diferente. Quando vejo uma cidade destruída, *julgo* que foi destruído aquilo que foi objetivamente destruído, isto é, a destruição não está em meu pensamento e não depende dele; o juízo *comprova* um fato objetivo. Nesse sentido, a destruição é uma possibilidade humana, mas está entranhada nas coisas; a fragilidade delas me faz representá-las como podendo não ser: "A fragilidade está impressa no ser mesmo desse vaso, e sua destruição seria um fato irreversível e absoluto, que a mim só caberia comprovar".[7] Então, se é verdade que é *pelo homem* que a destruição vem ao ser, ela, por sua vez, é um fato objetivo e não algo no interior do pensamento. Isso significa que, se não houvesse seres humanos sobre a terra, as modificações de massa material não seriam compreendidas como destruição. Mas essas modificações que compreendemos como destruição são assim compreendidas depois de ocorrerem objetivamente. Então, *vemos* a destruição e constatamos o não ser, dizendo: o edifício já não existe. Chegamos assim à verdadeira dificuldade: vemos e comprovamos aquilo que qualificamos de não existente. E é claro que é preciso uma consciência para que isso aconteça, é preciso que uma expectativa humana esteja aí envolvida. Se não houvesse consciência, se não houvesse interrogação, não haveria algo como a *intuição da ausência*.

É o que fica explicitado no célebre exemplo de alguém que vai encontrar o amigo no bar.[8] Está atrasado e não tem certeza se o outro ainda está esperando. Deve procurá-lo. O bar, na variedade e totalidade das coisas e pessoas que o constituem, torna-se *fundo* da percepção,

---

7 Ibidem, p.49-50; ed. franc., p.43.
8 Ibidem, p.50; ed. franc., p.43-4.

no sentido da Gestalt. Sobre esse fundo deveria aparecer a *forma* que é a pessoa procurada. Mas isso só acontece porque minha expectativa visa algo de preciso e determinado, o amigo que vim encontrar. É claro que as pessoas e os objetos não são fundo por si mesmos; sou eu que os constituo assim para poder constituir a forma que é objeto de minha expectativa. Faço que tudo recue para um plano de irrealidade em relação à minha percepção, porque *não viso nada a não ser a pessoa procurada*. Minha expectativa posiciona tudo num estado de evanescência, como se as coisas tivessem retornado ao nada. Sartre diz que minha atenção procede a uma *nadificação* desse fundo indiferenciado, porque não o procuro, não o interrogo. O processo de desvanecimento das realidades inclui certos momentos de fixação de minha atenção (aquela pessoa, talvez seja ele) que logo são superados e neutralizados como realidade. Após um certo tempo, *vejo que ele não está*: essa constatação é crucial para entendermos a intuição da ausência. Como posso *ver* que ele *não está*? Não deveríamos antes dizer que vejo tudo e todos que lá estão, menos o meu amigo, que precisamente não está?

> Mas, precisamente, eu esperava ver Pedro, e minha espera fez *chegar* a ausência de Pedro como acontecimento real alusivo a este bar; agora é fato objetivo que *descobri* tal ausência, que se mostra como relação sintética entre Pedro e o salão onde o procuro; Pedro ausente *infesta* este bar e é a condição de sua organização nadificadora como *fundo*.[9]

O aparente absurdo implicado em haver uma intuição sem objeto real pode ser explicado pelo fato de que a ausência de Pedro é de certa forma *mais real* do que tudo que ali se encontra. É isso que significa a expressão "organização nadificadora": a intenção de minha consciência fez, de tudo, nada; e fez da ausência de Pedro algo que "descobri", como "fato objetivo". Por isso, diz Sartre que a ausência de Pedro "infestou" o bar. A ausência contaminou a presença a ponto de anulá-la. Tudo isso não pode ser explicado apenas pelo juízo de negação, pois

---

9 Ibidem, p.51; ed. franc., p.44.

este somente foi formulado depois de um processo de nadificação das realidades existentes. A ausência de Pedro não é apenas um juízo negativo: ela surge, eu a faço surgir "como acontecimento real" por via do modo pelo qual a comprovo. O juízo vem por último e subordina-se à intuição da ausência. "A ausência de Pedro infesta este bar" quer dizer: o nada infesta o ser. "A condição necessária para que seja possível dizer *não* é que o não ser seja presença perpétua em nós e fora de nós. É que o nada *infeste* (*hante*) o ser."[10] Assim como vimos que a resposta negativa a uma interrogação traz o *fato da inexistência*, assim também vemos agora que há uma *experiência do não ser* presente na conduta interrogativa.

Então temos de convir que o *nada* estaria na origem dessa experiência. O que nos conduz ao exame da maneira pela qual o nada infesta o ser, ou, em termos tradicionais, ao exame da relação entre o ser e o nada. Sartre refere-se, sem dúvida, nesse ponto a Hegel, por ter sido este o primeiro a introduzir na filosofia a negação como operação lógica do espírito e como etapa do percurso ontológico, e não apenas como aparência. Ainda mais, é sabido que, para Hegel, o Ser posto no princípio da caminhada do Espírito é a realidade na sua mais absoluta pobreza e abstração, uma vez que totalmente indeterminada. A manifestação da Essência exige a sucessão dialética das determinações. Sendo Ser em si a pura e simples identidade consigo mesmo, essa completa indeterminação o faz coincidir com o Nada, ou melhor, nesse nível de universalidade abstrata, a diferença entre o ser e o nada consistiria num simples "modo de pensar". Será preciso o trabalho da negação para que o ser venha a manifestar a essência. Sartre faz dois reparos a essa concepção: em primeiro lugar, por mais indiferenciadamente que se pense o ser nesse primeiro momento, o nada só poderá ser pensado pela negação dessa indiferenciação. Portanto, a indeterminação não faz coincidir o ser e o nada: é a negação que produz a passagem, ainda que ela opere sobre o momento mais abstrato do ser. Em segundo

---

10 Ibidem, p.52; ed. franc., p.46.

lugar, essa abstração vazia, que é própria desse primeiro momento do ser, é o que faz que ele *seja*, ainda que somente a identidade consigo mesmo, e essa identidade é uma espécie de condensação absolutamente abstrata de todas as determinações. É um vazio denso. O nada é o vazio de ser, abstração que resulta da negação daquela primeira abstração. O que Sartre pretende questionar é a complementaridade e a contemporaneidade entre ser e nada afirmadas por Hegel. A negação tem de ser necessariamente *posterior*, ainda que a afirmação negada seja uma *anterioridade* vazia e indeterminada. Assim não é possível que ser e nada sejam concebidos como tese e antítese numa espécie de "contemporaneidade lógica".

Uma outra forma de relação de complementaridade estaria presente em Heidegger quando este concebe o real como uma tensão de forças antagônicas: é a constante iminência de uma expulsão recíproca entre o ser e o nada, tensão que se revela na experiência concreta da existência, que faz que essa oposição seja efetiva e não apenas um jogo de aporias do entendimento. Na constituição do existente, as negatividades estão presentes e a angústia surge a partir de uma compreensão ôntica do nada. Há, portanto, uma experiência concreta do nada porque ele ronda a realidade humana, e é o que permite ao existente transcender-se, lançar-se no vazio que separa o que ele é do que ele não é. A estrutura do *ser-para* faz que o homem constitua o seu ser longe de si. No entanto, embora em Heidegger o nada seja concebido como certo modo de presença no âmbito existencial, porque o existente é estruturalmente transcendente, isto é, não está em si, faltaria, no entender de Sartre, algo como uma explicação da estrutura existencial que fundamenta a negação. Não basta dizer, como em Hegel, que o espírito exerce uma atividade negadora, ou, como em Heidegger, que o existente se transcende na direção do que ele não é. Seria preciso apontar o que faz que a negação e a transcendência se exerçam e não apenas mostrar que elas se exercem. O que deve ser o espírito para que venha a exercer a negação? O que deve ser a realidade humana para que o seu ser seja o seu transcender-se? O que Sartre pretende mostrar é que a experiência da negatividade me impede de conceber o nada para além do ser. Quando *vejo que Pedro não está*, como posso separar o positivo do negativo? A ausência de Pedro não se constitui para mim na intuição? E a presença real do entorno dessa ausência não se inexistencializa? Não afirmo a ausência e não nego a presença? Como distinguir? A passagem por Hegel e Heidegger mostra que

> não se podia conceber o nada *fora* do ser, nem como noção complementar e abstrata, nem como meio infinito em que o ser estivesse em suspenso. É preciso que o Nada seja dado no miolo do Ser para que possamos captar esse tipo particular de realidades que denominamos Negatividades.[11]

Fica excluída então qualquer relação entre o ser-em-si e o nada: complementaridade, contemporaneidade ou o que quer que seja. Mas como o nada é caracterizado como *posterior* ao ser, é preciso que *um ser* lhe seja anterior e, por assim dizer, o traga ao mundo. Ora, o ser-em--si não pode produzir o nada a partir de sua positividade, porque o transcender-se supõe uma falta, um vazio a preencher. Isso quer dizer que o ser pelo qual o nada vem ao mundo já deve trazê-lo de alguma maneira em si. Já vimos que a conduta interrogante supõe o não ser na forma do não saber, uma das três negações. Qual é o ser que se conduz de modo interrogante? "O Ser pelo qual o Nada vem ao mundo é um ser para o qual, em seu Ser, está em questão o Nada de seu Ser."[12]

Já temos talvez condições de aproximar conduta interrogante, negatividade e não ser. A conduta interrogante mantém a questão: o homem é o ser para quem o seu próprio ser está permanentemente em questão. Estar permanentemente em questão não significa apenas a ausência de resposta; indica principalmente a impossibilidade de que o ser seja determinado, uma essência seja manifestada. O ser do existente, não se manifestando numa essência que o determine, permanece em suspenso. O traço ontológico do existente é essa suspen-

---

11 Ibidem, p.64; ed. franc., p.57.
12 Ibidem, p.65; ed. franc., p.58.

são, ou esse vazio de determinação essencial, negatividade que se manifesta primeiramente na conduta interrogativa, aquela que introduz propriamente a negatividade no mundo. O processo humano de interrogar nos indica que o homem é o ser que faz surgir o nada no mundo. E isso ocorre porque o homem, enquanto interrogante, é um ser que segrega um nada que o isola do ser-em-si. Dessa forma, a indagação acerca da conduta interrogante nos levou ao Nada como condição da interrogação, e é a partir dessa relação entre ser e nada que se pode indagar acerca da realidade humana, isto é, acerca do ser pelo qual o nada vem ao mundo. Foram, portanto, a interrogação e a questão que levaram a uma *compreensão* daquilo que deve continuar a ser *interrogado*.

Interrogação e liberdade

"O Ser pelo qual o Nada vem ao mundo é um ser, para o qual, em seu Ser, está em questão o Nada de seu Ser: o ser pelo qual o Nada vem ao mundo deve ser seu próprio Nada."[13]

O exame da conduta interrogativa nos indicou esse ser. O recuo exigido na interrogação é ato nadificador em duplo sentido: aquele que interroga está, em sua própria atitude, num estágio anterior a qualquer determinação acerca do interrogado; e este também é relegado a uma posição de neutralidade quando é posto em questão, quando o colocamos na posição anterior a qualquer revelação de si próprio. Aquele que interroga rompe a familiaridade com as coisas, nega o fato habitual de que elas estão sempre aí e provoca, da parte do mundo ou do "objeto" interrogado, também um recuo. Esse recuo acontece dentro de uma expectativa de revelação: é a partir dessa expectativa que nadifico o bar para que Pedro se revele, ou que se revele a ausência de Pedro. É, portanto, a consciência interrogativa que, ao introduzir a negatividade no mundo, como que libera o nada, para que ele venha a "cintilar sobre as coisas".[14] É o processo humano de interrogar, modo

---

13 Ibidem, p.65; ed. franc., p.58.
14 Ibidem, p.66; ed. franc., p.58.

existencial da compreensão, que faz surgir o Nada. Pode-se dizer, a partir dessa relação entre o Nada e a conduta, isto é, ato humano, que o Nada vem ao mundo quando a consciência faz que esse Nada afete a ela mesma e afete as coisas. Em Hegel, o sujeito é o negativo porque é por via das negações que se procede às sucessivas determinações do ser, já que cada nova determinação exige a negação da anterior. Isso significa que a compreensão do ser, que em Hegel é o processo lógico e real das negações determinadas, exige que o espírito traga em si o poder de negar e negar-se. É esse ponto que precisa, para Sartre, ser esclarecido. A negação somente se processa porque a consciência a carrega em si, na verdade identifica-se com ela. E é então isso que faz que a consciência possa ser definida pela negação. Mas definir pela negação não é determinar, se entendemos a determinação como a predicação ou a agregação de alguma propriedade ao ser. É preciso, portanto, entender que a posterioridade da negação ou do nada, que Sartre invoca contra Hegel, exige uma anterioridade, inscrita no fato de que o ato negador só é possível porque há um ser que traz em si a negatividade, que *é* negatividade, que porta o nada em seu ser. É isso que significa o *desgarramento do ser*, de que fala Sartre, e que é o núcleo da conduta interrogativa. O existente humano tem a propriedade de isolar-se do ser. Mas como podemos chamar isso de "propriedade" se não podemos defini-la positivamente? O adágio tradicional *o nada não tem propriedades* não nos impediria de definir a realidade humana por esse isolamento? Foi, sem dúvida, essa dificuldade que impediu, nas filosofias que identificaram a negação como o outro lado da determinação, que prosseguissem a indagação acerca do que deve ser essa realidade humana para que segregue o nada e o libere no mundo. E é essa precisamente a questão envolvida na compreensão do ser do existente: "como há de ser a realidade humana se o nada vem ao mundo através dela?".[15] Há aí outra notável antecipação de Descartes, quando formulou a liberdade da vontade como poder infi-

---

15 Ibidem, p.67; ed. franc., p.59.

nito do sim e do não. Um poder infinito dado a um ser finito o isola, faz que ele se distinga da plenitude determinada dos seres do mundo. Se posso sempre dizer sim ou não, estou de certa forma numa posição anterior e exterior às determinações que, em princípio, caracterizariam a minha condição de ser finito entre seres finitos. Essa indeterminação fundamental da vontade, que Descartes considerava uma perfeição, por vê-la como um poder maior do que estar determinado, ainda que mesmo à verdade, é em si mesma algo que confere ao ser humano uma posição destacada, separada, do ser. Ele está desgarrado, fora da positividade, anterior à plenitude, *é* de uma maneira não essencialmente determinada, e isso é experimentado no poder de negação, que é justamente aquilo que o exclui do ser determinado. Por isso, segregar o nada não é uma propriedade, embora seja a distinção fundamental do homem. Nesse sentido, a transcendência é negação. Quando digo que a consciência humana deve sair de si, que o homem é o ser dos possíveis e assim é, continuamente, na forma do ser fora de si, estou falando de uma negação fundamental, a partir da qual o homem torna-se aquilo que irá encontrar fora de si. A precedência da existência é a precedência da negatividade porque é a precedência do vazio essencial. Poderíamos ver aí algo como uma indeterminação vivida, porque é um *nada* que, a princípio, é *tudo* que o homem tem. Por isso, ele pode ser definido pela ausência de determinação positiva, isto é, pela liberdade.

Esse desgarramento do ser, entretanto, não significa que o homem paira acima das coisas. Pelo contrário, é o modo de estar-no-mundo. Essa posição nadificadora que define o homem é intramundana. O modo de o homem ser-no-mundo é estar excluído das determinações essenciais que definem as coisas no plano do ser-em-si. Por isso, a liberdade é constitutiva. Quando dizemos que o homem é livre, não estamos acrescentando um predicado a um sujeito, como uma propriedade a uma substância. Estamos enunciando uma tautologia. Ser homem é ser livre. Exatamente por isso é que ele traz o nada em si mesmo. A liberdade está, portanto, estritamente relacionada como nada. É o nada que faz que o homem tenha de transcender-se para ser. O movimento contínuo de transcendência é a realização de si como realização da liberdade. A liberdade é estrutura existencial da consciência. Kant define a liberdade como a possibilidade que tem o homem, na sua dimensão suprassensível, de escapar ao determinismo da cadeia causal da natureza e de agir a partir de si mesmo como se fosse uma causa primeira. Isso ainda significa considerar a liberdade relacionada com a causalidade e, portanto, determinada, embora não natural ou fenomenicamente. Por isso, a liberdade moral se exercitará a partir de imperativos formais, que estão fora do condicionamento empírico, mas que ainda condicionam a forma do ato moral na exigência de universalidade. Para que haja uma causa, é preciso que haja uma realidade agindo de modo causal. É preciso que o homem, causa primeira, seja definido como noúmeno ou espírito na dimensão extramundana. Ora, se a existência não pode ser pensada no plano da idealidade, é preciso que o homem escape às determinações no próprio interior da sua mundanidade. Ele se exclui das determinações mundanas não alçando-se para fora do mundo, mas trazendo ao mundo esse nada que é a indeterminação da sua liberdade. É, pois, no plano do ser pleno que o nada aparece, é pela negação constitutiva dessa plenitude que a liberdade surge na gratuidade que a caracteriza. Se quisermos dizer que a ordem humana é uma série à parte, dissociada do determinismo, temos que considerá-la a partir daquela invasão da ausência de que fala o exemplo do bar. O nada invade o ser, e o que torna isso possível é a consciência excluída das determinações do ser pleno.

Como pode, no entanto, a consciência humana estar tão relacionada com o não ser se ela é plena das vivências acumuladas? Não costumamos dizer que o homem é, a cada momento, a soma de seu passado, e que essa carga, longe de ser um peso morto, motiva o presente? Como a consciência pode ser liberdade, isto é, origem absoluta de seus atos, se ela está plena do que já foi, e se o passado pressiona o presente para estabelecer aquela continuidade a que costumamos chamar de Eu? Não haveria aí uma identidade já dada, que faria do presente e do futuro a consequência do passado? Com efeito, não haveria ato livre se não pudéssemos negar esse passado e, por conseguinte, essa continuidade. Mas haveria *sempre* um engate entre a consciência passada e a consciência presente? Voltemos ao exemplo do bar. O que significa tomar consciência da ausência de Pedro? O que me *determinaria* a fazê-lo senão a própria intencionalidade peculiar que visa Pedro como ausente? Só posso ter essa intuição de ausência a partir de um ato de negação. Ora, negar significa romper a plenitude do ser. Não posso atribuir a negação a um encadeamento causal em si mesmo positivo. Se a intuição de ausência dependesse das determinações encadeadas das realidades ali existentes – o bar com as coisas e as pessoas que o compõem –, ela não se realizaria. Justamente, a nadificação dessas realidades se deu a partir da negação ou do rompimento com aquela plenitude determinada de ser. Elas não motivaram a minha consciência da ausência de Pedro. Se houvesse encadeamento e determinação constantes, minha consciência passaria do ser ao ser, de uma presença a outra presença, e não do ser ao nada, da presença à ausência. Há, portanto, uma *fissura* no ser quando tomo consciência da ausência.

> Enquanto meu estado presente for prolongamento do meu estado anterior, qualquer fissura pela qual puder deslizar a negação estará inteiramente fechada. Todo processo de nadificação implica, portanto, uma ruptura entre o passado psíquico imediato e o presente.[16]

É por essa ruptura que se introduz o nada. Na relação propriamente existencial entre o passado e o presente, o passado pode ser colocado "entre parênteses", e este seria o único sentido válido da *epoché*. Não posso anular o mundo e por isso não posso anular o passado. Mas, na passagem do passado ao presente, algo como um espaço vazio se introduz, e nele o passado fica em suspenso e, portanto, não exerce sua força motivadora ou determinante. O ato de nadificação

---

16 Ibidem, p.70; ed. franc., p.62.

Ética e literatura em Sartre

significa que a consciência se constitui em relação ao seu passado separando-se dele. É nesse intervalo que surge o nada que a consciência segrega. A liberdade, portanto o ser da consciência, está aí, nesse vazio de determinação, e no ato livre a consciência *não é seu passado*, porque a liberdade surge a partir da negação, e não da reiteração do que já foi ou do que tem sido. Essa negação do passado é uma forma de situar-se perante ele, precisamente a forma da nadificação.

E é essa posição ambígua de ser o que já fui ou o que serei, e ao mesmo tempo de já não sê-lo *mais* ou de não sê-lo *ainda* que é própria da liberdade. A experiência que revela essa ambiguidade e que, portanto, revela, no limite, o que é a consciência da liberdade é a experiência da *angústia*. A angústia é uma espécie de medo da liberdade, como já notara Kierkegaard. A situação que constitui a melhor descrição metafórica dessa experiência é a vertigem. O medo da altura, quando se está, por exemplo, à beira de um precipício, tem dois aspectos. O primeiro é o medo de cair, mas no fundo desse medo de cair está de fato o medo de me jogar no abismo. Vê-se que o primeiro aspecto corresponde a algo que poderíamos chamar de dimensão "objetiva": estou a uma grande altura e, se não tomar precauções, posso cair. O segundo aspecto é "subjetivo": ao olhar o abismo, ele me atrai, vou me soltar e mergulhar nele. Essa é a razão pela qual as pessoas que estão caminhando num lugar estreito e muito alto evitam olhar para baixo. O que devo temer não são tanto as causas "objetivas" que poderão determinar a minha queda; o que devo temer sou eu mesmo. No entanto, não quero me jogar, não estou ali para isso. Ainda assim posso fazê-lo. Se o fizer, terei sido eu e não terei sido eu a fazê-lo. O medo é propriamente motivado pela situação objetivamente perigosa; a angústia tem a ver com a minha reação a essa situação. Caso semelhante é o do soldado que vai para a guerra: sente medo, mas a situação perigosa ainda não está sendo experimentada; então ele sente medo de sentir medo, porque não pode determinar desde já qual será a sua reação. Sartre relata também (*Que é a literatura?*, cap.IV) o sentimento das pessoas em Paris, durante a Ocupação, quando outros eram levados para o interrogatório e, possivelmente, à tortura: quando chegar a minha vez, resistirei? O que significa esse tipo de relação com as possibilidades? Aquele que atravessa uma situação de perigo considera primeiramente as causas objetivas, e toma precauções, conduzindo-se prudentemente. As causas objetivas são os possíveis exteriores, as minhas precauções são meus possíveis. Tudo depende de que eu possa mantê-los como possíveis: posso me desesperar e me conduzir imprudentemente. Há uma ruptura entre a causalidade externa e aquilo que torno meus possíveis: o terreno pode ceder, isso não depende de mim; caminhar com atenção depende de mim, porque se o fizer afastarei o medo de cair. Mas não sei se posso manter a calma, *tenho medo de que não possa*. Se houvesse uma determinação estrita entre o perigo e a conduta capaz de evitá-lo, o medo não teria sentido. Sinto medo porque não existe essa relação causal, e minha ação deve surgir de mim mesmo como possibilidade que só eu posso manter. Se for torturado, é possível que me mantenha calado, mas essa não é uma possibilidade objetiva, ela aparecerá na medida em que a fizer minha. Não há nada no mundo que me faça mantê-la a não ser eu mesmo. Desejo me calar, creio que posso fazê-lo, mas não sei o que será – o que serei – no momento seguinte. O que sou não implica o que serei. Por isso, angustio-me em relação ao que poderei vir a ser, e, seja o que for, será a partir de mim mesmo. A angústia faz que me coloque já no meu futuro, sem nada saber dele; faz que eu me veja a partir do meu passado, sem que possa me apoiar nele: "Chamaremos precisamente de *angústia* a consciência de ser seu próprio devir à maneira de não sê-lo".[17]

Isso significa que aquilo que se interpõe entre o motivo e o ato é a indeterminação, e o nada. Isso não significa que não haja motivos para agir. Há muitos, mas não é certo que agirei a partir de qualquer um deles. Eles não são fundamento suficiente do ato. Não há um repositório de determinações ou razões com que o existente possa contar. Ele não é solicitado a fazer isso ou aquilo, nem pelo seu passado

---

17 Ibidem, p.75-6; ed. franc., p.67.

nem pelo seu futuro. Por isso, a liberdade está nesse interstício, vazio indefinível de onde brota o ato. Não havendo passado em que repousa a determinação essencial, não havendo futuro que condicione determinadamente, "a liberdade manifestada na angústia se caracteriza por uma obrigação perpetuamente renovada de refazer o Eu que designa o ser livre".[18] Isso quer dizer que a angústia revela a liberdade quando a possibilidade aparece inelutavelmente vinculada a mim e somente a mim. Porque esse Eu, de que depende a possibilidade, a rigor não é nada, se entendermos que *ser* é ser dotado de alguma essência ou propriedade determinada. Assim, o possível é meu e me pertence, mas ao mesmo tempo eu não o sou, pelo simples fato de tratar-se de um possível. E não sei o que serei se realizá-lo, porque o possível não inclui a antevisão da realidade que a partir dele poderá surgir. Só o conhecerei de fato se realizá-lo. Por isso, a manutenção do possível depende de "refazer o Eu" a cada instante, porque o que seria a identidade como que flutua entre o Eu e o seu possível. É essa relação indeterminada que constitui o processo sempre inacabado de construção da identidade. O fundamento desse processo é a liberdade, mas ela só existe na medida em que a exerço. E o seu exercício inclui a angústia inerente ao fato de que viver no modo da possibilidade exige que já seja o que ainda não sou. É nessa antecipação vivida que se encontra o significado da *escolha* e o seu caráter absoluto. A angústia significa que a liberdade é fundamento sem ser permanência, isto é, sem ser um solo de valores. A desvinculação entre liberdade e valor, que implica a instituição do valor a cada ato livre, é o que faz que a justificativa da existência seja imanente ao processo de existir e tenha que ser construída e renovada a cada momento desse processo. Essa é a razão pela qual o determinismo é ao mesmo tempo o álibi da liberdade e a fuga da angústia.

O determinismo é álibi: significa que procuro justificar os meus atos montando uma rede causal que os explique, de tal modo que eles

---

18 Ibidem, p.79; ed. franc., p.70.

se tornem inevitáveis. Não posso negar que escolho e que decido, mas posso visar a escolhas e decisões como decorrentes de motivos e causas que regulariam sempre a minha opção, de tal modo que escolheria sempre aquilo que deveria ser escolhido, sabendo-o ou não. Sempre posso reconstituir meus atos explicando-os na forma de uma história objetiva de mim mesmo em que as causas determinariam os efeitos. Esse encadeamento e essa continuidade jogam meus atos para a instância objetiva. Ajo, mas meus atos se desenrolam num plano em que me represento agindo, como um filme simultâneo à ação real. Sou eu que ajo fora de mim, e, portanto, a minha liberdade se duplica em determinação da mesma forma que a minha subjetividade se duplica em objetividade. Se ao agir escapo de mim mesmo, o conjunto de meus atos passa a pertencer à dimensão objetiva do ser-em-si. Vê-se que não me ponho fora de mim no sentido de transcender-me em direção aos meus possíveis; pelo contrário, *sou*, na forma de refletir a mim mesmo como determinação objetiva externa, uma *natureza*. O álibi consiste na construção desse ser objetivo, para que eu seja essa natureza, esse em-si como plenitude determinada, para que eu não seja, enfim, a minha liberdade. A descrição dessa conduta é ao mesmo tempo o seu questionamento ético. O problema ético que aí se coloca é o da substituição da liberdade pelo valor como fundamento da conduta. A liberdade não é um fundamento estável porque ela não é nem uma coisa nem um espaço lógico onde residiriam *a priori* as opções, como os possíveis na mente de Deus. A consciência não pode ser considerada como um pleno de virtualidades, porque ela é vazio absoluto. Sendo a consciência liberdade, o fundamento do ato livre é esse vazio.

É essa transcendência pura, esse dinamismo radical pelo qual o ser da consciência está em seu movimento a partir do que ela não é para aquilo que ela poderá ser que é recusado quando nos aferramos à ideia de que as ações somente se explicam a partir de um ser que age, dado previamente como uma realidade fundante do agir. Do ponto de vista moral, essa realidade previamente fundante, explicativa e determinante é o valor. Por isso se diz que agimos a partir de valores, que são referências orientadoras da conduta. Assim, não nos sentimos imanentes aos nossos atos; eles derivariam de nós como o resultado deriva da premissa; haveria sempre um intervalo entre nós e nossas ações que nos resguardaria da contingência dos atos. Embora seres contingentes, seríamos menos contingentes do que nossos atos, possuiríamos uma identidade prévia às nossas ações, que então não se confundiria com elas. É nesse sentido que se diz que uma pessoa age sempre de acordo com a sua personalidade: se a conhecemos bem, somos capazes de prever suas ações. Da mesma forma, todas as suas ações podem ser explicadas por estarem fundadas na personalidade, que as unifica e lhes confere um perfil definido. As possibilidades de conduta não estariam, nesse caso, fora de mim, mas em mim, virtualmente condensadas nesse núcleo que me define como pessoa, um Eu unificador e articulador. Essa *persona* é a máscara da liberdade. Ela faz que as variações possíveis de minha conduta se remetam todas a essa face interna que conteria em si todas as expressões. Assim dizemos que a conduta de uma pessoa expressa o que ela é, como se houvesse uma relação de determinação entre o ser e sua expressão. São modos de relacionar a essência e a existência. Mas como o ser é a existência, não existe um *caráter* essencial no qual as condutas estejam antecipadamente moldadas. A menos que eu o construa e o projete, como modo de tornar-me uma personagem de mim mesmo. É nesse sentido que o ser livre se representa como determinado. Essa personagem construída, eu a vejo como estando ao abrigo da contingência, porque me represento o seu vir-a-ser como determinado e regido pela necessidade. Dessa maneira, faço que o relativismo objetivo que afeta a minha liberdade, como ser histórico em confronto permanente com outros seres históricos, reflua para a origem da minha conduta: recuso a origem absoluta das minhas escolhas e a entendo como *relativa* a algo que a *determina*. Isso me isenta de considerar que a origem dos meus atos é a minha liberdade. Assim, o sentido e o valor de cada ato são imanentes a ele mesmo. Ninguém vale nem mais nem menos do que aquilo que faz. A imanência, a quase posteridade do valor, confere à existência uma certa fluidez, porque o fazer-se da realidade humana no exercício da liberdade implica um escape de si. Daí esse desejo de fixidez, de aderir às coisas, de solidificar a existência em essência. Há, no para-si, uma aspiração ao em-si. Como o processo de fazer-se é inacabável, como nunca surge o fixo e o estável como resultado desse processo, o homem tende a interpretar todas as suas condutas em termos de *fracasso*, entendido como a impossibilidade de realizar-se como finalidade. O homem só se realiza, isto é, só se totaliza como passado, quando morre. Pela morte atinjo o ser-em-si porque o meu passado torna-se, todo ele, em si: não há mais nenhuma possibilidade. Daí o sentimento, frequente nas personagens sartrianas, de que a liberdade é para nada, ela não é um meio de atingir algo, ela fica como que encerrada em si mesma ou suspensa no ar. Essa ausência de complementação da liberdade aparece em *A idade da razão*:

> Uma vida, pensou Mathieu, é feita com futuro, como os corpos são feitos com vácuo ... Era ele que eles tinham esperado vinte anos, era dele, desse homem cansado, que uma criança dura exigira a realização de suas esperanças; dependia dele que os juramentos infantis permanecessem infantis para sempre, ou se tornassem os primeiros sinais de um destino. Seu passado sofria sem cessar os retoques do presente; cada dia vivido destruía um pouco mais os velhos sonhos de grandeza, e cada novo dia tinha um novo futuro; de espera em espera, de futuro em futuro, a vida de Mathieu deslizava docemente... em direção a quê? Em direção a nada.[19]

> Esperara tanto tempo. Seus últimos anos tinham sido uma vigília. Esperara através de mil e uma preocupações cotidianas ... Mas através de tudo isso sua única preocupação fora manter-se disponível. Para uma ação. Um ato. Um ato livre e refletido que acarretaria o destino de sua vida e seria o início de uma nova existência ... Esperava. E, enquanto isso, devagar, subrepticiamente, os anos tinham chegado, e o haviam envolvido.[20]

---

19 Sartre, *A idade da razão*, 1968, p.253.
20 Ibidem, p.65.

Afinal, a liberdade talvez não possa ocorrer a partir da *identidade* da consciência livre, exatamente porque, não sendo o ser em sentido objetivo o atributo principal dessa consciência, ela não pode *agir* a partir de uma *identificação* bem estabelecida de si mesma. Sendo o homem uma questão permanente para si mesmo, e sendo o homem liberdade, ele só pode pôr-se em questão em sua liberdade – e alguém que busque a identidade como condição da ação livre, isto é, da subjetividade real, não alcançará jamais nem uma nem outra, pois a subjetividade não tem identidade prévia ou registro de nascimento; ela é o exercício da liberdade, ou seja, de si mesma. Assim, se Mathieu tem eventualmente alguma razão para inquietar-se com a *espera*, não deveria ter nenhum motivo para almejar o *encontro* definitivo de si.

III
Existência e contingência
(comentário de A náusea*)*

A descoberta da contingência

A descoberta da contingência é um percurso pontuado pelas manifestações da náusea. Há, portanto, uma relação entre a modificação do sujeito causada pela náusea e a aproximação progressiva do desvelamento da existência como contingência. As manifestações da náusea são, ao mesmo tempo, modificações do sujeito, primeiramente porque implicam mudanças na relação entre o sujeito e as coisas. Tanto é assim que tais modificações são sentidas antes fora do sujeito, nas coisas e nas pessoas com quem ele se relaciona. Já aqui se nota uma certa ambiguidade, característica da relação entre a consciência e as coisas: Roquentin não saberia dizer ao certo se o que ocorre é uma mudança na sua maneira de ver as coisas ou no modo como estas se oferecem à consciência.[1] De modo que o incômodo inicial de Roquentin provém da dificuldade de interpretar a *metamorfose*: não apenas

---

1 Cf. a esse respeito Moutinho, *Sartre – psicologia e fenomenologia*, 1995, p.48.

porque ela se dá de múltiplas maneiras, à medida que o sentimento de náusea progride, mas também porque ele não consegue avaliar muito bem até que ponto essa metamorfose está se dando nele mesmo. De qualquer modo, a sensação é a de que as coisas já não são como antes, e a variedade em que isso se manifesta tende para a constatação final de que as coisas *não são*. A metamorfose significa que a confiança que até então se depositava no *ser* das coisas desmorona. A suspensão da imagem habitual do mundo e sua substituição pelo bizarro e pelo não previsível configuram assim a perda de estabilidade que as coisas detinham quando possuíam a *aparência de ser*. É nesse sentido que as coisas se *desvelam* precisamente quando *deixam de ser*, já que o *ser* que as caracterizava consistia somente na projeção do conjunto de expectativas do sujeito.

Esse conjunto de expectativas refere-se sobretudo à permanência das coisas no tempo. O fato de poder reencontrar as coisas do mesmo modo que eram *antes* faz da sucessão uma sequência estável na qual o sujeito encontra também a referência para a continuidade de si mesmo. É por isso que o acúmulo do presente e a perda do passado pesam decisivamente na metamorfose do próprio Roquentin. Há uma mudança na qualidade da vida conforme ela seja sentida como continuidade entre passado e presente ou como um presente desconectado do fio da sucessão. A vida não é um romance de aventuras – descobrirá Roquentin – porque ela não depende de um narrador que articule os eventos e faça que a história vivida se produza a partir dessa articulação, o que significaria que se poderia contar com o fio da narração como suporte dos acontecimentos e como sustentáculo temporal. A vida possui uma forma de acontecer que não comporta a estabilidade de uma continuidade narrativa; ela se constitui de fatos e nada assegura que haja entre eles conexão e teleologia. Por isso, de nada adianta Roquentin lembrar o passado: isso não torna o presente mais necessário.[2] Roquentin tem o hábito de narrar-se a sua vida porque assim os

---

2 Cf. ainda a excelente exposição de Moutinho, 1995, p.50-1.

fatos dão a impressão de um encadeamento consequente. A cena em que Roquentin está com Erna num bar de Hamburgo é significativa. Ele narra *no passado* um encadeamento de eventos que ele mesmo protagoniza e assim as coisas aparecem como organizadas por uma espécie de necessidade imanente à narração. Mas, quando os próprios fatos acontecem no presente, eles têm a gratuidade do vivido espontâneo e não a necessidade do já acontecido. É algo semelhante à relação que Roquentin mantém com o marquês de Rollebon: este é um *objeto* que ordena a sua vida porque estabelece a continuidade dos momentos e assim lhes confere *sentido*. Razão pela qual esse objeto acabará por dominar o sujeito.

A ordem do vivido só é visível a *posteriori*: é então que escapamos do acaso. Isso significa que não se pode verdadeiramente escapar do acaso. O acontecimento presente tem um peso que advém precisamente de que ele não está imediatamente inserido num curso de eventos. Por isso, Roquentin diz que o que se conta nos livros pode acontecer realmente, *mas não da mesma maneira*. As histórias que se contam nos livros têm um *rigor* que Roquentin tenta atribuir ao seu próprio passado, porque assim o presente, enquanto consequência desse passado, participará do encadeamento rigoroso. É por isso que, quando Roquentin se dá conta de que o rigor do passado fora *forjado*, assim como se esforçava para forjar o rigor do presente, é a necessidade enquanto tal que se revela ilusória. O passado não a possuiu mais do que o presente.

> Talvez não preze nada no mundo como o sentimento de aventura. Mas ele vem quando quer; e abandona-me tão depressa! E fico tão seco quando se vai embora. Far-me-á ele essas curtas visitas irônicas para me mostrar que falhei na vida?[3]

---

3 Sartre, *La nausée*, 1997, p.86; ed. port., 1964, p.101. Esse trecho é a conclusão da descrição de um domingo em que Roquentin havia tentado forjar uma aventura presente, criando expectativas de acontecimentos que estariam "esperando" por ele e dos quais ele participaria com a mesma segurança e coerência de um herói aventureiro. A estratégia falha (cf. *La nausée*, p.84; ed. port., p.98).

O que passa necessariamente é o tempo. Os acontecimentos que preenchem o tempo não são dotados de necessidade. Nós é que projetamos a passagem necessária do tempo para o plano do encadeamento dos eventos. O que Roquentin chama de aventura é essa ordem narrativa que ele gostaria de ver na sua vida.[4]

O incômodo de Roquentin, que por vezes se aproxima do desespero, provém de que, desconectado do passado, da continuidade de sentido, o presente aparece quase como uma ameaça. A ausência de necessidade torna o mundo ameaçador; um presente que não pode ser assimilado simplesmente como consequência do passado implica uma instabilidade que provoca a perda de orientação: "tudo pode acontecer". É a extensão absolutamente indefinida das possibilidades que expõe o sujeito aos riscos de um mundo imprevisível, em que os contornos das coisas não podem ser antecipados. É o que Roquentin denomina "uma espécie de inconsistência", proliferação de metamorfose, justamente porque o mundo não conserva nada daquilo que há pouco parecia ser. Nada há que identifique o presente com aquilo que ele teria conservado do passado.

E é nesse ponto que a *necessidade de ser* aparece como o mero "verniz" que oculta a contingência. O *ser* revela-se a "fina película" que cobre as coisas.[5] Em lugar do *ser* e da *necessidade*, a *existência* e a *contingência*. A requalificação da verdade é posta conjuntamente com a descoberta. Depois que o véu se rasgou, uma vez possibilitada a compreensão ("compreendi, *vi*"), a sensação não é a do contentamento que se segue à descoberta da verdade. A náusea não se foi: agora Roquentin e a náusea são um.

---

4 Cf. Moutinho, *Sartre – psicologia e fenomenologia*, 1953, p.53.
5 Comparem-se os textos: "O mar é verde ..." e "O verdadeiro mar é frio e negro ..." (Sartre, *La nausée*, 1977, p.180-1; ed. port., p.216. Note-se o emprego da palavra "verdadeiro". É como se a verdade aparecesse apenas quando deixamos de predicar absolutamente. O mar *é* verde. A firmeza da predicação oculta o caráter tênue da película. O mar *não é* verde, porque coisa alguma possui propriedades fixas. *Verde* não é uma classe de objetos à qual pertença o mar. É essa forma de não ser que é a verdade do mar. Tanto é assim que quando finalmente se vê diante da existência contingente é que Roquentin pode dizer: "rasga-se o véu; compreendi, *vi*" (ibidem, p.181; ed. port., p.216).

Não posso dizer que me sinta aliviado nem contente, pelo contrário, estou esmagado. Somente, atingi o meu fito: sei o que queria saber; compreendi finalmente tudo que me vem sucedendo desde o mês de janeiro. A Náusea não me abandonou, e não creio que me abandone tão cedo; mas deixei de sofrer com ela, não se trata já de uma doença nem de um acesso passageiro: a Náusea sou eu.[6]

Não se pode dizer que a descoberta da existência seja um momento de rearticulação de todas as manifestações anteriores da Náusea, pois isso seria dar a elas uma ordem e uma finalidade. Melhor seria falar de um processo de *desordenação do sujeito*: pois as mudanças nos objetos e no sujeito consistiram precisamente em rasgar o véu da ordem e do curso das coisas. É certo que a Náusea veio progressivamente se ampliando, e que dizer, como o faz Roquentin, que agora "a Náusea sou eu" é algo que aparece como o resultado de um processo. Mas o caráter brusco e repentino desse "resultado" retira dele uma possível vinculação a etapas anteriores ordenadas. Precisamente a existência, que aparece agora, nada tem de encadeamento causal. O sujeito parece, pelo contrário, ter-se esvaziado de suas referências, de suas maneiras habituais de identificar as coisas e localizar-se no mundo. É isso que Roquentin descreve quando diz que a descoberta da existência o deixou "sem respiração". Pensar na existência e, sobretudo, sentir-se existindo é algo como perder o chão, não poder apoiar-se em mais nada. E isso porque pensar a existência, anteriormente, era não pensar em nada.

Fiquei sem respiração. Nunca, antes desses últimos dias, eu tinha pressentido o que queria dizer "existir". Era como os outros, como os que passeiam à beira-mar nos seus trajes de Primavera. Dizia, como eles: "o mar *é* verde; aquele ponto branco, acolá, é uma gaivota"; mas não sentia que essas coisas existiam, que a gaivota era uma "gaivota existente"; geralmente a existência esconde-se. Está presente à nossa volta, em nós, somos *nós*; não se pode dizer duas palavras sem falar

---

6 Sartre, *La nausée*, 1997, p.180-1; ed. port., 1964, p.216.

dela, e afinal não lhe tocamos. Quando eu julgava pensar nela, é de crer que não pensava em nada, tinha a cabeça vazia, ou quando muito uma palavra na cabeça, a palavra SER.[7]

Pois o ser das coisas – e o do sujeito – era então uma garantia absoluta, a tal ponto que se podia até dispensar-se de pensar nisso, no que era cada coisa e no que era o próprio sujeito. Sem dúvida é essa uma figura da positividade, herança clássica da consistência ontológica que o racionalismo julgava encontrar no mundo. Herança ainda da tradição da *contemplatio*: a sideração do sujeito pelo objeto *sendo*, sempre, constantemente, essencialmente imutável e atravessando o tempo com a segurança da continuidade causal. Não pensar na existência é não *ocupar-se* dela ou, em termos heideggerianos, não *pre-ocupar-se*. Esses termos já nos indicam a distância da perspectiva contemplativa. O que Roquentin desejaria, na verdade, é que sua vida aparecesse para ele como um objeto. Um objeto é aquilo que o sujeito constitui como uma oposição consentida a si próprio. É uma projeção da subjetividade que ganha uma relativa autonomia na medida em que se contrapõe a mim ou me transcende no interior de uma ordem em que os dois polos ocupam lugares fixos e efetivamente demarcados. É por isso que a pertinência da objetividade teórica ou científica leva tão facilmente à ilusão da neutralidade, isto é, de uma relação puramente formal entre sujeito e objeto. Mas a *existência* faz que ambos participem da contingência, e o modo de participação da consciência é a pre-ocupação. Não posso *me* contemplar verdadeiramente como a um objeto na operação reflexiva porque a pertinência do sujeito a si próprio nunca será objetiva. Sartre interpreta o ser-aí (*Dasein*) de Heidegger como indeterminação. *Sou*: esse é o ponto de partida, a origem inelutável de mim mesmo. O *ser* é aquilo aquém do qual não posso remontar. Deveria então dizer que se trata de uma determinação? Ora, o ser do homem é sempre *ser-aí* e este *aí* configura a contingência que envolve o *fato* de estar *lançado* no mundo. É primeiramente uma carac-

---

7 Ibidem, p.181; ed. port., p.216-7.

terística ontológica; mas se manifesta sempre na contingência da situação em que se concretiza o ser-*aí*. É esta vinculação entre a inelutabilidade de *ser* e a contingência de ser-*aí* que configura a existência – e a impossibilidade de tratá-la como objeto. Por isso, quando Roquentin conclui "a Náusea sou eu", ele compreende que a náusea não é *algo* que sente, mas o próprio *modo de sentir-se* existindo. Se não posso separar a náusea de mim mesmo é porque ela me faz encontrar-me como existente, na instabilidade oposta ao ser.

> E depois sucedeu aquilo: de repente, ali estava, era claro como a água, a existência dera-se subitamente a conhecer. Perdera o seu aspecto inofensivo de categoria abstrata: era a própria massa das coisas; aquela raiz estava amassada em existência. Ou antes, a raiz, o gradeamento do jardim, o banco, a relva rala do tabuleiro, tudo se tinha evaporado: a diversidade das coisas, a sua individualidade, já não era mais do que uma aparência, um verniz. Este verniz derretera-se; restavam massas monstruosas e moles, em desordem: – nuas, duma medonha e obscena nudez.[8]

Quando se derrete o verniz da necessidade, que inclui a separação objetiva entre o sujeito e o mundo, a indeterminação existencial provoca uma promiscuidade em que o Eu fica ameaçado de perder-se nas coisas. Não deixa de ser singular o fato de que a descoberta da contingência não seja um reforço da subjetividade, mas algo que a aproxima mais da sua dissolução. Talvez porque a existência se dê como *facticidade*: qual a prerrogativa desse Eu que se descobre existindo? Certamente não a do sobrevoo das coisas, a da constituição da representação que testemunharia a soberania da consciência. *Eu sou* na modalidade do ser-*aí* significa: eu sou um fato; o Eu é um fato contingente entre outros fatos contingentes. Essa contingência possui algo como uma *intensidade* que faz da existência uma concretude violenta que resulta na promiscuidade que mencionamos.

---

8 Ibidem, p.182; ed. port., p.217.

Todos aqueles objetos – como dizer – me incomodavam; teria desejado que existissem com menos intensidade, duma maneira mais seca, mais abstrata, com mais recato. O castanheiro metia-se-me pelos olhos adentro ... Éramos um montão de existentes incomodados, embaraçados com nós mesmos; não tínhamos a menor razão para estar ali, nem uns nem outros.[9]

Mais ainda, na medida em que há a ameaça de dissolução do Eu, há também a do "desabamento do mundo": um mundo constituído de objetos e relações subordinadas ao sujeito, fundamento que as isentava da arbitrariedade. Mas, já vimos, essa prerrogativa do Eu desaparecera e a existência veio a adquirir uma exuberância desordenada, que Roquentin expressa dizendo que todas as coisas – e ele mesmo – são *demais*.

> *Demais*: essa era a única relação que eu podia estabelecer entre aquelas grades, aqueles árvores, aquelas pedras. Em vão procurava *contar* os castanheiros, situá-los em relação à Véleda, comparar-lhes a altura com a dos plátanos: cada um deles fugia às relações em que eu procurava encerrá-los, se isolava, transbordava.[10]

Parece ser essa a única maneira de entender o mundo, de situar as coisas e de situar-se. Pois as coisas já não obedecem mais às relações que o sujeito quer instituir entre elas, não se subordinam mais a esse regime de necessidade montado por via das situações recíprocas pelas quais consideramos as coisas elementos variáveis de um conjunto relacional. Elas, na medida em que *existem*, recusam-se a entrar nesse esquema. Mas é desesperador. Pois o que é o mundo senão esse sistema de relações em que as coisas situam-se numa rede que me permite compreendê-las e à totalidade? Por isso, Roquentin teima em manter as relações para "adiar o desabamento do mundo humano". Se não há medidas, relações, quantidades, critérios, direções, então

---

9 Ibidem, p.182-3; ed. port., p.218-9.
10 Ibidem, p.183, grifado no original; ed. port., p.219.

tudo é arbitrário e o "mundo humano" pode desabar. É uma desordem *sentida*, e Roquentin, sem compreendê-la, *compreende que* pode vir a *sentir-se* parte dessa desordem, algo que ele teme sobretudo. Mas é tarde para evitar "esse sentimento" que se aproxima "por trás de mim", tarde para evitar que ele "me apanhe à traição, e me levante como uma onda submarina".[11]

O que atemoriza Roquentin é que o Ego se perca num mundo que se vai tornando massa informe. Mas o risco de perder o seu Ego não deveria ser necessariamente assumido por aquele que quis ver-se como objeto, na solidez do passado ou no constante reaparecer de instante a instante? Uma coisa, no entanto, é ver-se como que *diante* de si pela virtude do movimento reflexivo – espécie de controle objetivo da subjetividade. Outra coisa é ver-se *fora* de si, escapando-se, sem pertinência possível a uma ordem dada. Havia matado o marquês, *para quem existia*. Havia rompido com Anny, *através de cuja consciência existia*. Prepara-se para deixar Bouville, *cidade em relação à qual existia*. Vai para Paris, *onde ainda não existe para ninguém*. Nessas condições, o que significa: "Eu existo"? O que significa "Eu"? A que me refiro quando digo "Eu"?

> Quando agora digo "eu", parece-me essa palavra oca. Já não chego lá muito bem a sentir-me, a tal ponto me esqueceram. Tudo quanto resta de real em mim é existência que se sente existir. Bocejo devagar, demoradamente. Ninguém. Antoine Roquentin não existe para ninguém. É engraçado. E que vem a ser isso, essa coisa chamada Antoine Roquentin? É algo de abstrato. Uma pálida recordaçãozinha de mim vacila na minha consciência. Antoine Roquentin... E, de súbito, o Eu enfraquece, enfraquece e, zás!, apaga-se.[12]

Lembremo-nos de *La transcendance de l'Ego*. O que Descartes encontrou, por via da consciência de segundo grau, reflexiva, consciência da consciência, foi um constructo objetivo. Por isso, ele tinha a solidez

---

11 Ibidem, p.183; ed. port., p.219.
12 Ibidem, p.239; ed. port., p.287.

do objeto. O núcleo duro da consciência, aquilo que confere necessidade ao enunciado: eu sou, eu existo, nem mesmo um deus enganador pode destruir essa certeza. Mas, quando o constructo aparece como tal, ele tem a densidade do *fato*, não da *necessidade lógica*. Por isso, a existência, quando verdadeiramente descoberta, não fornece ao mesmo tempo suas razões. Sartre mostrou, em *La transcendance de l'Ego*, que o Eu só aparece como o habitante das profundezas da consciência em virtude de um truque: tomamos o que construímos à frente e fora da consciência e o introduzimos "lá dentro", para que nossas ações tenham uma referência constante, firme, personalizada. É algo de que necessitamos, um fundamento que unifique nossos estados. Mas esse produto psíquico é exterior. Quando o mundo se desestrutura, ele desaparece junto com as coisas. Por isso, Roquentin tem de concluir: se *isso* sou *eu*, então "é algo de abstrato", algo que nunca esteve na consciência, nunca a habitou:

> lúcida, imóvel, deserta, a consciência encontra-se entre as paredes; perpetua-se. Já ninguém a habita. Há pouco, ainda alguém dizia *eu*, dizia *minha consciência*. Quem? ... Restam paredes anônimas, uma consciência anônima. Eis o que é: paredes e, entre as paredes, uma transparenciazinha viva e impessoal.[13]

Por isso, o Ego participa do desabamento do mundo: uma vez a exterioridade desarticulada, uma vez anulado o *quê* das coisas, também já não é possível responder à pergunta pela pseudo-interioridade: *quem?*

Explica-se agora a confusão de que Roquentin se deu conta no momento da descoberta da contingência: entre a *passagem* do tempo e os *acontecimentos* no tempo. Seria bom para ele que a *mesma* necessidade estivesse presente em ambos os casos. Por isso a música o impressiona tanto e é recorrente no romance. A música é o caso em que a passagem do tempo e o acontecimento que preenche essa passagem coincidem. O *tempo* da música é o tempo em que ela *acontece*, e com absoluta necessidade.

---

13 Ibidem, p.239; ed. port., p.287-8.

> Há ainda outra felicidade: fora de mim há aquela faixa de aço, a duração limitada da música que atravessa o nosso tempo de lado a lado, e o recusa, e o rasga com as suas partes secas e agudas: há um tempo diferente.[14]

Roquentin se sente feliz, a náusea desaparece nesses momentos. Primeiro, os acordes iniciais; logo a cantora começará a cantar: "Parece-me isso inevitável, tão forte é a necessidade dessa música: nada pode interrompê-la, nada desse tempo em que o mundo se afundou; a música cessará por si própria no momento preciso".[15] É assim que Roquentin gostaria que fosse a sua vida: duração melódica, qualitativamente necessária, previsível e exata. Em cada momento dessa duração, pode-se esperar pelo que vai acontecer: a música não nos decepciona. Todos os instantes são necessariamente preenchidos; tempo e acontecimento regidos pela mesma necessidade. É interessante notar que, na última vez que Roquentin vai ao Café Mably, já prestes a deixar a cidade, a garçonete põe para tocar o seu disco preferido: *Some of these Days*. Roquentin percebe melhor por que a música o deixava feliz. Ela não existe. Não é contingente. Simplesmente *é*.

> Ela não existe. É até irritante; se me levantasse, se arrancasse o disco do prato que o sustenta, e se o partisse em dois, não a atingiria *a ela*. Ela está para além – sempre para além de qualquer coisa, duma voz, duma nota de violino.[16]

Logo mais ele confessará para si mesmo: "e eu também quis ser". A vida como estrutura melódica, duração organizada: "expulsar a existência para fora de mim", para tornar a vida tão precisa e bem marcada como as notas do saxofone: "é preciso sofrer ao compasso". Mas o mundo da contingência não se ordena ao compasso; "o sofrimento se arrasta com carne demais".

---

14 Ibidem, p.41; ed. port., p.44.
15 Ibidem, p.42; ed. port., p.45.
16 Ibidem, p.245, grifado no original; ed. port., p.295.

Serão dois mundos completamente separados? Talvez não, se pensarmos que, na origem dessa duração necessária, esteve o tempo da hesitação, da intermitência: é espantoso que uma *existência* tenha dado origem a esse *ser*. Mas então é possível passar da contingência à necessidade. Roquentin vislumbra a salvação.

> Penso num americano escanhoado, de espessos sobrolhos negros, que sufoca de calor no vigésimo andar de um prédio de Nova York. Por cima de Nova York o céu arde, inflama-se o azul do céu, enormes chamas amarelas vêm lamber os tetos ... No quarto escuro do vigésimo andar está um calor de fornalha. O americano dos sobrolhos pretos suspira, ofega e escorre-lhe o suor pelas faces. Está sentado em mangas de camisa diante do piano; tem um gosto de fumo na boca e, vagamente, um fantasma de vento na cabeça: *some of these days* ... A mão úmida agarra o lápis que estava em cima do piano. *Some of these days, you'll miss me honey.*

> Foi assim que essa música nasceu. Foi o corpo gasto do tal judeu de sobrolhos de carvão que ela escolheu para nascer ... E por que não eu?[17]

Foi a pura contingência que fez a música nascer num americano sufocado pelo verão nova-iorquino. Aí está um mundo, o do tempo que se afunda. Existe um outro, em que ele está salvo, em que participa de alguma maneira do ser a que deu nascimento. Roquentin pensa nele com doçura. É isso que significa estar salvo? É isso que significa justificar a existência? Fazer alguma coisa que leve as pessoas a pensar em quem a fez. Uma obra: um ser, "alguma coisa que não existisse, que estivesse acima da existência". Tal como Roquentin outrora desejara que tivesse sido a sua vida: uma história de aventuras. Mas não haveria agora confusão entre a temporalidade da existência e a narrativa das aventuras. Entre tempo e acontecimento. Ele as separaria, precisamente para que as pessoas pudessem dizer: "Foi o Antoine Roquentin quem escreveu. Um sujeito ruivo que vivia pelos cafés". Pensariam nele como ele pensa no americano que escreveu a canção. A obra o faria ser para os outros. A obra o faria ser. E isso talvez signifique es-

---

17 Ibidem, p.247; ed. port., p.296.

capar da existência contingente. Ele nada sabe do americano que compôs a música, nem mesmo se está vivo. Mas a música é suficiente para conferir àquele homem contingente uma permanência e uma necessidade que não podem ser revertidas. Por isso, Roquentin pensa na literatura e se coloca a possibilidade de *salvação*.

O final do romance é ambíguo. Se, por um lado, é certo que aquilo que é posto em obra, por ser imaginário, *não existe* e, assim, adquire o estatuto de um resultado – uma posição – da consciência imaginante, produto específico de uma certa modalidade de ação ou de trabalho com o vivido, que difere da vida contingente enquanto existência por *negá-la*, por outro seria preciso aprofundar a questão do significado da obra para o autor, em termos de salvação pessoal. Roquentin procura, na arte, um sentido para a existência ou um modo de escapar da sua contingência? Não é a obra, para ele, um modo de ser para os outros? Talvez Roquentin não esteja se dando conta de que a obra, filha do imaginário, nasce do poder de negação da consciência, um poder que anula o mundo e, portanto, separa a obra do autor. Há uma mão trêmula que apanha o lápis, traça as notas e as palavras; até que ponto isso importa? Dessa fragilidade circunstancial nasceu a densidade do ser, mas do ser que paradoxalmente *não é*. O americano de sobrolhos negros pode estar de alguma maneira presente num lugar em que jamais supôs que pudesse estar, junto de pessoas que jamais supôs existirem: um café de uma cidade do interior da França. Mas ele lá está indiretamente presente, através da consciência que aqueles que ouvem a sua música têm *da* música, precisamente *do* que não existe.

Existência e justificação

Levanto-me, mas fico um momento hesitante; gostava de ouvir a negra cantar. Pela última vez.

Ela canta. Eis dois que estão salvos: o Judeu e a Negra. Salvos. Julgaram-se talvez perdidos de todo, afogados na existência. E, todavia, ninguém podia pensar em mim como penso neles, com esta doçura. Ninguém, nem mesmo Anny. Eles são um pouco, para mim, como mortos, um pouco como heróis de romance; lavaram-se do pecado de existir. Não completamente, bem entendido – mas tanto quanto pode fazê-lo um homem. Esta ideia revoluciona-me subitamente, porque já nem isso esperava. Sinto qualquer coisa que timidamente roça por mim, e não ouso mexer-me, porque tenho medo de a afugentar. Qualquer coisa de que já não me lembrava: uma espécie de alegria.[18]

A hesitação antes de atravessar pela última vez as portas do Café Mably, talvez para nunca mais voltar, parece figurar que Roquentin quer dar-se uma derradeira oportunidade. De quê? Ele não sabe ao certo, mas pressente. Todas as vezes que ouviu a música, a náusea se foi, ou deixou de aparecer. Ele já sabe por quê. A descoberta da existência é também a descoberta da separação entre *existir* e *ser*. Assim como pôde *ver* que existia, pôde, há pouco, também ver que a música não existe: *ela é*. Não se submete à contingência, figura a absoluta necessidade, até quando sofre, o faz *em compasso*. A música não é como ele, a música não é como os homens. E, no entanto, ele refletiu há pouco, ela depende deles para existir. Como pode o necessário depender da contingência? Ela veio a *ser* contingentemente, mas agora *é* e já ninguém a pode privar do seu ser. E o homem contingente que a fez ser? E a mulher que a faz ser por entre as ranhuras do velho disco? Eles não desapareceram. O homem suado no apartamento escaldante de Nova York, que é feito da sua contingência, já que ele está ali, num café de uma cidade francesa da qual talvez nunca tenha ouvido falar. E Roquentin, que não sabe sequer se ele está vivo ou morto, pensa nele com doçura, e sempre haverá alguém pensando nele quando ouvir a música. Mas como pode? Eles existem, ou existiram. O judeu suado e a cantora negra de voz rouca. Existiam e, talvez como Roquentin, estavam afogados na existência, esmagados sob a contundência das coisas e da própria contingência. Mas, se Roquentin pensa neles, então estão salvos. Roquentin desesperara-se de salvar-se quando percebeu

---

18 Sartre, *A náusea*, 1964, p.299-300; ed. franc., 1977, p.248-9.

que não estava presente no pensamento de ninguém. Anny, o Autodidata, a patroa, Madeleine, Bouville, tudo ia ficar para trás e ele iria retornar ao nada, como o marquês de Rollebon. Seria o passado dessas pessoas, já era o passado de Anny. Não era nada. Mas o judeu e a cantora negra, existentes do passado, pareciam *ser*, tal como a música, pois Roquentin pensava neles. Mortos ou heróis de romance: deixaram de existir para ser. Mesmo que já tenham existido e sejam só passado, ainda assim são; "lavaram-se do pecado de existir". E é enquanto pensa neles que a ideia surge para Roquentin, a revolução súbita, que pode mudar a existência, não simplesmente modificando-a, mas anulando-a para que em seu lugar venha o ser. E ele, Roquentin, *venha a ser*. Ele não esperava; não ousa mover-se com medo de afugentar a possibilidade. Algo que o roça timidamente e que, no entanto, pode ser a sua salvação. Ele compreende, então, o que era isso que afugentava a náusea quando ouvia a música: era "uma espécie de alegria", que custa a reconhecer porque é algo que pode torná-lo um ser. Algo que vive de forma estável no pensamento das pessoas, com que elas têm contato, independentemente das circunstâncias, Nova York ou Bouville, Paris, qualquer lugar e qualquer tempo.

É algo tão novo que ele ainda hesita. "A negra canta. Pode-se então justificar a nossa existência? Mesmo que seja só um pouco?"[19] Ele que existia sem razão, como o castanheiro ou o gradil do jardim, entrevê agora a oportunidade de existir justificadamente, isto é, com razão e necessidade. Como um ser. Sente-se tímido e inseguro, como algo que *pode ser* diante daquilo que *já é*. É apenas uma esperança, mas que o envolve, como os arrepios percorrem o corpo gelado quando se acaba de entrar num quarto aquecido.

"O homem segurava molemente o lápis, e dos seus dedos com anéis caíam gotas de suor sobre o papel. E por que não eu?"[20] Fora esse pensamento que fizera surgir a ideia. O verão nova-iorquino, o

---

19 Ibidem, p.300; ed. franc., p.249.
20 Ibidem, p.298, ed. franc., p.247-8.

suor, a cerveja morna e imunda – e, no entanto, "o milagre". "Foi assim que essa música nasceu." Pessoas e coisas tão contingentes quanto ele, Roquentin, no Café Mably, diante de uma cerveja morna, ouvindo o sofrimento sincopado do sax e arrastando o sofrimento pesado da sua carne. "Não poderia eu tentar..." Escrever um livro: não História, que fala do que *existiu*, mas um livro que falasse *do que nunca existiu*. Tentar escrever sobre Rollebon jamais justificaria a existência de alguém: "nunca um existente pode justificar a existência de outro existente".[21] Seria preciso escrever algo que "estivesse acima da existência. Uma história como não pode suceder, uma aventura". As pessoas leriam o livro e pensariam nele. "Escrevê-lo não me impediria de existir, nem de sentir que existo. Mas lá chegaria o momento em que o livro estivesse escrito, ficasse *atrás de mim,* e acho que um pouco de sua claridade cairia sobre o meu passado." É isso o que significa: justificar a existência. Ter algo por trás. A descoberta da existência fora a descoberta de que *nada* havia por trás das coisas e das pessoas. O passado era o nada, as coisas passadas recuavam para o nada. Mas um livro poderia conferir ao passado a claridade do ser, daquilo que foi necessário e que portanto *é* o passado necessário. Algo que se possa aceitar.

> Talvez um dia, pensando precisamente nessa hora, nesta hora sombria em que estou à espera, de costas curvadas, que sejam horas de saltar para o trem, talvez sentisse bater-se mais depressa o coração e dissesse para comigo: "Foi nesse dia, a essa hora, que tudo começou". E assim chegaria a aceitar-me – no passado, apenas no passado.[22]

Roquentin não se deseja assim como se encontrou: contingente, sem razão de ser, gratuito e indefinido, sem passado e sem causa, sem nada *por trás*. Quer que o passado se integre e com o presente forme um ser – não a massa amorfa que se sente agora, mas um ser organizado, necessário. Por isso, o futuro talvez possa modelar o passado – se o futuro vier a ser, num outro e mais distante futuro, um passado que

---

21 Ibidem, p.300; ed. franc., p.249.
22 Ibidem, p.301; ed. franc., p.250.

o permita aceitar-se na integridade do ser. E essa integridade ele a poderia construir, a partir dessa existência contingente, com suor e lágrimas, como o americano e a cantora, mas esse trabalho "aborrecido e fatigante" produziria a luz, e a claridade do passado iluminaria o presente quando ele lembrasse de si, porque haveria como lembrar de si, à maneira como evocara havia pouco alguém que nem conhecia, mas que o fizera feliz pela música. Seria a maneira de passar das sombras à luz, de fazer que a "hora sombria" fosse o nascimento, a hora "em que tudo começou", o início da claridade do passado e da justificação do presente. Só o inexistente pode justificar a existência de um existente. Essa estranha conclusão, implícita no vago projeto de Roquentin, coloca-nos diante do problema da consciência da irrealidade. Os elementos a serem analisados para elucidar o alcance e o significado dessa relação que o herói deseja estabelecer com o objeto ausente (a obra) estão entre aqueles que comentamos até aqui: Roquentin dá-se conta de que a música expulsa a náusea; a alegria que sente ao ouvi-la contrasta com o sentimento do peso inútil da existência; isso deriva de que a própria música contrasta com a existência, na medida em que *é*; o artista pode lavar-se do "pecado de existir", muito embora a elaboração da obra se dê na existência; a obra pode justificar "um pouco" a existência se for da ordem do inexistente, já que elaborar algo que inexiste é transcender a existência. Em suma, se o sujeito lograr absorver-se em algo como a consciência *da* ausência, estará talvez perto daquilo que Roquentin parece almejar: desviar a consciência da existência, livrar-se da existência. Equacionar novamente a pergunta *quem*; com efeito, *quem* é o compositor da música? É o homem contingente que transpira em cima do piano, ou é *este* que habita o pensamento de Roquentin quando o disco gira na vitrola? *Este* que a obra parece ter libertado da contingência? É por esse caminho que Roquentin passa a cultivar a vaga esperança de finalmente construir uma *aventura*, algo que, por nunca ter existido, estaria acima da existência.

No capítulo de conclusão de *L'imaginaire* [*O imaginário*], Sartre sintetiza as condições necessárias para que uma consciência possa *imager* ["carregar de imagens"]: essencialmente, é preciso que ela possa estabelecer uma *tese de irrealidade*. Sem deixar de ser intencional, a consciência pode estabelecer a tese de irrealidade ao *pôr* objetos inexistentes, ou seja, afetados por "um certo caráter de nada em relação à totalidade do real". Isto quer dizer que na imagem o real é negado: "o ato negativo é constitutivo da imagem". Mas essa negação se dá justamente "em relação à totalidade do real". Como acontece? Suponhamos que estou diante de uma tela, o retrato de Carlos VIII. Minha atenção se concentra na *imagem* de Carlos VIII que me é dada pelo seu *retrato* pintado na tela. Mas, quando se trata da imagem, não considero o retrato na tela, isto é, a *coisa* real, rodeada de condições concretas e determinadas. Estou num museu, em determinada cidade, num certo dia e numa certa hora; várias condições incidem na minha relação física com o quadro; as cores estão desbotadas, a iluminação não é adequada; o quadro pode deteriorar-se ou arder num incêndio. Enfim, "sua natureza objetiva depende da realidade estabelecida como um conjunto espaço-temporal".[23] Nada disso diz verdadeiramente respeito à *imagem*. Esse "objeto" que apreendo não se submete a nenhuma das injunções anteriores. Não está sujeito às variações em relação ao mundo circundante. Se dirijo uma lâmpada para a tela, nem por isso iluminarei mais a face de Carlos VIII: ela tem a claridade que o pintor lhe deu de modo definitivo quando a criou. Se a tela arder num incêndio, a matéria queimará, não o rosto de Carlos VIII. Se a configuração da sala e os objetos ao redor forem mudados, isso não afetará a imagem. Essa diferença entre o quadro e a imagem mostra que

> a consciência, para produzir o objeto em imagem "Carlos VIII", deve poder negar a realidade do quadro e só poderá negá-la tomando um recuo em relação à realidade vista na sua totalidade. Pôr uma imagem é constituir um objeto à margem da totalidade do real, é, portanto, manter o real à distância, liberar-se dele, numa palavra, negá-lo.[24]

---

23 Sartre, *L'imaginaire*, 1940, p.232.
24 Ibidem, p.233.

É importante notar o duplo procedimento que nesse caso assume a intencionalidade: em primeiro lugar, a consciência sintética de uma situação mundana; em segundo, a negação desse mundo para que se possa constituir, à margem dele, o objeto que surge dessa negação e que se sustenta por ela. Há uma relação entre esses dois modos de consciência porque a consciência imaginante se põe em relação ao mundo real negado. É porque Carlos VIII *não existe* no mundo que esse "objeto" não é afetado pelas circunstâncias próprias das coisas reais. Note-se que posso visar *ao quadro*, isto é, *a coisa*, e verificar, por exemplo, quais as suas condições de conservação, em que lugar da sala ele ficará mais bem iluminado. Mas, nesse caso, não estarei visando *à imagem*, mas o que Sartre chama de *analogon* material. O quadro está "no-meio-do-mundo", a imagem está fora. Por isso, outra condição de possibilidade para que a consciência possa *imager* é que ela também esteja fora do mundo. "Segue-se daí que toda criação imaginária seria totalmente impossível para uma consciência cuja natureza fosse precisamente ser 'no-meio-do-mundo'."[25] O que Sartre quer dizer é que uma consciência totalmente determinada pelas condições concretas do mundo circundante não poderia ser consciência *de* uma imagem, em sentido próprio. O importante é notar, então, que "para que uma consciência possa imaginar, é preciso que ela escape do mundo pela sua própria natureza, é preciso que ela possa tirar dela mesma uma posição de recuo em relação ao mundo. Numa palavra, é preciso que ela seja livre".[26] O determinismo psicológico nunca pôde compreender a verdadeira natureza da imagem, sua especificidade, exatamente porque nunca concebeu que a consciência possa assumir a "posição de recuo" e assim "escapar" do mundo. Por isso, concebeu sempre a imagem como um tipo de realidade, alguma coisa na consciência, ainda que enfraquecida e distorcidaque em relação ao seu original. Mas a imagem não é percepção enfraquecida, nem miscelânea de percepções. Ela tem uma natureza própria, que a psicologia cientí-

---

25 Ibidem, p.234.
26 Ibidem, p.234.

fica não poderia apreender porque não concebe na consciência senão coisas reais. A propriedade da imagem é precisamente a irrealidade. E a consciência da imagem é consciência de irrealidade, de objeto ausente ou inexistente. É uma consciência liberada das determinações da percepção real. E liberou-se, isto é, negou as determinações do real, porque é livre para fazê-lo. E nessa liberdade está a chave para compreender a intencionalidade específica da consciência imaginante: sendo livre "em relação à realidade", ela o é sempre em relação a uma determinada situação de realidade, a partir da qual constitui o objeto "em imagem".

> Pois uma imagem não é o mundo negado pura e simplesmente, ela é sempre *o mundo negado de um certo ponto de vista*, precisamente aquele que permite pôr a ausência ou a inexistência de tal objeto, que se presentificará "em imagem".[27]

São célebres as análises de Sartre a respeito da posição da ausência pela consciência. Para que Pedro seja dado à minha consciência como ausente, é preciso que o mundo seja estabelecido como um conjunto tal que Pedro nele não esteja atualmente presente para mim. Em outras palavras, é preciso que eu ponha um mundo tal que me permita ter consciência *da* ausência de Pedro. Mas, quando tenho consciência de um mundo em que Pedro *não está*, tenho consciência de um mundo em que não há Pedro, o que significa que transcendo o mundo em que os seres me são dados em presença e atinjo um mundo *vazio* de um determinado ponto de vista, aquele relativo a Pedro. É como se fosse um mundo em que o *irreal aparece*. A experiência do luto é a experiência de um mundo vazio, é a apreensão afetiva de um mundo em que alguém morreu, e sua irrealidade me solicita, sinto com intensidade *que ele não está*, e essa intensidade supera a das outras presenças. Se olho a sua foto, minha consciência não *realiza* a sua presença; antes

---

27 Ibidem, p.234, grifado no original.

a foto é um meio para que a consciência *irrealize* sua presença no objeto em "imagem", isto é, inexistente ou ausente.

Assim também, quando dizemos que o bom ator é aquele que acredita na sua personagem, que a "encarna", certamente não queremos dizer que o ator no palco acredita ser Hamlet. Pelo contrário, ele se empenha inteiramente em irrealizar Hamlet, em viver a irrealidade dessa inexistência denominada Hamlet. E nisso emprega todos os seus sentimentos, para viver Hamlet, intensamente e de modo irreal. E para isso chorará, rirá, falará, *realmente,* as lágrimas, os risos e as palavras de Hamlet. E tanto mais inspirada será a representação, quanto mais o ator se empenhar nessa irrealização.

Poder-se-ia dizer que a argumentação de Sartre não se aplica às artes em que a matéria e a referência se confundem, como a música, por exemplo, que remete apenas a si mesma. Pelo contrário, é aí que mais se acentua a diferença entre realidade como suporte material e objeto "em imagem", ou entre realidade e irrealidade. Poderíamos perguntar o que queremos realmente dizer quando dizemos que vamos ao concerto porque desejamos ouvir a *Sétima sinfonia* de Beethoven. Há várias condições que entendemos dever ser preenchidas para que esse nosso desejo seja realizado. Não queremos ouvir a sinfonia executada por qualquer orquestra ou não importa que regente. Verificamos se as condições acústicas da sala são adequadas etc. Julgamos poder discernir se o regente foi "fiel" a Beethoven ou se o desfigurou. Comparamos as execuções e achamos algumas melhores que outras etc. Isso significa que há uma referência: precisamente a *Sétima sinfonia* de Beethoven, *nela mesma.* Isso é que nos permite comparar as *performances* dos executantes, o que se denomina *interpretação*: entendemos que a melhor interpretação é aquela que presentificou da melhor forma a sinfonia *ela mesma.* Mas o que é este objeto, a *Sétima sinfonia* de Beethoven ela mesma? É algo que está para além de todas as execuções, de todas as condições materiais de presentificação. É algo que propriamente *não existe.* A orquestra, o regente, a sala existem e a música depende deles para se fazer presente. Mas, quando ela se faz presente, o restante já não importa. Importa o tempo interno da música, esse objeto inexistente que absorve toda a nossa atenção. Cada execução é um *analogon*, e sabemos que há um objeto com o qual comparamos as execuções, mas esse objeto não faz parte do mundo em que as execuções estão submetidas às injunções da contingência, mesmo aquelas que ocorreram quando Beethoven a compôs. Esse objeto tampouco se situa num outro mundo, inteligível ou essencial: ele *é* simplesmente fora do mundo. E assim nossa consciência imaginante o visa.

Ora, o que ocorre a Roquentin quando ouve *Some of these Days* no Café Mably em Bouville? Por que a náusea desaparece nesses momentos? Por que ele se sente feliz, aliviado da existência? Sua consciência se desvia da existência, niiliza – ou nadifica – as circunstâncias da situação concreta, e se absorve nesse objeto inexistente, bem-ordenado, com tempo próprio, com começo e fim definidos. A consciência imaginante, como diz Sartre, pode se liberar do mundo *existente*. Roquentin, que descobriu, malgrado ele mesmo, essa liberdade, alimenta então a esperança de salvar-se da existência substituindo a consciência *realizante*, aquela que realiza sua presença no Café, as pessoas, a cerveja morna, aquilo de que ele parece não poder escapar, pela consciência *irrealizante*, aquela que construirá a aventura inexistente, a vida inexistente, pela escrita, pela narração do que não existe. O que não existe não pode ser afetado pela contingência.

> Devem ter riscado o disco neste lugar, porque se ouve um barulho esquisito. E há qualquer coisa que aperta o coração: é que a melodia não é afetada, nem de leve, por esse pequeno tossicar da agulha sobre o disco. A melodia está tão longe – lá tão atrás! Também isso eu compreeendo: o disco risca-se e gasta-se, a cantora já morreu talvez; eu vou partir, vou tomar o comboio. Mas, por trás do existente que cai dum presente para o outro, sem passado, sem futuro, por trás destes sons que, dia a dia, se decompõem, se desbagoam e resvalam para a morte, a melodia permanece a mesma, jovem e firme, como uma testemunha sem piedade.[28]

---

28 Sartre, *A náusea*, 1964, p.297; ed. franc., 1997, p.246-7.

Ética e literatura em Sartre

Imaginação, liberdade e compromisso

O que faz que Roquentin considere a possibilidade de salvação pela arte, isto é, pelo imaginário, deve-se ao fato de que ele não está bem situado no mundo. Já vimos os motivos pelos quais ele se sente desprotegido e perdido: a contingência e a liberdade desestruturam o mundo. A primeira, pela negação da ordem objetiva em que o sujeito está inserido; a segunda, pelo horizonte indefinido de possibilidades que abre no que concerne aos modos de existir. É essa realidade, agora existencialmente configurada, que precisa ser *negada*. Tal negação está implicada na elaboração do não existente, possibilidade que atrai Roquentin como uma forma de escape da existência contingente. De alguma maneira, isso aparece como um modo de defrontar-se com a contingência e de resistir àquilo em que parece consistir o seu poder. A contingência negou todas as antigas determinações, tudo aquilo que poderia aparecer como garantia de inserção do sujeito no mundo. Uma possível reação será então o sujeito negar, por sua vez, esse mundo contingente, excessivamente aberto a qualquer transformação e a qualquer acontecimento. Recuar perante esse mundo, negá-lo e *pôr* o objeto ausente ou inexistente aparece então como a maneira de salvar-se de um mundo demasiado livre e, portanto, imprevisível. É preciso notar que, restituído a si pela descoberta de sua existência contingente, Roquentin não sente esse *si-mesmo* ao qual acaba de retornar como íntegro. Pelo contrário, o Eu ameaça dissolver-se com as coisas ou entre elas. Recuperar alguma integridade do Eu significa dispor de alguma proteção. Não estaria aquele que fez a música protegido da contingência e do desaparecimento? É preciso reinstituir a consciência e reconstituir a sua relação com as coisas.

Não se trata, no entanto, de reconstituir a relação com as coisas "reais".

> À diferença do ato de percepção, no âmbito do qual a consciência se direciona, com o propósito de apreensão, para objetos previamente dados, ela postula no ato de ideação seu próprio objeto, e isso significa

"que a postulação não se adiciona à ideia, mas que constitui sua estrutura mais interna". Desse modo, a consciência flutua para dentro da ideia, torna-se consciência ideacional que, nesse caso, se distingue claramente de uma consciência perceptiva.[29]

Já vimos com que contundência os objetos da percepção se apresentam a Roquentin depois que ele passou a vê-los como contingentes. Já não pode mais manter aquela espécie de apatia que caracterizava a sua relação com eles quando os acreditava "previamente dados" na constância das determinações. O mundo contingente é inseparável da inquietude e da incerteza. Por isso, o sujeito abre para si mesmo a possibilidade de criar "seu próprio objeto", ideá-lo liberto da contingência perceptiva. Deixará assim talvez de ser agressivamente solicitado pelas coisas que existem "demais" e sem recato. Esse outro modo de orientar a sua consciência permitirá talvez a reidentificação de si mesmo por via de uma outra constituição do mundo. Algo que poderia dar sentido à sua disponibilidade, que o faz sentir-se como supérfluo e inútil. A objetividade e a determinação perdidas, ele poderá então produzi-las. Se a consciência depende do que ela visa, ela pode pôr-se como fora do mundo se visar objetos inexistentes, se visar a sua própria produção. Já que é difícil lidar com o mundo percebido, posso *inatualizá-lo* e instituir a atualidade da não existência, presentificar o nada.

Essas observações, que na verdade são externas ao fluxo das reflexões de Roquentin, destinam-se a elucidar, em primeiro lugar, com o apelo à teoria sartriana do imaginário, a possibilidade de presentificar a ausência, isto é, apontar a modalidade de consciência que se *põe* a partir da intencionalidade imaginante; em segundo lugar, procuramos tentar esclarecer o sentido que confere o herói de *A náusea* à possibilidade que se abre diante dele – o sentido salvacionista. Não estará Roquentin buscando rearticular o seu comprometimento com o mundo, agora descoberto como mundo existente? As coisas "previa-

---

29 Iser, *O fictício e o imaginário. Perspectivas de uma antropologia literária*, 1996, p.234.

mente dadas" operavam como o polo de uma relação em que o comprometimento do sujeito com o mundo podia comportar aquele distanciamento em que de alguma forma Roquentin se comprazia: a ordem que fazia que as coisas caminhassem por si. A necessidade torna o envolvimento com as coisas bem menos drástico do que a contingência. Ter percebido essa diferença é algo que está também na motivação salvacionista. Como se fosse preciso tomar uma atitude perante a realidade antes que a divisa "tudo pode acontecer" leve o herói ao *limite* das possibilidades. É preciso tomar uma *posição* antes que esse limite aconteça, pois o limite é a supressão da disponibilidade – é a situação em que não se pode mais viver na melancolia, no adiamento. É preciso inatualizar as situações mundanas para que o sujeito se preserve de viver a situação-limite. Mas inatualizar as possibilidades mundanas caracterizadas pela contingência é também suprimir o campo real de atuação livre da consciência, pois, como já se viu, a contingência acarreta a liberdade. De um lado, portanto, assumir a posição de negação da realidade (nadificação) só é possível em razão da liberdade da consciência; de outro, quando essa liberdade é usada para suprimir o mundo e atualizar o objeto inexistente, isso representa também uma recusa do sujeito ao conjunto de opções que são oferecidas pela realidade. Já vimos que, no caso de Roquentin, tais opções apresentavam-se numa equivalência que as igualava numa massa amorfa, o que, por sua vez, deriva da absoluta falta de razão para existir.

No caso de Roquentin, não se pode falar de situação-limite. Se esta é definida por Sartre como "o mais profundo conhecimento que o homem pode ter de si mesmo", haveremos de convir que a personagem não somente não atingiu esse ponto, como também esforça-se por escapar disso. O que falta a Roquentin é uma situação histórica extremada em que ele tenha de viver o seu próprio limite. O que permite essa afirmação é a ligação entre situação-limite e compromisso histórico que nos é apresentada em *O muro*, precisamente no conto que dá título à coletânea. Em meio à guerra civil espanhola, três republicanos prisioneiros das tropas fascistas aguardam o fuzilamento. Na noite que precede a execução, Sartre nos apresenta as diferentes reações diante da perspectiva da morte. Ao amanhecer, dois deles são fuzilados e ao outro, Ibbieta, é oferecida a vida em troca da revelação do esconderijo de outro membro, mais importante, do grupo. Ao contrário dos demais, Ibbieta não se apega à vida desesperadamente. E a causa disso não é que seja mais corajoso do que os outros. É que não vê sentido em prolongar a sua vida no futuro porque duvida do sentido que ela tenha tido até então. O que é preciso para que uma vida tenha realmente sentido?

> Com que ansiedade tinha corrido atrás da felicidade, atrás das mulheres, atrás da liberdade... A troco de quê? Tinha querido libertar a Espanha, admirava Pi e Margall, aderira ao movimento anarquista, discursava em comícios: levava tudo a sério, *como se fosse imortal*.[30]

Apesar do compromisso assumido com seriedade e ardor, apesar de ter posto a liberdade a serviço da justiça histórica, a proximidade da morte relativiza tudo. Diante do que poderia ser a eternidade, qualquer tempo perde o significado. Por isso, havia se comprometido de forma tão intensa: havia agido como se fosse imortal, "havia passado o tempo todo a fazer castelos para a eternidade, não compreendera nada". Agora percebia o que deveria ter compreendido: "a morte roubara o encanto de tudo". Nesse momento, Ibbieta sente-se como se estivesse transcendendo a si próprio. Treme e transpira, ou melhor, *seu corpo* treme e transpira, mas *ele* está calmo.

> No estado em que me achava, se viessem me avisar que eu poderia voltar tranquilamente para casa, que a minha vida estava salva, ficaria indiferente; algumas horas ou alguns anos de espera dá na mesma quando se perdeu a ilusão de ser eterno. Não tinha mais amarras, estava calmo. Era, porém, uma calma horrível – por causa do corpo; enxergava com seus olhos, ouvia com seus ouvidos, mas não era mais eu; ele suava e tremia sozinho e não o reconhecia.[31]

---

30 Sartre, *O muro*, 1965, p.21-2 (grifo meu).
31 Ibidem, p.23.

O que significa essa duplicidade? Se Ibbieta acreditasse na imortalidade da alma, ele não teria propriamente *coragem*, mas sim *certeza*. A morte apareceria como um horizonte de sentido e como uma continuidade. Ela não afetaria subitamente de gratuidade todos os atos; pelo contrário, daria às ações efêmeras a significação eterna. Ele não teria vivido eternamente, mas teria vivido para a eternidade. Não havendo, no entanto, a expectativa de eternidade, a morte aparece como um final despropositado, incomensurável com as esperanças vividas, assim como o nada é incomensurável ao todo. Por isso, esse despropósito afeta a vida já vivida. A calma e a coragem de Ibbieta provêm desse não sentido e, por isso, ao contrário do mártir que acredita na vida eterna, ele está efetivamente se defrontando com a morte. Daí a duplicidade entre o tremor do *seu* corpo e a serenidade *dele*, como se se tratasse do corpo de um outro. Ele pertence à estirpe daqueles que, segundo Sartre, encontram a coragem "do outro lado do desespero". Os fascistas prometem-lhe a vida se revelar o esconderijo de Ramón Gris. Eles não sabem que ele, Ibbieta, já atravessou o desespero: do lado em que se encontra, a promessa de vida já não tem força de apelo. Tampouco a lealdade: não é por isso que calmamente prefere morrer a falar.

> Preferia morrer a denunciar Gris. Por quê? Não gostava de Ramón Gris ... Eu o estimava, sem dúvida; era um sujeito duro. Mas não era por esta razão que eu ia morrer em seu lugar; sua vida não tinha mais valor do que a minha; nenhuma vida tinha valor. Encostavam um homem num muro, atiravam nele até que morresse – eu, ou Gris ou outro qualquer era a mesma coisa. Sabia que ele era mais útil que eu à causa da Espanha, mas a Espanha e a anarquia que levassem o diabo; nada mais tinha qualquer importância. Entretanto eu estava ali, podia salvar a pele entregando Gris e me recusava a fazê-lo. Achava tudo aquilo muito cômico; era pura obstinação.[32]

---

32 Ibidem, p.27-8.

Manterá a sua fidelidade a Gris e à causa, mas faz isso sem motivo, sem que algum critério ou algum valor oriente sua conduta. Diante da morte, todos os critérios se anulam, como o provisório diante do definitivo. A verdade, a moral e os valores, como quadros preestabelecidos, nada disto existe, apenas ele existe na sua irremediável finitude. A razão pela qual morrerá, nem ele mesmo a sabe; não é nada que ultrapasse a finitude e a pequenez de sua própria vida; nada de grandioso. Nenhuma ação é grandiosa, nenhum homem é um herói, tudo é apenas cômico. E, diante dos fascistas que se levam muito a sério, vem-lhe a ideia de pregar-lhes uma peça, fazer uma última piada. Sabe que Gris está escondido na casa dos primos, mas diz aos fascistas que ele está no cemitério, e já por antecipação ri dos soldados sérios correndo por entre os túmulos: tudo faz parte de uma mesma e grande piada. Esta é, no entanto, maior do que o próprio Ibbieta imagina. Gris efetivamente deixou o antigo esconderijo e foi para o cemitério. Os fascistas o encontram e o matam; a vida de Ibbieta é poupada. Ele acaba como uma vítima de si mesmo, da mais estranha das formas.

Esse conto algumas vezes não foi bem compreendido. Com efeito, ele se presta a mais de uma interpretação, e, pelo menos numa delas, Sartre pode parecer inteiramente infiel à sua própria filosofia. Maurice Cranston é um exemplo de interpretação equivocada.[33] Ele considera esse conto "o menos típico" de Sartre porque nele o enredo estaria "bem arrumado", tal como em Maupassant ou em outro representante da literatura para consumo de burgueses. O final, na forma da "reviravolta", estaria bem de acordo com essa técnica. Além disso, e este argumento é mais importante, a ideia central do conto

é logicamente ligada justamente àquela filosofia determinista a que Sartre mais se opõe, ou seja, a dos pessimistas e historicistas do século XIX, que veem o homem como um ser com um destino implacável que tortuosamente o engana e tapeia sempre que procura moldar seu futuro. A coincidência de Gris estar no cemitério local; o adiamento indesejado

---

33 Cranston, *Sartre*, 1966.

da execução de Ibbieta – tais artifícios são por demais característicos da imaginação determinista para testemunhar em prol de uma filosofia que vigorosamente defende a liberdade humana.[34]

Ora, se há no texto alguma característica marcantemente determinista, deveria estar relacionada com Gris e não com o protagonista. Podemos supor – e isso já seria de alguma maneira forçar o sentido – que Gris estava destinado a morrer e que isso aconteceria de qualquer modo, tanto assim que seus esforços para ocultar-se acabaram facilitando o trabalho de seus algozes. É bem verdade que isso se deu graças a um cruzamento entre sua decisão de esconder-se no cemitério e a vontade de Ibbieta de que seu último ato em vida fosse uma peça pregada nos militares fascistas. Esse cruzamento, no entanto, nada tem a ver com determinação. Não há uma articulação que determine fatalmente o resultado. Do ponto de vista de Ibbieta, para quem tudo já está consumado, o que importa é não revelar o local do esconderijo; exceto este, tanto faz referir-se a qualquer um. O fato de que Ibbieta tenha resolvido dizer que Gris estava no cemitério e o fato de este ter decidido esconder-se no cemitério estão um para o outro como dois fatos contingentes. Não há nenhuma força superior que os articule. O cruzamento e a transformação da ironia de Ibbieta em verdade devem ser considerados obra do acaso. Ibbieta concluiu que as coisas são tão desprovidas de sentido que o que sobra delas e de suas articulações é somente o cômico e o irônico. Acha, por exemplo, que é cômico morrer por Gris, não heroico, como se poderia supor. O entrelaçamento ocasional que resulta na morte de Gris é um prolongamento desse caráter cômico até o limite, isto é, até o trágico. O fato de Ibbieta ter provocado o contrário do que pretendia mostra a gratuidade e a contingência do mundo e dos atos humanos. O fato de sua vida ter sido poupada ilustra igualmente a aleatoriedade de um mundo desordenado, pois o significado de ter ganho a vida é nulo: ele já não atribui a ela qualquer sentido. Não se pode dizer, portanto, que o des-

---

34 Ibidem, p.33.

tino, superando a liberdade humana, articulou as coisas de tal modo que o ato heroico se teria transformado objetivamente numa delação, para mostrar que, quaisquer que sejam os projetos subjetivos, o destino sempre triunfa. Ibbieta vive num mundo em que heroísmo e delação se equivalem; a vida e a morte de Gris se equivalem; sua própria vida ou sua morte também se equivalem. Essa indiferença anula as atribuições de sentido. Por isso, Ibbieta não vê qualquer heroísmo na deliberação de mentir aos fascistas, simplesmente acha engraçado. Sua morte ser precedida por uma piada que enfureceria os fascistas é vista por ele como algo que diminui a seriedade da vida e a gravidade da morte, como que desmistificando a ambas. Uma vida falhada e uma morte gratuita. Vive num mundo em que não há ordem estabelecida, separações estanques de significados. A contingência mistura as significações, até mesmo as da vida e da morte, o que está ilustrado pela mescla de riso e lágrimas de Ibbieta, quando fica sabendo do ocorrido: "Tudo se pôs a girar e me surpreendi deitado por terra – ria tão forte que as lágrimas me vieram aos olhos".[35]

O que talvez impressione nesse enredo de circunstâncias, a ponto de provocar interpretações como as de Cranston, é que, nesse caso, a liberdade parece não servir para nada. De que vale ter perseguido a felicidade, ter se alistado para lutar ao lado dos republicanos na guerra civil, ter decidido que morreria por Gris? De que vale ter-se comprometido livremente com a própria liberdade? Num mundo em que impera a contingência, podemos ser traídos até mesmo pela nossa própria liberdade, já que, tal como a contingência, a liberdade tem um fundo de gratuidade, isto é, de imotivação, como se proviesse do nada e assim permanecesse sempre afetada por ele. Nunca esgotaremos completamente o sentido de um ato livre: compreendê-lo inteiramente não seria torná-lo determinado? É porque a liberdade está fora da rede ordenada do em-si que as consequências dela nos surpreendem – e nos assustam. É por isso que as consequências da coragem e da covar-

---

35 Sartre, *O muro*, 1965, p.30.

Ética e literatura em Sartre

dia podem se inverter. Se Ibbieta tivesse revelado – talvez sob tortura, como ele temia – que Gris estava na casa dos primos, como ele supunha, os fascistas não o teriam encontrado e Ibbieta teria sido fuzilado por não ter colaborado. Ou seja, a sua possível covardia teria sido transformada em heroísmo. O que não teria sido menos "cômico". Seria uma espécie de herói gratuito de maneira semelhante como acabara sendo um delator gratuito. Liberdade e contingência andam sempre juntas com gratuidade: mas se é assim, se podemos ser traídos pelos nossos atos livres, não seria melhor se fôssemos determinados e totalmente isentos de responsabilidade?

A questão não se põe porque a escolha entre essas alternativas não se põe. O homem é metafisicamente livre e a liberdade é o próprio modo de constituição da consciência. Não cabe ao sujeito escolher a liberdade, mas sim escolher e escolher-se *a partir* da liberdade. Seria esse algo como o dado fundamental presente em qualquer situação, o que mostra que, para Sartre, a metafísica é algo que afeta intimamente o sujeito: "não é uma discussão estéril a respeito de noções abstratas ... é um esforço vivo para abraçar de dentro a situação humana em toda a sua inteireza".[36] É essa imediatez íntima da metafísica que faz da liberdade o dado imediato da existência. Mas, exatamente por ser a liberdade a forma do *ser-aí*, o seu contexto é a complexidade concreta da existência. Isso significa que a situação concreta é a base do exercício da liberdade. Estaríamos então dizendo que a situação existencial limita o exercício da liberdade, o que nos colocaria diante da questão de como podem as circunstâncias atuar restritivamente sobre aquilo que constitui em última instância o sujeito? Talvez o paradoxo desapareça se atentarmos mais uma vez para a concepção sartriana de metafísica: não é algo que paira sobre o sujeito como uma referência essencial, mas algo que diz respeito àquilo que o constitui existencialmente. É por isso que a metafísica não pode ser separada da complexidade existencial concreta. Significa que a liberdade está

---

36 Sartre apud Cranston, op. cit., p.29-30.

sempre em confronto com as coisas e com outras liberdades: as diversas maneiras como isso acontece configuram as situações a partir das quais os sujeitos exercerão a liberdade. A liberdade, portanto, não se expande indefinidamente como no vazio: pensá-la assim é concebê-la como uma potência divina. A liberdade constitui o sujeito no interior da sua finitude; esta compreende, entre outras limitações, o confronto com uma espécie de hostilidade objetiva, das coisas e dos outros. Se o mundo fosse bem-ordenado, como numa harmonia preestabelecida, o confronto das liberdades se resolveria num sistema em que a contingência se compatibilizaria com a necessidade. Mas num mundo primordialmente contingente, a liberdade e o confronto das liberdades abrem um espaço de imprevisibilidade. As situações-limite nos fazem viver concretamente esse caráter inacabado do mundo humano em que se inserem as nossas ações.

O que Roquentin parece principalmente recusar é esse caráter dialético que afeta o compromisso num mundo contingente. Essa é a razão de querer comprometer-se com a arte, isto é, com a necessidade do objeto inexistente.

IV
Temporalidade e romance

Síntese temporal

As aporias com que a filosofia tradicionalmente depara quando enfrenta o problema do tempo derivam quase sempre de uma visão analítica das dimensões temporais. Quando digo que o tempo é *constituído* por passado, presente e futuro, a primeira dificuldade é definir a realidade dessas dimensões. O passado já não é, o futuro ainda não é e o presente é a simples transição entre ambos: topamos assim com a decantada impossibilidade de definir o tempo, porque a sua *realidade* parece inapreensível. Como descontinuidade, ele seria como uma série paradoxalmente caracterizada pelo não ser de suas "partes"; como continuidade, seria fluência pura, em que a realidade estaria sempre atrás ou à frente, já que a mediação do presente se remete sempre ao que já foi e ao que ainda será. Mas talvez essa aporética possa ser superada se visarmos o tempo *primeiro* como totalidade sintética estruturada e *em seguida* como articulação pluridimensional. Essa substituição do predomínio da análise pelo primado da síntese é que permite apreender o tempo como temporalidade, isto é, como processo, estrutura e totalidade: processo porque a temporalidade enquanto tal é articulação das dimensões temporais, o que impede de considerá-las separadamente; estrutura porque a pluridimensionalidade é articulação interdependente das três dimensões; e totalidade porque a compreensão da síntese precede o entendimento de cada uma das dimensões componentes, que são constituídas pela totalidade ao mesmo tempo que a constituem. "O único método possível para estudar a temporalidade é abordá-la como uma totalidade que domina suas estruturas secundárias e lhes confere significação."[1]

Isso, todavia, não impede que abordemos cada uma das dimensões temporais por si mesma; basta fazê-lo na perspectiva do caráter primário da síntese estruturadora. Por exemplo, o *passado* só possui sentido a partir do presente pela simples razão de que ele é passado *do* presente e de um determinado presente. Quer o consideremos como *já não sendo*, como habitualmente o faz a tradição, quer o compreendamos como *sendo* no inconsciente bergsoniano ou na espécie de intencionalidade pretérita husserliana (retensão), jamais o apreenderemos se cortarmos seus vínculos reais com o presente. O passado nunca é isolado; é sempre o modo como a consciência se reconhece a partir do presente, e esse modo é sintético, isto é, o passado somente surge a partir do presente, religado a ele, quando o para-si transcende-se *para trás* de si. No presente, sobrevivo ao meu passado: tenho de vivê-lo na forma do já vivido, do ultrapassado que permanece em mim, como o que já fui e que tenho-de-ser. "Não há passado salvo para um presente que só pode existir sendo lá atrás o seu passado, ou seja: só têm passado os seres de tal ordem que, em seu ser, está em questão seu ser passado, seres que *têm-de-ser* seu passado."[2] Aquilo que eu *era* no passado, continuo sendo como aquilo que fui: *era* estudante; sou ex-estudante. O estudante que fui é visado a partir do estudante que não sou: nesse sentido o presente é "fundamento do passado"; e o que fui no passado

---

1 Sartre, *O ser e o nada*, 2001, p.158; ed. franc., 1982, p.145.
2 Ibidem, p.166; ed. franc., p.152.

permanece em mim porque sou o que fui. Em outras palavras, a referência ao passado é sempre uma síntese entre presente e passado, porque todo passado é passado de um certo presente. Por isso se diz que "temos um passado", isto é, o trazemos em nós, não como uma coisa que possuímos, mas como uma relação interna com um presente sedimentado no processo pelo qual o para-si se vai cristalizando em em-si no processo temporal. Por isso, Malraux dizia que a morte transforma a vida em destino. Quando morrer, terei sido inteiramente o meu passado; portanto, já o sou de alguma maneira, porque já o vivi. Mas não sou o meu passado porque a distância que a consciência mantém de si própria exige que eu retome constantemente o meu ser na imanência do presente: a existência é processo marcado pela heterogeneidade porque a consciência nunca coincide consigo mesma. A cada presente, o ser da consciência é para-si, mas o passado do para-si retorna como em-si, vida substancializada.

Quando digo que o presente é para-si, também afirmo que essa imanência se dá num instante infinitesimal: é bem conhecida a dificuldade de apreender o puro presente, porque ele está sempre invadido pelo passado e pelo futuro. Por isso, é a dimensão do presente, em princípio a *realidade temporal* por excelência, aquela que torna mais patente o ser da consciência como não ser, ou a presença como deslizamento do ser ao nada. Retomemos a base fenomenológica da concepção sartriana de consciência: toda consciência é consciência *de...* Toda presença é sempre presença *a...* Isso *de que* a consciência é consciência *de* ou isso que está presente à presença constitui um mundo no qual o para-si está. Como ocorre essa relação? Pela diferença entre *estar presente...* e *aquilo a que se está presente.* Significa que nunca sou aquilo a que estou presente, mas o *estar presente a* é uma relação sintética e não uma simples contiguidade. Há uma diferença entre o modo como estou presente a esta sala e o modo como uma cadeira está presente, porque para haver presença de uma coisa a outra coisa é preciso que a consciência ateste essa presença, *estando presente.* Se uma coisa fosse presente a outra coisa, essa presença seria sem testemunho, seria simples coexistência. O para-si está presente às coisas na medida em que é testemunha dessa coexistência. Por isso, no rigor dos termos, não há presença de uma coisa a outra coisa. Pelo contrário, o para-si está sempre estruturalmente presente a todos os seres. Como se presente fosse sempre presentificar, de tal modo que "o para-si é o ser pelo qual o presente entra no mundo; os seres do mundo são copresentes, com efeito, na medida em que um mesmo para-si se acha ao mesmo tempo presente a todos".[3] Em outras palavras, somente se pode falar de presente em relação ao em-si na medida em que um para-si esteja presente ao em-si. Mas, sendo a presença consciência *de*, ela se dá *fora*: a consciência é o seu próprio movimento para fora, para as coisas, para o em-si que ela não é. Já vimos que o para-si é na forma de não ser; consequentemente, nessa relação de presença entre o para-si e o em-si, aquilo que é, verdadeiramente, é o em-si. O ser do para-si consiste em estar presente ao em-si. Logo essa presença não emana de um ser, ela *é* a relação ontológica do para-si ao em-si, na medida em que o para-si se faz negando o ser. Nada mais inadequado para conceber o presente, então, do que o realismo do instante: o presente *não é*; quando afirmamos o seu ser estamos na verdade afirmando o ser da coisa à qual o para-si está presente. Daí deriva a célebre *fugacidade* do presente: de que o para-si tem o seu ser fora de si, adiante de si. É presença sem ser presente, pois é fuga de si e não repouso no seu próprio presente.

Essa fuga do para-si (ser o que não é) significa no processo temporal que o para-si é o que será, no futuro. Como a *falta* está estruturalmente no âmago do para-si, a presença é ao mesmo tempo uma fuga rumo ao seu ser, ou ao que lhe falta para ser. A descrição do para-si como o ser que *tem-de-ser* remete ao futuro: com efeito, o seu ser está fora, adiante, e se o para-si *fosse*, simplesmente não teria futuro. Assim como só tem passado um ser em cujo ser o seu ser passado está em questão, também só tem futuro um ser que só pode revelar-se a si mesmo como projeto, como aquilo que ainda não é. O futuro é aquilo

---

3 Ibidem, p.175; ed. franc., p.160.

ao qual o para-si se fará presente. "Esse mundo só tem sentido como futuro na medida em que sou presente a ele como *um outro que serei*." Mas esse outro que serei é sempre o outro que *posso ser*: a oposição entre passado e futuro é que sou o meu passado na forma de não poder não sê-lo e sou o meu futuro na forma de poder não sê-lo, já que se trata de possibilidades a serem assumidas pela liberdade. Portanto, sou suficientemente o meu passado para poder desejar não sê-lo; e nunca sou suficientemente o meu futuro a ponto de não poder não sê-lo. Só na imanência do para-si ao seu presente futuro é que as possibilidades se realizarão; mas esse futuro que não tenho certeza de ser já confere sentido ao meu presente, porque, na medida em que sou sempre adiante de mim mesmo, é o meu ser futuro que dá densidade ao presente em si mesmo fugaz e efêmero. De alguma maneira dependo, para ser no presente, desse futuro em que não sei o que serei. "Em suma, sou meu futuro na perspectiva constante da possibilidade de não sê-lo ... não sou suficientemente esse futuro que tenho-de-ser",[4] porque o futuro não está encadeado determinadamente ao presente. Essa insuficiência contida no fato de já ser o que terei de ser, podendo não sê-lo, é denominada por Sartre como *a liberdade enquanto limite de si mesmo*. O paradoxo é eloquente: o sentido do que sou é a minha liberdade porque meu ser consiste em transcender-me *para ser*; mas, como isso que serei está ainda longe de mim e presentemente obscuro, é de modo *problemático* que projeto meu ser e o sentido do meu ser no futuro. Pois entre o que sou e o que serei está o nada constitutivo de minha consciência a partir do qual escolherei o que vier a ser. Assim, a radicalidade de uma liberdade absoluta é também o limite intransponível na apreensão do sentido de minha existência. E isso porque é a liberdade de transcender-se que faz que o para-si escape de si, isto é, que o seu sentido possível escape de sua apreensão presente. É essa síntese angustiante de abertura e limitação que expõe a liberdade ao paradoxo: ser livre é estar condenado a ser livre.

---

4 Ibidem, p.183; ed. franc., p.167-8.

Uma vez estabelecido que as dimensões temporais só podem ser concebidas de forma inter-relacionada, mesmo quando as estudamos separadamente, e que essas dimensões devem ser entendidas como *ek-stases* ou estruturas vivenciais do tempo, cabe então retomar a perspectiva da totalidade para uma compreensão ontológica da temporalidade como síntese.

Uma primeira dificuldade provém da relação entre sucessão e separação. Desde a definição aristotélica do tempo como o *antes* e o *depois*, o movimento sucessivo dos instantes é habitualmente concebido como separação dos elementos de uma série. As determinações não coincidem porque estão separadas na ordem sucessiva, e a mudança, possibilitada por essa estrutura discreta, pode ser concebida tanto como o nascimento quanto como a morte das determinações – e esse aparecer para desaparecer é visto como o caráter corrosivo ou dissolvente do tempo. O tempo separa as coisas de si mesmas, fazendo que se tornem outras, e também separa o ser humano de si mesmo – de suas dores e de suas alegrias. E é preciso explicar então como pode haver unidade nessa fragmentação: como posso reconhecer as coisas ou a mim mesmo; uma permanência substancial ou uma identidade subjetiva. E, de fato, essa possibilidade não existiria se o tempo fosse somente separação, ou mesmo se tivéssemos que reconstituir as conexões a partir de uma divisão absolutamente irredutível entre o antes e o depois. Mas o que entendemos por separação é *ao mesmo tempo* – e mesmo sobretudo – a possibilidade de unificação. Quando digo que o instante A está *antes* de B e este *depois* de A, estabeleço uma ordem que me permite passar de um a outro nos dois sentidos. E qualquer juízo de sucessão repousa sobre o pressuposto dessa ordem como uma possibilidade de síntese. Separação implica reunião. Não se pode assim pensar a relação como simples contiguidade sem cair nas dificuldades insuperáveis da psicologia associacionista. Se o estado A é em-si e o estado B é em-si, como ultrapassar a mera contiguidade e estabelecer uma relação temporal autêntica? A teoria cartesiana da criação contínua visa precisamente remeter essa relação para fora do tempo, fa-

Ética e literatura em Sartre

zendo que Deus reúna os instantes, pois o próprio tempo sofre de uma insuficiência constitutiva para fundar a sua própria continuidade. Com isso, Descartes continua a tradição platônica que consiste em pensar o tempo a partir da eternidade. Mas a necessidade da síntese na esfera do tempo humano está bem presente na solução kantiana, na medida mesma em que ela tem a ver com a experiência temporal da sucessão e da mudança. Kant se vê de algum modo obrigado a conceber a anterioridade da síntese enquanto forma *a priori* da sensibilidade. A subjetivação transcendental do tempo mostra que a efetuação das relações temporais é um processo sintético operado pela consciência. Ainda assim, isso tem em vista superar a descontinuidade que poderia existir no plano dos estados em-si. Já a solução bergsoniana tem na continuidade ontológica o seu ponto de partida e vê na descontinuidade o efeito da representação. Mas a síntese temporal expressa na duração permanece inexplicada porque Bergson afirma a organização do tempo sem explicitar o ato organizador, de tal modo que ficamos sem saber se a duração é um processo do ser ou se o ser é o processo de duração. Isso nos mostra a necessidade de que, quando se afirma uma síntese, é necessário afirmar também a instância que a efetua, porque não há síntese *dada*.

E não há síntese dada muito simplesmente porque o tempo não é *dado*. O ponto crucial é assim a superação da concepção do tempo como *sense data*. O que ganhamos então, ao considerar, em vez do tempo, a temporalidade, é a possibilidade de considerar o tempo não como *ser*, mas como *modo de ser*: a relação temporal é intraestrutura, isto é, ela modaliza um ser. *Qual* ser? Aquele que tem na temporalização o seu modo de ser: "A temporalidade não é, mas o para-si se temporaliza existindo".[5] Não se apreende a temporalidade partindo-se dela como se fosse um ser: nem considerando-o uno, nem considerando-o múltiplo. É preciso que tanto a unidade quanto a multiplicidade sejam vistas a partir da temporalização. Porque a multiplicidade temporal não é o

---

5 Ibidem, p.192; ed. franc., p.176.

somatório de instantes, é precisamente o desaparecimento de instantes. Considerar o antes e o depois como uma relação em que ambos os termos permanecem é considerar o tempo como relação lógica e não cronológica. Quando surge o *depois*, é porque o *antes* já não está. Para que o que não é e o que é sejam relacionados, é preciso que algum ser se faça presente a essa multiplicidade peculiar. Esse ser deve ser tal que possa testemunhar o nada do instante desaparecido; na verdade é ele que o nadifica. O para-si é o ser que, sendo, faz existirem todas as dimensões possíveis de sua nadificação. O para-si, ao contrário do em-si, é o ser que está sempre a distância de si, como já tendo sido ou não sendo ainda. Essa é a razão pela qual a temporalidade é inseparável de uma espécie de testemunho do para-si de sua presença a si e ao em-si.

O *para* do para-si indica que ele se projeta para cobrir a distância que o separa de si mesmo, para realizar o seu *si*, além do para-si. Mas esse projetar-se é em vão porque não há *si* como projeto acabado (realizado), *para* o qual a consciência se encaminharia. Isso significa que o para-si *é* no modo da frustração de ser. O passado é facticidade ultrapassada, transcendência para trás até a obscuridade de mim mesmo; o futuro é a falta, ou o ser captado como falta; o presente é o processo de escape de si. O para-si é sempre a dispersão de seu ser, mas essa é também a sua unidade. A temporalidade é força dissolvente *e* ato unificador. Essa identidade contraditória entre dispersão e coesão chama-se *diáspora*. O para-si é temporalmente uma diáspora: "O para-si é o ser que tem-de-ser o seu ser na forma diaspórica da temporalidade".[6] Posta a questão dessa forma, quase se poderia dizer que a dificuldade tradicional de relacionar permanência e mudança é um falso problema. A mudança é problemática quando se toma como ponto de partida o em-si: não é possível explicar como o que *é* torna-se *outro*. Mas, se partimos do movimento para fora de si que caracteriza o para-si, é a permanência que seria ainda menos compreensível. Não

---

6 Ibidem, p.199; ed. franc., p.182.

se trata apenas da oposição entre estática e dinâmica, pois a dinâmica do para-si não consiste simplesmente na passagem de um estado para outro, e sim na constante evasão de si. O cerne da temporalidade está em que a articulação envolve a nadificação: é a nulidade intrínseca da pluridimensionalidade temporal que permite ao para-si considerar o mundo como uma multiplicidade evanescente.

Pois bem, é possível submeter essa multiplicidade evanescente a um procedimento totalizador? Em outras palavras, é possível *contar uma história*? "Entendo por romance uma prosa que tem o objetivo de totalizar uma temporalização singular e fictícia."[7] Sendo a temporalidade a multiplicação da unidade por si mesma, ela é um processo relacional que ocorre no próprio âmago do ser, daí o caráter de intraestrutura: a multiplicidade "vem ao mundo" quando a realidade humana se faz presente às identidades isoladas no plano do em-si. Não se trata, portanto, de uma relação objetiva. A realidade humana é testemunha da temporalidade na medida em que o homem não é nunca adequado a si mesmo – nunca se dá a coincidência da consciência consigo mesma. Quando *sou* meu passado, não o conheço; quando o conheço, *tematizo-o* pela memória, mas não o sou. Há, portanto, uma impossibilidade para o homem de fazer coincidir o ser e o pensamento, de modo que toda narração de si está presa a essa insuficiência ou a essa interferência nas significações do conteúdo narrativo. Não é possível restituir o acontecimento porque o passado nos escapa. O realismo é um empreendimento fadado ao fracasso e o romance realista é o romance impossível porque não se pode narrar realisticamente a temporalidade. Mas então como se pode falar em totalização de uma temporalização? Talvez porque essa totalização não visa ao ser, mas ao para-si que se temporaliza em sua existência. Quando dizemos que o para-si se temporaliza, dizemos também que sua totalidade é inapreensível. Logo, o tema da prosa romanesca é essa totalidade inapreensível. O romance faz dessa impossibilidade a própria constitui-

---

7 Sartre, Je – Tu – Il. Préface à *L'inachevé* de André Puig, Situations IX, 1972, p.281.

ção de sua possibilidade. A *esse* romance, Sartre denomina crítico. O romance crítico faz da impossibilidade da narração a sua própria possibilidade na medida em que renuncia à narrativa em uma só dimensão temporal, aquela que daria ao leitor o objeto do romance diretamente, e enfrenta a temporalização pluridimensional, aquela em que a totalização é impossível, mas pela qual se consegue uma revelação indireta que é mais totalizadora do que o realismo unidimensional. Ou seja, o procedimento indireto é mais fiel ao processo que faz do para-si uma totalidade nunca acabada.

Isso significa que, por exigência da temporalidade pluridimensional, é preciso renunciar ao realismo para narrar a realidade.[8] É preciso renunciar à totalidade para proceder à totalização. Se a narrativa tem de perseguir a articulação das dimensões da temporalidade, deve fazê-lo articulando-se ela mesma em diferentes níveis de expressão, de modo que a prosa venha a restituir o *inacabamento* do processo de totalização existencial, ou, em outras palavras, a temporalização da existência. Se narrar consiste em inventar o *tempo* da narrativa, caso em que o narrador desenvolve a sua "história" num tempo unidimensional do qual ele mesmo regula o ritmo, eis-nos no plano da duração imaginária de um criador onisciente, em que tudo decorre segundo as conveniências da narrativa. Um tempo plano em que o curto, o médio e o longo *prazos* são estabelecidos por uma consciência que se acredita sempre presente e cronologicamente dominante. A consciência burguesa necessita dessa estabilidade para simular temporalmente a universalidade de que se acredita revestida. A versão romanesca dessa ideologia do universal é a totalização narrativa. Nesse caso, convergem a ilusão realista que simula o tempo e a narrativa do tempo da simulação: o resultado é a abstração da realidade sob o pretexto de sua mais estrita observação.

---

8 "O romancista crítico pretende ter êxito [na narração da realidade] por outros meios: ele irá perverter a prosa e, tomando como tema aparente o naufrágio do realismo, revelará o objeto total por meio de uma iluminação indireta" (ibidem, p.282).

A consideração da pluridimensionalidade temporal nos obriga a articular níveis de temporalidade. A diversidade de ritmos é dada pelo alcance da narração. Os historiadores sabem disso: há a história cuja medida temporal é o século ou o milênio; há aquela em que a medida é o dia ou mesmo a hora. Se considero o advento da agricultura, considero o início da era agrária, e se diferentes povos começaram a vivê-la com algumas centenas de anos de diferença, isso não importa muito nessa escala. Mas se considero o caráter decisivo de uma certa batalha para mudanças políticas que a partir daí vieram a ocorrer, o importante é o dia do evento, e até o seu desenvolvimento, suas reviravoltas nessa curta duração. Mas tanto o advento da agricultura quanto as guerras, revoluções, golpes etc. fazem igualmente parte da história, nos planos coletivo e individual. Então é preciso considerar que os níveis temporais diversos são vividos de forma inseparável. Num romance, essa diversidade e essa inseparabilidade constituem o "jogo de espelhos"[9] em que se desenvolve a prosa narrativa, na articulação de seus diferentes níveis temporais. Assim, as vivências temporais de diferentes personagens podem refletir-se para que dessa relação surja não a organização de um tempo unidimensional, mas intercessão recíproca dos níveis narrativos. Isso indica a impossibilidade da totalização, *a partir da qual, entretanto, o romance nasce como procedimento totalizador*. Pois a temporalização significa um processo de totalização que nunca se completa, pela razão de que nenhuma das dimensões temporais da existência pode receber positivamente o estatuto de *ser*. Quando se diz que o romance é uma "prosa que tem por objetivo totalizar uma temporalização singular e fictícia", não se está de forma alguma definindo o romance como totalização. Assim, como a temporalidade impede que haja totalização da temporalização real, o romance não pode também inventar o tempo ficticiamente totalizado. Não se narra *o* tempo, mas *no* tempo. É por isso que a *realidade* do acontecimento narrado não implica a totalização *real* da narração. Mesmo se narro

---

9 A expressão é utilizada por Louette, *Jean-Paul Sartre*, 1993, p.217.

apenas fatos reais, como numa autobiografia, não atinjo a totalização real. O escritor realista desliza da realidade do acontecimento para a realidade da totalização dos acontecimentos. Assim, ele começa pelo real e termina no abstrato. Mas então como se pode dizer que a prosa romanesca "tem por objetivo totalizar"? Simplesmente porque esse objetivo se realiza romanescamente quando essa totalidade não é completada, assim como a existência se realiza como totalidade irrealizada. *Tentar* totalizar uma singularidade é jogar com a reflexão recíproca das temporalidades que se confrontam num universo narrativo.

Isso significa *tanto* que é impossível "contar uma história" *quanto* que é a partir dessa impossibilidade que a narrativa romanesca se constrói. Não é possível totalizar a vida e não é possível elaborar uma totalização ficcional da vida. A sequência ou o encadeamento dos acontecimentos, por ser temporal, não traça uma linha contínua demarcada por um início e por um fim inteiramente compreensíveis. Desenha-se por oscilações e desvios ao passar pelos níveis temporais de significação; perde-se na evanescência do passado, sendo impossível estabelecer o limite exato entre a claridade e as trevas; projeta-se na indefinição do futuro, que não é prolongamento de ser mas desejo e expectativa engendrados pela falta que me constitui no presente.[10] Por isso, o realista perde a realidade quando aceita a continuidade unitária instituída por uma falsa temporalidade. O realismo não é por si o reflexo da realidade; é uma técnica de representá-la, historicamente constituída. E como é lícito supor que no processo de sua constituição estivesse presente o propósito de justificar a realidade representada, cabe criticar o realismo não apenas denunciando seus compromissos históricos, mas sobretudo encontrando novas técnicas de representação literária: "uma nova técnica romanesca fundada na apresentação indi-

---

10 "teremos de nós mesmos, *talvez*, alguns conhecimentos parcelados e parciais, é-nos proibido conhecer por inteiro o que somos; entre ser e pensamento o divórcio é total: como a memória não se distingue da imaginação, o passado nos escapa, ou melhor, é uma mentira permanente que assombra o presente e o desfigura, roubando-lhe a significação" (Sartre, Je – Tu – Il. Preface à *L'inachevé* de André Puig, Situations IX, 1972, p.281).

reta do Todo".[11] A elucidação dessa "apresentação indireta" exigiria uma compreensão exaustiva da noção de totalidade elaborada em *Crítica da razão dialética*. Mas a relação entre articulação temporal e níveis de narrativa já nos permite talvez apreender o significado sartriano de romance (e romancista) crítico.

Temporalidade e totalização

Toda a questão está em entender que o discurso direto do realismo, ao pretender restituir a sequência temporal, nem por isso resulta numa apresentação direta do Todo. O exame da temporalidade mostrou que a apreensão do tempo não supõe uma escolha entre unidade e multiplicidade, mas exige que essa dicotomia seja repensada exatamente para que a totalidade possa ser apreendida como unidade múltipla e multiplicidade una, de acordo com o caráter sintético que lhe é próprio. Assim como a análise do tempo não chega a apreendê-lo objetivamente, assim como a continuidade fluente que dissolve os limites dimensionais do tempo não nos dá a síntese produtora da temporalidade, também a narrativa que se constitui como diretamente subjetiva ou diretamente objetiva não restitui a síntese diferenciada da temporalidade. Se a realidade humana é situada, a narrativa deve descrever as *situações* ali consideradas, o que significa que a *situação do narrador* não pode aspirar ao privilégio da exclusividade. A realidade humana é uma pluralidade situacional: a "realidade objetiva" só se oferece ao leitor quando este se torna contemporâneo dessa pluralidade de situações; para cada consciência, a realidade é aquilo que se oferece imediatamente a essa consciência em situação. Não pode haver um dado imediato universal porque o presente de *uma* consciência é inseparável do *seu* passado e do *seu* futuro. É essa relatividade das situações que faz que cada consciência esteja absolutamente às voltas com o seu passado e com o seu futuro. Tornar o leitor contemporâneo dessa

---

11 Ibidem, p.302.

pluralidade equivale à supressão da *unidade de tempo*; apresentar simultaneamente a pluralidade de vivências de um mesmo acontecimento a partir da pluralidade situacional equivale a suprimir a *unidade de lugar*.[12]

Não se trata, no entanto, apenas de transformações técnicas. Essas supressões estão diretamente ligadas à recusa da temporalidade narrativa como instrumento de instituição do escritor eterno e do leitor eterno. Sartre repudia a ideia de que o autor se eterniza por via da sua obra: só o conseguiria à custa de esvaziar a narrativa de todos os elementos de pluralidade situacional. Por isso, escrever para a eternidade equivale, no limite, a escrever sobre nada para ninguém. É a pretensão do romance que se propõe a análise da natureza humana. Diverso é o propósito do romance que se propõe a dar testemunho de uma concepção sintética da condição humana. Trata-se da função social da literatura, sem dúvida, mas, antes disso, trata-se de uma questão metafísica, ou da dramatização da condição existencial. Assim como a totalidade sintética da temporalidade envolve tanto a unidade quanto a multiplicidade, de forma indissociável, assim também a dramatização da existência envolve o absoluto e o relativo, a liberdade absoluta de cada consciência e a situação relativa em que cada consciência exerce a sua liberdade. Essa indissociabilidade existencial entre absoluto e relativo não é outra coisa senão a relação entre a abertura de possibilidades no futuro e a limitação inerente à apreensão do sentido presente no futuro, entretanto desconhecido, que constitui o ônus da liberdade. A narrativa deve ser fiel a esse paradoxo se pretende descrever as tentativas de objetivação da realidade humana nos projetos que se desenham a partir da semilucidez e da semiobscuridade. Por isso, a narrativa que se constitui a partir do domínio do futuro introduz um elemento de convenção entre a realidade e sua narração. A instituição dessa convenção impossibilita que o tema da narrativa seja a liberdade. Recusar essa convenção falseadora significa restituir na narrativa o misto de absoluto e de relativo pelo qual a realidade se apresenta às

---

12 Boisdeffre, *Métamorphoses de la littérature*, s. d., p.213.

diversas consciências em situação. Ou seja, essa espécie de objetividade indireta só pode ser atingida por um trabalho narrativo a partir da pluralidade situacional.

É possível observar em *Sursis* uma narrativa em que o ponto de vista da subjetividade é assumido na sua forma múltipla, para que melhor se caracterize a singularidade das situações particulares. A técnica do *flash* e do "corte" é utilizada como propósito de sintetizar na simultaneidade a multiplicidade de significações que cada consciência atribui ao acontecimento. Nesse sentido, o texto permite o exame da "temporalização" no nível da narração das condutas. Requer-se de cada consciência a consideração inter-relacionada do passado e do futuro. Concretamente, há um passado: dezoito anos de possibilidades abertas pela configuração histórica da Europa pós-Primeira Guerra Mundial. E há um futuro, a outra guerra, em que a possibilidade de experiências-limite leva a rearticular o tempo vivido. Portanto, um presente pensado e vivido em função de um passado e em função de um futuro.[13] Há um *passado desse presente*, sobre o qual se julga saber algo, um tempo vivido em que as consciências apreenderam-se nas suas expectativas e projetos. Mas há um *futuro desse presente*, em função do qual todo o passado talvez tenha de ser reavaliado. O tempo vivido consolidou o que fomos nesse passado, a maneira pela qual nele apreendemos o sentido das coisas e de nós mesmos, e que é a herança do presente. Mas o sentido do presente está no futuro: essa herança vivida que somos nós sofre o impacto desse futuro, pelo qual se atribui um novo sentido ao presente e, assim, um novo sentido à gestação desse sentido no passado. *Fomos* aquilo que julgamos ter sido? Qual é, agora, o verdadeiro sentido de tudo que aprendemos a ser? Sabemos mesmo algo acerca do passado vivido? Tê-lo vivido nos revelou de fato algo acerca de nós e do mundo?

---

13 "Em seu romance *Sursis*, Sartre nos apresenta justamente essa metamorfose na consciência dos mobilizados, a maneira pela qual eles pensam e julgam esse período de vinte anos, não à luz do que sabem por tê-lo vivido, mas em função desse futuro provável que os suga totalmente" (Campbell, *Jean-Paul Sartre ou une littérature philosophique*, 1946, p.67).

Não há respostas objetivas. O passado foi vivido no ritmo das possibilidades oferecidas e assumidas, mas o futuro do presente abre uma possibilidade que interrompe esse ritmo e que se apresenta como possibilidade terminal. Já não é mais possível viver no ritmo da continuidade: a ruptura se apresenta. Mas se ela agora se faz presente como possibilidade, não seria porque o tempo vivido a vinha trazendo, sem que a apreendêssemos como realidade possível? Então, se agora a apreendemos, é todo o passado que tem de ser revisto, embora irremediavelmente vivido. Lucidez tardia, que nos põe em guarda contra toda lucidez, porque no futuro haverá um passado que teremos vivido sem que talvez o tenhamos tampouco apreendido. E o que não apreendemos nem talvez venhamos a apreender é a liberdade vivida como limite, esse limite que, atingido em toda a sua significação, interrompe, rompe a continuidade das histórias pessoais, e nos *mobiliza* em função de uma possibilidade que não soubemos ou não quisemos considerar. É esse limite que traz um monopólio do futuro, que se agiganta e projeta sua sombra sobre o presente e principalmente sobre o passado, ao tornar demasiadamente visível aquilo que no passado partilhava a clareza restrita de todas as possibilidades, de todos os futuros. Chama-se a isso *ameaça*. A ameaça é a convergência de todas as possibilidades para uma única possibilidade, que devora as demais e retroage sobre todo o tempo vivido. É assim que o para-si retoma seu passado, revolve sua cristalização e reabre seu significado. Vivíamos *para* isso que não sabíamos estar vivendo: "aqueles belos dias traziam um futuro secreto e escuro...". O futuro contamina o passado e transforma as lembranças. O significado do tempo vivido só aparece depois de o termos vivido, embora esse significado tenha sido sempre construído na imanência de cada presente vivido, vida projetada. Trata-se então de viver o futuro na possibilidade singular da ameaça. E o vivemos, ainda, na forma do projeto. Projetando o pesadelo da guerra, projetando a iminência da paz.

Daí a diversidade de expectativas e de esperanças, em conformidade com a diversidade de projetos. O do burguês, cujos negócios sofrerão com a guerra; o do comunista, para quem uma vitória dos Aliados trará o fortalecimento da União Soviética e do Partido; o do judeu, para quem a guerra resultará em mais perseguição, morte e dispersão; o projeto daqueles em que a perspectiva da guerra desperta um inconformismo latente e que nela veem a possibilidade do heroísmo; o do pacifista, para quem a guerra em si mesma supera todos os males; o do fascista, que espera a vitória alemã e uma nova ordem europeia etc. Para todos, o futuro é inexorável e incerto. Nunca estiveram menos seguros daquilo que mais lhes concerne.[14] O que se vivia então quando os limites da articulação temporal marcavam apenas o ritmo da sua continuidade? A expansão contínua do tempo objetivado, aquele em que se pode dizer: emprego meu tempo; empregarei meu tempo amanhã em tal ou qual tarefa. É a ilusão dessa clareza futura que, ao desaparecer, deixa a consciência abandonada ao futuro real e incerto, o futuro que tenho-de-viver. Como reagirei? Se o meu passado se destacou de mim pelo desmoronamento do seu sentido, já não tenho em que apoiar a minha identidade. O "caráter" que deveria me adequar ao mundo se esvai e resta apenas a pura liberdade que é a não coincidência do homem consigo mesmo. É através dessa liberdade que tudo acontece, a mim e aos outros; é pelo homem que o mal vem ao mundo, absolutamente.

Este é o sentido do entrecruzamento das subjetividades em *Sursis*: todos, mas cada um abandonado a si mesmo. É o camponês analfabeto que tem de atribuir um significado ao carimbo que o mobiliza, e que os outros lhe mostram; é o pacifista que tem de gritar sozinho no meio da multidão belicosa: abaixo a guerra; é Mathieu que tem de se rever a distância quando passa pelo seu quarto a caminho da guerra; é o checo que tem de ouvir no rádio a notícia da ocupação dos Sudetos;

---

14 "Nunca houvera um passado tão fechado e, no entanto, não *há nada mais* além dele. É esse futuro imaginado, cheio de pesadelos e alucinações, que envolve tudo, sufoca tudo, paralisa tudo, e antes de tudo esse passado que continuava a viver em nós, *qual era nós*; ele morreu, foi arrancado de nós como um órgão que se extrai do corpo, e que se contempla no frasco" (ibidem, p.69).

todas as consciências separadas e unidas na mesma *culpa*. O homem, um criador preso na sua própria liberdade, carrega a culpa da criação.[15]

Então, o que se viveu no passado senão o adiamento do sentido? Não teria sido o futuro desde sempre aquele momento em que a culpa teria que ser assumida, o dia do juízo em que o homem seria réu e juiz? *Sursis*: o adiamento; o veredicto postergado. A liberdade vivida na intensidade da sua provisoriedade, até o momento em que se deverá assumi-la como a condenação: compulsoriedade e inevitabilidade. O passado não justifica a existência; o presente está por justificar; e o futuro revela o caráter injustificável. Será a liberdade a pena que corresponde à culpa? A culpa encerra o homem na finitude; a liberdade é o modo como ele *tem-de* vivê-la. A multiplicação das subjetividades em *Sursis* significa: todos os homens são iguais perante a culpa e a liberdade. E a narração simultânea dessa pluralidade subjetiva indica que a cada um lhe é dada a sua liberdade; ninguém pode exercê-la por outro.

Ter-de exercer a liberdade e apreender-se nesse processo é então a única objetividade possível. A *ordem humana* desordena qualquer pretensão "científica" de abordá-la, porque nenhum ato pelo qual a existência se articula possui a suficiência necessária para se constituir como *verdade*, no sentido de um acordo estável do ser consigo mesmo. As teorias da representação fazem da consciência o centro do mundo a conhecer: as coisas são *para mim* porque o homem é o único ser capaz de relacionar-se reflexivamente com as coisas. Se isso é correto, seria preciso tirar daí as consequências éticas. As coisas são para mim não porque constituam o meu império, mas porque elas existem por mim. Ao domínio cognitivo – lógico, técnico, científico –, acrescenta-se a responsabilidade, quando essas coisas que são para mim já não podem ser remetidas a um fundamento originário supramundano, a partir

---

15 "Aqui reside um dos pontos fundamentais do existencialismo: a consciência (*Bewustsein*) é substituída pelo *Dasein*. E concebe-se a imensa culpabilidade humana, pois todos os males do mundo acontecem através do homem e todo conhecimento do mundo o inculpa; tal é o *leitmotiv* de *Caminhos da liberdade*" (ibidem, p.218).

do qual elas estariam *destinadas* a mim. Simplesmente elas são para mim porque existo, o que em verdade significa: elas são por mim. Nesse ser-por-mim está dada a carga de responsabilidade inalienável. Por isso, não é possível considerar qualquer acontecimento do mundo na forma da estrita objetividade. Em cada *objeto* visado, o sujeito está em questão. Estou diante da guerra como o possível que se vai fechando para mim na forma do futuro ameaçador. Mas é por mim – pelos homens – que a guerra vai se constituindo como futuro e como realidade. Se ela vier a existir, será porque eu existo. O que quer que tenha feito para que o futuro venha a ser, terei de vivê-lo como o sentido possível da minha existência, porque só existe futuro para o ser que pode *empreender* ser além do que é.

Quando Mathieu é mobilizado, Jacques tenta discutir com ele os motivos que levam alguém à guerra. As razões são nebulosas, já não se pode afirmar com simplicidade que se trata de defender a pátria, a família, a liberdade. O motivo *dessa* guerra parece tão mesquinho: diferenças etnográficas mal administradas numa pequena região da Europa central, o que é que Mathieu tem a ver com isso? O que têm a ver com isso todos aqueles que provavelmente vão morrer por isso? A resposta de Mathieu é desconcertante: ele não pensa coisa alguma a respeito, não tem opinião formada sobre as razões da guerra nem sobre a justiça ou injustiça no caso. Jacques resume: "partes resignado, como um carneiro que levam ao matadouro?". A resposta de Mathieu – por que não? já que não posso deixar de atender à convocação? – é absolutamente contrária ao que se espera de alguém que diz (e disse) preocupar-se com a preservação de sua liberdade e de sua lucidez. Daí o espanto de Jacques.

> Tinha um irmão revoltado, cínico, sarcástico, que não queria ser tapeado, que não podia erguer o dedo mindinho sem se indagar por que o mindinho e não o indicador ... e o revoltado, o subversivo, parte direitinho, sem discussão, dizendo: parto porque não posso deixar de partir![16]

---

16 Sartre, *Sursis*, 1964, p.90-1.

Tal como no diálogo acerca do aborto de Marcelle, Jacques procura mostrar que há uma contradição entre as ideias de Mathieu e as suas atitudes. Tal como outros franceses, está se deixando levar numa estratégia política insana, mas proclama-se um homem livre e lúcido (crítico, sarcástico e subversivo). Como é possível, por exemplo, não atentar para os argumentos abundantes, fundados em fatos, que Jacques apresenta? Ora, é a guerra que está seguramente em questão nesse momento, mas na guerra e antes dela está em questão a própria liberdade e a própria subjetividade. E exatamente porque é Mathieu e sua liberdade que estão antes de tudo em questão, a própria guerra, como ele diz, "é coisa secundária". A guerra não é um objeto acerca do qual se possa discutir a coerência, a justiça, a oportunidade etc. É um acontecimento que concerne a um sujeito e à sua liberdade *questões* não resolvidas. É por isso que a vontade de Hitler de incorporar os Sudetos e a vontade de Benés de não permiti-lo não contam como critérios. Tampouco a conveniência ou a não conveniência de vir a França a envolver-se. Assim não há razões para ir ou deixar de ir à guerra; em consequência Mathieu aliena a decisão a um motivo inócuo: foi convocado, e não vai medir forças com a burocracia. Como dirá em outra ocasião, é a contingência que decide por ele: é francês e a França entrará na guerra; se fosse suíço ou português estaria fora da guerra. Nesse sentido, todas as razões são contingentes; o que me faz escolher não é o peso das razões, mas a decisão livre e sem fundamento que Mathieu mantém em suspenso, "preservando" a liberdade. O que espanta Jacques é que as ideias de Mathieu *deveriam* fundamentar a decisão contrária à guerra. *Deveria* haver um *encadeamento* necessário entre o "subversivo" e o "revoltado" e a decisão de desobedecer à autoridade. *Deveria* ser previsível a reação de Mathieu: "Tu me desnorteias",[17] diz Jacques.

Só é previsível, no entanto, uma consciência que coincide sempre consigo mesma. Essa coincidência se expressaria concretamente, por

---

17 Ibidem, p.91

exemplo, na coerência entre os princípios e a conduta: o pacifismo, o alinhamento definido com uma das partes em conflito. Mas o que Mathieu pretende é que a decisão – que de qualquer forma tomou – não represente um compromisso. Não decidiu, foi decidido. Não age, é agido. Está ainda à espera da verdadeira decisão, aquela que será um compromisso. Vive numa espécie de permanente *sursis*. Novamente temos aqui a representação literária da *questão* do sujeito e de sua liberdade, nessa conduta que parece se caracterizar pelo adiamento constante da assunção do sujeito por si mesmo. Essa é a razão pela qual Mathieu parece viver a ameaça no modo da indiferença e a ruptura no modo da continuidade. A questão a que aludimos poderia explicitar-se de várias maneiras, mas talvez se possa formulá-la de maneira mais abrangente perguntando se é possível essa suspensão da liberdade na temporalidade concreta. O futuro não tem apenas a significação da disponibilidade do presente em relação às múltiplas possibilidades. O futuro é projeto. Pode o para-si projetar-se sem assumir concretamente alguma possibilidade, no sentido de vivê-la como real na antecipação do seu sentido, que já interfere no presente? Se a existência não *possui* projeto, mas *é* projeto, e se é marcada pela historicidade, como não antecipar no presente a história futura de si mesmo na vivência do que ainda não é? Nunca se está abstratamente diante de um futuro, mas sempre a partir de uma situação. O que a oposição entre a disponibilidade e o compromisso talvez mostre, no caso de Mathieu, é algo como a incompletude radical de todos os projetos, como se eles já se constituíssem de forma abortada. Nesse caso, o tempo vivido seria sempre o do projeto irrealizado – nem iniciado. O passado, que é a sedimentação do realizado, também petrifica os projetos.

> Voltou-se e entrou no escritório; o nojo persistiu. Um copo sujo sobre a lareira. Sobre a mesa, perto do caranguejo de bronze, um cigarro partido pela metade; fiapos de fumo saíam dele. Quando parti pelo meio esse cigarro? Apertou-o e sentiu nos dedos um roçar de folhas mortas. Os livros. Um volume de Arbelet, outro de Martineau, Lamiel, Lucien Lewen, as recordações do Egotismo. Alguém projetara escrever

um artigo sobre Stendhal. Os livros continuavam ali e o projeto, petrificado, tornara-se uma coisa. Maio, 38: não era ainda absurdo escrever sobre Stendhal. Uma coisa. Uma coisa como suas encadernações cinzentas, como o pó que se depositara nas lombadas. Uma coisa opaca, passiva, uma presença impenetrável. *Meu projeto.*[18]

Projetos petrificados seriam vestígios de liberdade? Sim, se fora possível que alguém, em maio de 38, decidisse começar a escrever sobre Stendhal. Mas, se isso alguma vez fizera sentido, esse sentido estava ali, depositado na irrealização, cristalizado em algo que jamais viera a existir. E esse homem que contempla seus projetos o faz com indiferença, mas já agora a partir de um outro futuro, cujo sentido não pode ser apreendido como o sentido que possuía um artigo sobre Stendhal há quatro meses. Essa distância não marca apenas um intervalo temporal e peripécias históricas, marca a distância de um homem em relação a si mesmo. Fora esse tempo, e o que nele acontecera, que transformara o sentido de um projeto em vestígios materiais – uma significação reificada antes mesmo de completar-se. Tudo ali fora projeto, agora era apenas coisa. E quem está ali presente está diante do outro que foi. Por que então procurar razões para acreditar no outro que será?

---

18 Ibidem, p.279, grifado no original.

V
Liberdade e valor

A contingência absoluta

> Com efeito, somente pelo fato de ter consciência dos motivos que solicitam minha ação, tais motivos já constituem objetos transcendentes para minha consciência, já estão lá fora; em vão buscaria recobrá-los: deles escapo por minha própria existência. Estou condenado a existir para sempre para-além da minha essência, para além dos móbeis e motivos do meu ato: estou condenado a ser livre. Significa que não se poderia encontrar outros limites à minha liberdade para além da própria liberdade, ou, se preferirmos, que não somos livres para deixar de ser livres.[1]

A discussão entre deterministas e indeterministas acha-se viciada na origem pela ausência de distinção entre consciência e fenômeno natural. Os deterministas alegam o pressuposto de que nada pode existir sem causa, e, portanto, qualquer ação humana, na medida em

---

1 Sartre, *O ser e o nada*, 2001, p.543-4; ed. franc., 1982, p.494.

que for real, deverá possuir uma causa, que nesse caso seria o motivo do ato. Os indeterministas procuram mostrar que muitas vezes os mesmos motivos poderiam ser causas de vários atos possíveis, e, assim, o ato real não se vincularia determinadamente aos motivos antecedentes. Vejamos por que esta segunda perspectiva, aparentemente mais próxima da liberdade, ainda assim é insuficiente. Sendo a consciência sempre consciência *de*, toda ação é *intencional*, isto é, visa uma finalidade, a qual é o *motivo* da ação. Uma ação sem motivo seria incompatível com a estrutura intencional da consciência, e um ato sem intenção seria absolutamente incompreensível. Estaríamos assim dando razão ao determinista, que reivindica para todo ato um motivo entendido como causa? Notemos, acerca da primeira perspectiva, que o postulado da causalidade natural não implica qualquer *reconhecimento*, por parte do efeito, da causa que o determina; tampouco a causa poderia reconhecer no efeito uma produção *sua*. Sendo ambos os fenômenos *naturais*, o máximo que se poderia dizer é que se remetem à natureza como fundo unificador da relação causal. A constância da relação somente é reconhecida como causalidade ou lei causal por uma consciência que testemunha essa constância. Essa é a razão pela qual Kant atribui a causalidade a uma possibilidade de síntese na consciência transcendental. Ora, quando dizemos que o ato é intencional, queremos significar com isso que a consciência produtora do ato reconhece na sua intenção a finalidade em vista da qual o ato é produzido, o que é idêntico a reconhecer o motivo do ato. Nesse sentido, o ato não é produzido *a partir de uma causa*; ele é imediatamente vinculado à finalidade intencional pela qual é produzido. Em outras palavras, *o motivo faz parte do ato*, e não o determina no modo de uma relação externa. O ato é inseparável do reconhecimento do motivo presente na finalidade intencional. Esse reconhecimento não significa sempre a percepção clara e distinta do motivo: "Para ser motivo, com efeito, o motivo deve ser *experimentado* como tal".[2] Quando a consciência ex-

---

2 Ibidem, p.540, grifado no original; ed. franc., p.491.

perimenta um motivo, ela o reconhece implicitamente como um valor ao atribuir-lhe a *significação* de motivo. Só existe motivo quando a consciência aceita um motivo na intencionalidade do ato, isto é, quando algo é vivido como motivação da ação. Aí está a diferença entre causa determinante de um fenômeno e motivo de um ato. A causa é exterior ao efeito, e o processo se dá numa trajetória temporal linear antes/depois; o motivo aparece na constituição do ato tanto como o seu início quanto como o seu fim. Essa ausência de uma anterioridade determinada deriva do não ser da consciência, o que a faz, por sua vez, origem radical do ato, uma vez que não há na consciência *ser* ao qual o ato e o motivo possam ser vinculados como num encadeamento causal natural.

Isso se torna mais claro se consideramos o ato na articulação da temporalidade. O ato *é a ser realizado* no futuro e enquanto tal é um fim; é ao mesmo tempo o motivo pelo qual pretendo realizá-lo e assim a finalidade torna-se motivo que me impulsiona a partir do meu passado; e o presente é o momento de surgimento do ato. Mas já vimos que essa articulação é sintética: *sou* meu projeto de futuro que o ato deve realizar; *sou* meu passado que, pela instantaneidade do presente, visa o futuro que serei. Ao mesmo tempo, *não sou ainda* esse futuro que está em vias de constituir-se no meu ato; e *já não sou* esse passado que, pela via do presente, se tornará o que deverei ser. Não pode haver causa *atuante* num passado que já não é e num futuro que ainda não é. Portanto, nem eficiência, nem finalidade no sentido tradicional dos gêneros de causalidade. Mas a transcendência do para-si para fora de si encontra o motivo do ato na realização do ato. Se ser projeto significa ter consciência de que meu futuro está fora de mim, então é nesse movimento para adiante de mim que constituo o motivo ao mesmo tempo em que efetuo a ação. É nesse sentido que os motivos estão *fora*, do mesmo modo que o ato a realizar e aquilo que serei por via do ato que realizar. É por ser o para-si *projeto*, isto é, principalmente futuro, que esse futuro pode ser *motivo*, isto é, ocorrer como passado, mas nunca como causa do ato. Como o futuro é polo estruturante do ato, ele tem a ver com todo o ato, ou seja, com sua realização na síntese temporal pluridimensional. Por essa razão, o que está adiante pode adquirir o *valor* de motivo.

> É somente porque escapo ao Em-si nadificando-me rumo às minhas possibilidades que este Em-si pode adquirir valor de motivo e móbil. Motivos e móbeis só têm sentido no interior de um conjunto projetado que é precisamente um conjunto de não existentes. E este conjunto é, afinal, eu mesmo enquanto transcendência, eu mesmo na medida em que tenho de ser eu mesmo fora de mim.[3]

Isso significa que o projeto tem sempre de forma imanente o valor a ele atribuído, pela simples razão de que me projeto no que desejo ser, no que julgo que devo ser. É no escape de si para o futuro que tem-de-ser que o para-si institui o valor que orienta a escolha das possibilidades na direção das quais se projeta. Por isso, ato e motivo não podem ser dissociados. Assim se esclarece e ao mesmo tempo se anula o sentido da discussão entre deterministas e indeterministas. Não há causa porque só há a consciência antes do ato, o que equivale a dizer que não há nada antes do ato; e o motivo, que está tanto depois quanto antes do ato, por constituir-se pelo ato, não anula a liberdade enquanto origem absoluta do ato. É nesse sentido que *sou* minhas ações e *sou* também os motivos pelos quais as pratico. Sou, e não posso deixar de ser, a minha própria liberdade: "não somos livres para deixar de ser livres". Justamente porque o para-si transcende a factualidade, a liberdade relaciona-se mais com valor e significação do que com fatos. Estar sempre adiante de si significa precisamente nunca se constituir essencialmente. Mas esse processo de ser sempre o que não se é não poderia resultar numa existência completamente aleatória? Questão complicada, sobretudo se considerarmos o caráter não justificável e gratuito da existência. Deve-se notar que, embora nenhum ato possa ser justificado por um valor que o anteceda e o sustente, todo ato se

---

3 Ibidem, p.541; ed. franc., p.491.

insere num projeto de ser, pois é atuando que o para-si persegue a totalização de si, a satisfação do desejo de ser a partir da falta constitutiva. A pretensão do para-si é realizar o desejo de ser em si continuando a ser para-si, isto é, fundamentar-se a si próprio. Essa espécie de valor supremo buscado pelo para-si pode ser definido como a plenitude do ser consciente: o em-si-para-si. Dessa forma se dissolveria o paradoxo constituído no meu ser responsável: uma responsabilidade *plena* por um *vazio* de ser. Trata-se do "projeto fundamental" do para-si.

> Essa "meta principal do para-si" é a marca característica do projeto fundamental. O "desejo abstrato de ser", o projeto fundamental de constituir-se em um em-si-para-si, em uma "coisa consciente", em um em-si que seja responsável (consciente) pela criação permanente de si, transparece como o sentido geral de toda atividade humana.[4]

É, afinal, o que corresponde ao desejo de ser e à eliminação da falta originária. Vê-se de que maneira esse projeto fundamental está presente nos atos concretos, isto é, nos projetos singulares: em toda projeção, ao mesmo tempo que projeta um modo de ser a partir de uma escolha, o para-si projeta também o valor inerente à escolha feita. Quando o faz, assume-o como universal: isto que projeto ser é válido para todos os homens, minha escolha institui um valor cujo sentido e radicalidade derivam de que ele é, *ipso facto*, universal. Essa dimensão ético-existencial do valor instituído repercute na escolha concreta feita a partir dele. O ser que projeto ser é aquele absolutamente escolhido, porque não resta nenhum valor maior ou mais universal do que o que institui. Isso acontece porque, em cada escolha e em cada projeto, está em questão o desejo de ser absoluto a partir do nada de meu ser. Em cada escolha concreta de ser, o desejo abstrato de ser é absoluto. A plena, clara e constante conexão entre fundamento e fundado asseguraria esse teor absoluto. Por isso, aspiro a ser fundamento do meu ser. De alguma maneira, meu projeto fundamental é criar-me como

---

4 Perdigão, *Existência e liberdade. Uma introdução à filosofia de Sartre*, 1995, p.106.

em-si e, dessa forma, revelar-me totalmente a mim mesmo. Como é por minhas escolhas que o mundo se revela, uma escolha primordial de mim mesmo seria a revelação absoluta de mim mesmo. Ela me faria aceder ao meu *ser*. O projeto fundamental é um projeto total: um projeto de ser. Como não há "natureza humana" que assegure meu ser, é no modo da posteridade indefinida da essência que procuro ser, projetando meu ser total. Essa pretensão de totalidade se relaciona de forma complicada com a temporalização do para-si, pois é na contingência das escolhas temporais que o projeto fundamental vai se totalizando. Não há direção pré-indicada porque não há "caráter inteligível" como síntese *a priori* do meu ser. E, no entanto, por via das escolhas contingentes, vou construindo a minha totalidade e cada fim intencionado vem fazer parte da minha história, que o projeto fundamental revelaria na sua singularidade. Mas, se essa totalidade puder eventualmente ser apreendida, não será porque o projeto fundamental a continha virtualmente. Não haveria, nesse caso, liberdade. Será porque a história de minha vida revelará, ao menos parcialmente, o que quis ser por meio de minhas escolhas, o absoluto que persegui na tentativa de realizar o desejo de ser, que só poderia ser realizado fundamentando-me a mim mesmo. A falta é constitutiva porque o que falta é o fundamento; e o desejo é constitutivo porque o para-si deseja ser o seu próprio fundamento. A imbricação de absoluto e relativo nas histórias individuais acontece porque cada escolha

> designa em geral como possíveis outras escolhas. A possibilidade dessas outras escolhas não é explicitada nem posicionada, mas vivida no sentimento de injustificabilidade e exprime-se pelo fato da *absurdidade* de minha escolha e, por conseguinte, do meu ser. Assim, minha liberdade corrói minha liberdade.[5]

Liberdade implica que posso sempre ser um outro projeto, porque nenhuma escolha é em si justificada. Assim, meu projeto não me dá

---

5 Sartre, *O ser e o nada*, 2001, p.591; ed. franc., 1982, p.536-7.

a conhecer a mim mesmo no alcance da totalidade pretendida, porque, qualquer que ele seja, traz consigo a possibilidade de ser outro. O para-si, ao conhecer-se, conhece-se sempre também como podendo ser outro: o si-mesmo nunca é captado definitivamente. Trata-se de uma busca irremediavelmente relativa de ser absoluto.

Busca em que o desejo de ser e o desejo de posse se identificam, o que se explica pelo fato de que o desejo de ser é o desejo de ter o que nos falta para sermos completamente. Assim, a posse, apropriação como principal categoria da ação humana, e a totalização se relacionam estreitamente. O projeto abstrato de ser é o projeto abstrato de *possuir* o ser, pelo qual o para-si pretende preencher a falta constitutiva. Tanto um quanto outro se concretizam em atos singulares – e no caso da posse, na apropriação em seus vários aspectos: conhecimento (posse do objeto mantendo-o na exterioridade); fazer (introduzir no mundo algo que traga a minha marca, que seja a extensão de mim mesmo, como na arte, no artesanato ou mesmo no *hobby*); assimilar, como no caso do alimento, do qual nos apropriamos ao destruí-lo (comer é uma forma de preencher a falta); jogar, atividade cujas regras são estabele-cidas por nós (assim a vitória no jogo consiste em conquistar algo sem-pre no âmbito daquilo que já nos pertence); relação sexual (assimilação do outro mantendo-o na exterioridade) etc. A posse é uma categoria da ação humana porque denota uma relação estruturalmente ontológica, isto é, um vínculo interno que me liga ao que possuo. Prolongo-me naquilo que tenho para tentar ser aquilo que tenho como forma de remediar a minha insuficiência constitutiva. Se o objeto é meu e existe por mim, eu sou o seu fundamento; e se ele é um prolongamento de mim, eu sou de alguma maneira meu próprio fundamento. Seria uma forma de superar a oposição entre o para-si e o em-si, porque, se habito o objeto que possuo, ele deixa de ser inerte sem deixar de ser em-si. É nesse sentido que a posse se relaciona com o desejo de totalidade: sou em mim e fora de mim, como fundamento de mim mesmo.

Como a totalidade é, no entanto, ontologicamente impossível para o para-si, o processo de totalização é inacabável; por isso o desejo de posse nunca é satisfeito: é característico da posse a exterioridade do objeto com o qual mantenho uma relação interna, e essa contradição é insuperável. Disso deriva que o desejo de possuir objetos simboliza o desejo de possuir o mundo na sua totalidade, de possuir o ser. A posse concreta seria a posse total da totalidade; portanto toda posse é simbólica; isso explica por que o desejo de posse é sempre referido a determinados objetos, permanecendo outros como indiferentes. Essa "preferência" de modo algum indica que cada um se contenta com uma parcela do mundo; pelo contrário, apenas mostra que cada consciência deseja possuir o mundo à sua maneira e por meio de certos objetos, de certos modos de ser que cada uma elege para, por meio deles, abraçar a totalidade.

> Logo, o que desejamos nos apoderar fundamentalmente num objeto é o seu ser e é o mundo. Esses dois objetivos de apropriação constituem na verdade apenas um. Busco possuir, detrás do fenômeno, o ser do fenômeno. ... Ser-no-mundo é projetar possuir o mundo, ou seja, captar o mundo total como aquilo que falta ao para-si para tornar-se em-si-para--si; é comprometer-se em uma totalidade, que é precisamente o ideal ou valor, ou totalidade totalizada, que seria idealmente constituída pela fusão entre o para-si, enquanto totalidade destotalizada que tem-de-ser o que é, e o mundo, enquanto totalidade em-si, que é o que é.[6]

A relação de posse é interna porque não me contento com a apropriação do objeto tal qual me aparece. Desejaria tê-lo em si mesmo, em seu ser, numa relação de pertinência profunda. Já que o que me falta é uma ausência presente no âmago de meu ser, desejaria preenchê-la por via de uma apropriação não apenas do objeto, mas do ser do objeto; não apenas do ser desse objeto, mas do ser de todos os objetos, do mundo como totalidade. É essa totalidade em-si que parece confrontar a minha totalização incompleta (minha "totalidade destotalizada") e estimula meu desejo de fundir-me com o em-si numa totalidade ao mesmo tempo consciente e objetiva. Como se a síntese

---

6 Ibidem, p.729; ed. franc., p.658-9.

entre o para-si, que é o que tem-de-ser, e o em-si, que é o que é, viesse a acontecer na totalidade que é o que deve-ser, o em-si-para-si, isto é, o valor. O valor no plano do dever-ser é o ideal; mas o valor concebido como síntese entre ser e dever-ser seria a *realidade* do em-si-para-si, se algo assim pudesse existir. Daí a tendência do pensamento a deslizar do valor ao ser, a conceber o valor como uma realidade existente em que o ser e o dever-ser coincidem plena e absolutamente: Deus. Essa pretensão é reveladora do sentido da escolha livre: escolher é sempre *escolher ser* e a apropriação da totalidade é um meio de ser totalmente. "Assim, minha liberdade é a escolha de ser Deus, e todos os meus atos, todos os meus projetos, traduzem essa escolha e a refletem de mil e uma maneiras, pois há uma infinidade de maneiras de ser e de ter."[7]

Eis aí, portanto, o paradoxo e a inutilidade da paixão que anima o para-si: uma totalidade destotalizada que continuamente escolhe, sempre em vão, ser uma totalidade totalizada. Em cada projeto, o para-si escolhe, a partir de seu nada, superar o seu nada, transcender-se para *ser*. O para-si é o ser em cujo ser o seu próprio ser está em questão, porque o para-si se faz ser ao perseguir o seu próprio ser: a contínua fuga de si é a constante perseguição de si. Assim, em toda situação concreta, há a situação originária, na qual sou a minha própria falta de ser. E a maneira pela qual cada um é, na sua história singular, aquilo que lhe falta ser, implica a escolha individual *de ser*: cada um escolhe o seu ser. Cada projeto individual de *se fazer ser* é algo que implica a tentativa de ser, absolutamente; tentativa constitutivamente vã. Por isso, a experiência da liberdade absoluta é a experiência da fragilidade absoluta. Para um ser absolutamente frágil, cujo ser não passa do desejo de ser, o absoluto não é repouso e estabilidade, mas antes alucinação e vertigem. Ter-de escolher absolutamente a partir da mais absoluta fragilidade é o que faz da liberdade a origem da angústia.

A angústia está presente já na relação entre a liberdade e a temporalidade. A liberdade do para-si, expressa nas condutas, articula-

---

7 Ibidem, p.731; ed. franc., p.660.

-se temporalmente. Isso significa que toda escolha se dá na temporalidade e só permanece se reiterada no tempo. Como o para-si é o ser que está sempre fora de si, distante de si, ele não tem um compromisso estável consigo mesmo, porque não há um si constituído que possa sustentar uma escolha de conduta que atravessaria o tempo. Ser fora e longe de si significa que cada escolha de ser está comprometida com o não ser, como se tudo que o para-si escolhesse ser estivesse sob risco e ameaça de não ser. Mas esse risco e essa ameaça não provêm de fatos e circunstâncias que incidiriam sobre o para-si a partir da exterioridade; são inerentes à estrutura temporal em que o para-si vive as suas escolhas. Como tem de fazer-se a cada momento fora de si para-ser, e esse fazer-se significa escolher entre os possíveis, nenhuma escolha *constitui* o si do para-si. Ele será sempre a cada momento o que tiver escolhido ser sem que essa escolha por si mesma o comprometa com ser aquilo que escolheu. Em outras palavras, não se escolhe para além da própria escolha – e por isso ela é dotada de radicalidade. Portanto, o risco e a ameaça de não ser que rondam todas as escolhas do para-si provêm da sua liberdade. Nenhuma escolha decidirá sobre a própria liberdade, porque não posso escolher não ser livre. Assim, em toda escolha, permanece a liberdade de escolher diferentemente; de ter podido escolher diferentemente e de poder vir a fazê-lo. Como nenhuma escolha consolida o meu ser, ou o ser que escolhi ser na contingência da situação, todas são igualmente revogáveis. Não há um sustentáculo que apoie a escolha feita e fundamente meu ser a partir de uma dada opção de ser. A contingência radical é a ausência de fundamento. O nada constitutivo do para-si não pode fundamentar qualquer continuidade no ser. Para continuar sendo o que escolhi ser, é preciso renovar a cada momento o projeto de ser.

Um dos trabalhos de psicanálise existencial que Sartre pretendia escrever, além daquele sobre Flaubert, era sobre Dostoiévski. Talvez por isso o exemplo que aparece em *O ser e o nada* referente a esse assunto seja o do jogador, que lembra o romance de Dostoiévski, um estudo extraordinariamente profundo sobre a psicologia do jogador.

Sartre enfatiza a necessidade sempre atual que tem aquele que decide abandonar o jogo de reiterar a decisão. Diante de uma oportunidade de jogar, tudo recomeça; de nada adianta ter decidido; isso não o obriga. Ele tem que reiterar livremente a escolha já feita, e pode sempre escolher outra coisa. O projeto de não mais jogar está sob o risco constante de não se concretizar, de transformar-se no seu contrário. Essa escolha de ser, como todas as que poderiam ser feitas, está sempre em questão, porque a realidade humana é uma questão: nenhuma *resolução*, nenhuma deliberação assegura a persistência da escolha. Esse risco representa a maneira pela qual o para-si vive a sua ausência de fundamento. Viver a ausência de fundamento, isto é, não ter em que apoiar um projeto de ser, gera a angústia. Esta, como se sabe, é a vivência antecipada de uma outra possibilidade, daquilo que poderei ser e não sei se serei. Estar distante de si significa não saber o que serei a distância; minha escolha atual não garante minha conduta futura. Essa ameaça de viver a diferença em relação a mim mesmo, assumir uma possibilidade distinta e contrária à minha escolha anterior, provoca a permanente instabilidade de meu ser. Não se trata de um fenômeno psicológico, embora eu o viva psicologicamente; trata-se da estrutura do para-si e da liberdade radical que ele é. A liberdade provoca a angústia porque *ser liberdade* significa que nenhum ato livre encerrará o processo de ser e o drama de existir. O diferente e o contrário do que sou e do que pretendo ser estão sempre no horizonte do meu ser.

Essa é a questão presente na indiferença de Mathieu em *Sursis*, quando a guerra se apresenta como uma escolha a ser assumida. Não se trata apenas de um evento que sobreveio e modificou o curso das histórias pessoais. Trata-se de como cada consciência assumirá esse possível que, por mais avassalador que pareça, é um possível entre outros. Nesse sentido, não é verdade que a guerra me leva a modificar meus projetos, abandonar uns e ter de assumir outros "por força das circunstâncias". Como a contingência é absoluta, ela não pode ser considerada a partir de uma relatividade que somente teria sentido se o contingente fosse *relativo* ao necessário. Por isso, a conduta de Mathieu mostra a liberdade em suspensão, o adiamento do desejo de ser como ato livre. Mas é possível adiar a liberdade? É possível ser livre para postergar a liberdade? É possível esperar que o advento da lucidez venha a ser a mediação entre mim e minha liberdade? A liberdade não me define (não basta dizer: eu sou a minha liberdade); ela me expõe às diferentes definições possíveis que posso assumir para mim mesmo, pois, em cada ato e em cada escolha, defino-me sem poder fazê-lo definitivamente, pois não há ninguém, nem mesmo eu, para corroborar minhas escolhas. A lucidez é sempre a lucidez possível em cada ato que projeta meu desejo de ser.

Além dessa origem na efetivação temporal da liberdade, a angústia relaciona-se também com o valor, isto é, com a instituição do valor em cada escolha e a responsabilidade daí decorrente.

Valor e responsabilidade

Ser sempre adiante de mim significa *decidir* sempre o que devo ser. Não se trata, portanto, apenas da angústia de ter-de-ser no futuro alguém que não sei bem como será; trata-se sobretudo de que devo decidir acerca desse futuro, isto é, escolhê-lo absolutamente. A negação aparece então com a sua força constitutiva: devo eleger uma possibilidade, negar todas as outras, e essa escolha ocorre sempre a partir da falta de fundamento que caracteriza o para-si. Todas as escolhas se dão a partir da liberdade e a liberdade se dá a partir de nada, porque a exerço a partir do nada que sou. Em outras palavras, a liberdade absoluta implica a responsabilidade absoluta, e, assim como minha liberdade não possui fundamento, tampouco o possui a minha responsabilidade. A ausência de fundamento da responsabilidade deriva da ausência de valores que definam *a priori* o sentido e o mérito da ação. "Sou responsável por tudo, de fato, exceto por minha responsabilidade mesmo, pois não sou o fundamento de meu ser. Portanto tudo se passa como se eu estivesse coagido a ser responsável."[8] Essa impossibilidade

---

8 Ibidem, p.680; ed. franc., p.614.

de *contar* com valores não me isenta de ter que admitir critérios de decisão, pois o simples fato de escolher já os envolve. Estar condenado a ser livre é também não poder fugir ao *porquê* de cada um dos meus atos. A questão constante que sou para mim mesmo está concretamente presente cada vez que devo escolher uma possibilidade. Desse modo, escolher é instituir valores. Como o valor está totalmente imanente à escolha, ele também é afetado pela negatividade inerente à eleição de um possível em detrimento dos outros. Desse modo, instituir valores é implicitamente negar valores, pois devo optar por um único critério, e, quando o faço, os outros não permanecem como virtualidades positivas, mas se desvanecem como não valores. É nesse sentido que a universalidade está implicada na instituição do valor imanente à escolha: só posso escolher um negando os outros, e então aquele que escolho torna-se universal; naquele momento, ele é o único capaz de orientar a minha escolha, porque foi essa própria escolha que o posicionou como único. A radicalidade da escolha não permite que a instituição de um valor conserve uma pluralidade possível: ela anula todos os outros critérios. No entanto, estes se colocavam antes no horizonte dos possíveis, assim como as escolhas. Portanto, a universalidade provém tanto da afirmação de um único valor quanto da negação de todos os outros. E a força que assume o valor afirmado não se desvincula da nulidade a que todos os outros são reduzidos. Daí o caráter *categórico* de minha escolha que deriva, no entanto, muito mais da instituição do que da aceitação de um critério. Ou seja, o imperativo categórico tira sua força moral da sua contingência, mas da sua *absoluta contingência*. Ele torna-se absolutamente impositivo ao ser radicalmente escolhido. Sua necessidade provém da sua gratuidade. Mas é a força dessa contingência necessária que me leva a julgá-lo impositivo a todos e que faz dele, para mim, algo que deveria ser imediatamente válido para todos.

É o que permite compreender a atitude de Philippe quando tenta dissuadir Maurice de partir para a guerra, isto é, quando tenta impor a outro o valor do pacifismo que para ele é o absoluto da escolha que já fez. Pouco lhe importa que Maurice não o tenha adotado, que nem mesmo o considere como uma possibilidade, pois nem sequer está disposto a ouvir argumentos. Philippe vê em Maurice a ocasião para afirmar a universalidade do pacifismo. Por isso, revolta-se quando não é compreendido ou sequer ouvido. É porta-voz do universal, isto é, escolheu por todos e fala por todos os homens apesar deles mesmos. Essa espécie de solidão heroica lhe confere uma obsessão patética, a ponto de não admitir outra possibilidade de conduta.

> – Como são duros! Todos. Todos. Eu estava lá, ouvia vocês falarem, esperava... Mas vocês são como os outros, um muro. Sempre condenar, sem procurar entender; sabem por acaso quem sou eu? Por vocês é que desertei; poderia ter ficado em casa onde como e durmo sem problemas, bem instalado, com criados, mas larguei tudo por vocês. E vocês, oh! Vocês! Mandam vocês para a matança e vocês acham certo, não mexem um dedo sequer; põem um fuzil nas mãos de vocês e vocês pensam que são heróis, e se alguém tenta agir de outro modo vocês logo o tratam de filho de papai, fascista, medroso, só porque não faz como todo mundo. Não sou medroso, vocês mentem, não sou um fascista e não é minha culpa se sou menino rico.
>
> – Aconselho-o a dar o fora – disse Maurice com raiva – porque não gosto muito de provocações e poderia me zangar.
>
> – Não irei embora – disse Philippe batendo o pé. – Basta afinal! Estou farto dessa gente que finge não me ver, ou que me olha de cima. Com que direito? Eu existo e valho tanto quanto você. Não irei embora, ficarei aqui a noite toda, se necessário; quero explicar-lhe de uma vez por todas.[9]

Philippe ergueu-se acima de si, de sua condição, de seus temores, das ameaças do padrasto, do amor que sente pela mãe, porque um valor mais elevado passou a nortear sua conduta e lhe confere uma certeza febril acerca de sua escolha. Isso deveria transparecer com a força da verdade absoluta; como podem não compreendê-lo? Como podem *inverter* o valor da sua conduta, atribuindo-a à covardia, ao

---

9 Sartre, *Sursis*, 1964, p.160-1.

Ética e literatura em Sartre

fascismo ou a conveniências de classe? Ter superado sua condição de burguês e enteado de general não é justamente o que confere *valor* ao valor assumido? Não é mais difícil desertar na sua condição do que o seria se fosse outro qualquer? Não é isso de que está sendo acusado precisamente o que confere a dimensão moral à sua opção, cujo critério deveria então impor-se sobre qualquer outro? O projeto de abandonar sua vida, de desertar em nome do pacifismo não estaria então dotado de uma radicalidade absoluta? Por que então é objeto de desprezo, se é o verdadeiro herói? Por que não lhe permitem sequer explicar as razões de sua conduta? Por que não reconhecem nela imediatamente o valor que ela possui? Haveria de mostrar-lhes.

Seria preciso fazer a *psicanálise existencial* de Philippe para compreender os reais motivos de sua conduta, resgatar o que ela tem de afirmação psicológica e de revolta familiar que o torna um pastiche de poeta maldito (não por acaso ele assina Isidore Ducasse no livro de registro do hotel) e lhe desperta o desejo de martírio social. Mas essa ausência de lucidez não o impede de compartilhar, à sua maneira, uma possibilidade real e um valor efetivo. Os móveis de sua escolha estão numa história pessoal que ele julga ter superado ao mesmo tempo que a padece. Nesse sentido, talvez não seja um *militante* do pacifismo, não teria a inteira clareza objetiva da causa que defende e apenas a vive como modo de opor-se a si próprio e àquilo que sua classe representa. Talvez tenha escolhido *não ser* quem é, mais do que *ser* pacifista. Daí o desespero que permeia a sua atitude. Mas ainda assim *experimenta* um valor que o torna diferente dos outros, e desejaria experimentá-lo absolutamente, se não como opção política, ao menos como transe poético. Adota o pacifismo como paixão, mas adota-o como valor: uma paixão pela qual vale a pena sacrificar-se. E é essa vivência total da paixão que escolheu viver que o expõe à ira dos outros. Vive-a com tal intensidade que se julga *responsável* pelos outros e desejaria dissuadi-los de suas próprias escolhas, que ele acredita passivas e alienadas. Vive uma espécie de paroxismo alucinado de ser portador de um absoluto, pelo qual o mundo lhe está sendo revelado.

Nessas condições, posto que todo acontecimento do mundo só pode revelar-se a mim como *ocasião* (ocasião *aproveitada*, *perdida*, *negligenciada*, etc.), ou, melhor ainda, uma vez que tudo aquilo que nos ocorre pode ser considerado como uma *oportunidade*, ou seja, só pode aparecer-nos como meio para realizar este ser que está em questão em nosso ser, e uma vez que os outros, enquanto transcendências-transcendidas, tampouco são mais do que *ocasiões* e *oportunidades*, a responsabilidade do para-si se estende ao mundo inteiro como mundo-povoado.[10]

Toda decisão é sempre decisão de criar valores. Cada vez que escolho e instituo um valor, o mundo se revela a mim. O exercício da liberdade é sempre uma ocasião de revelação do mundo, pois o mundo se constitui para mim a partir dos projetos que me fazem inserir-me nele. A cada decisão, o para-si se revela a si próprio no processo contínuo de seu fazer-se, pois é escolhendo-me que me faço ser. Nesse sentido, minha relação com o mundo e comigo mesmo ocorre sempre pela liberdade e na liberdade. O que apreendo do mundo é o que ele me revela de si a partir das maneiras como escolho conduzir-me nele. Já vimos que os obstáculos e os estímulos que encontro no mundo dependem dos meus projetos em relação a ele. O que apreendo acerca de mim mesmo também advém pelas minhas escolhas, porque é por meio delas que experimento minhas forças e meus limites, os quais dependem sempre dos projetos a realizar. Dir-se-á que as coisas e os acontecimentos não dependem de mim e que, portanto, nem tudo que o mundo me revela acerca dele e de mim depende de mim. Isso é correto, mas a maneira como se constitui a minha situação inclui tanto a factualidade quanto a atribuição de significações. Se deparo com uma interdição, tenho de assumi-la para que a minha conduta seja modificada a partir dela. Se algo me beneficia, é porque posso integrá-lo à minha conduta e assim modificá-la de modo a daí tirar proveito. Não há como relacionar-me com o mundo sem que minha liberdade esteja aí envolvida. É nesse sentido que a responsabilidade é total – por tudo

---

10 Sartre, *O ser e o nada*, 2001, p.681; ed. franc., 1982, p.615.

e por todos. Pela instituição de valor e pela atribuição de sentido, torno meus os acontecimentos, eles me concernem inapelavelmente. Não posso fazer que as coisas e os acontecimentos venham a ser o que eu tiver decidido que sejam, mas o sentido e o valor que terão serão aqueles que eu tiver decidido que tenham. Assim, minha responsabilidade se estende a tudo e não posso fugir dela, porque ficar indiferente ou "deixar-me levar" são ainda posições assumidas ante o mundo. Nenhum valor está estabelecido, e, portanto, nenhuma ação está justificada previamente. É esse o significado do *abandono*: estou abandonado no mundo, não no sentido de uma "tábua que flutua sobre a água", isto é, passivo e inerte, mas como inevitavelmente comprometido, mesmo que seja com a passividade. Tal como a liberdade, essa responsabilidade é inteiramente originária: só encontro a facticidade e, por isso, só encontro as ocasiões e as oportunidades de transcender a facticidade; não é possível não escolher, não é possível não assumir responsabilidade pelas escolhas. Na ordem humana, nada permanece em estado bruto diante de mim; a tudo tenho de reconstituir pelo significado, de modo que a indiferença não é possível. Nada acrescento ao mundo do ponto de vista do ser-em-si; nada constituo em relação às coisas do mundo; e, no entanto, ele é minha responsabilidade porque lhe constituo o sentido. É dessa maneira que a *existência* repercute no mundo: como o existente tem de criar continuamente os valores a partir dos quais se posiciona no mundo, é como se o existente o construísse nessa relação, porque o processo de constituição do si do para-si está calcado nessas relações que o para-si institui com as coisas. Pois as coisas somente *são* para o para-si quando *significam* algo para ele.

As personagens de *Sursis* vivem o drama do abandono. Que posição devo assumir diante da guerra? Não há uma tábua de valores para ser consultada. Se escolho combater, instituo imediatamente um valor; se escolho desertar, instituo imediatamente outro valor, e nenhum deles existia antes da minha decisão. Se decido pela guerra, estou imediatamente decidindo por um valor que deve ser defendido em certas circunstâncias pela violência (a democracia, por exemplo); se decido pela deserção, estou imediatamente reconhecendo o valor da não violência como superior. *Não é possível decidir acerca de uma conduta sem decidir acerca do valor dessa conduta.* Mathieu deseja deixar a questão suspensa, mesmo decidindo atender à convocação. Gostaria de assumir uma conduta sem assumir a responsabilidade pela conduta. Isso significa desconhecer (ou não querer ver) que a liberdade e a solidão estão sempre juntas. Não há conduta sem decisão, e não há decisão que o próprio sujeito não tenha que tomar, por mais exterior que se queira pôr em relação a uma dada situação ou acontecimento. Como o acontecimento é sempre, para mim, inseparável do sentido que lhe atribuo, nunca estou propriamente exterior a ele. É significativo que Mathieu se recuse a atribuir qualquer sentido à guerra. Acredita que assim se manterá exterior a ela, mesmo participando dela. Mas essa atitude tem algo de contraditório, porque qualquer acontecimento, por mais gratuito que seja, tem uma referência humana. Não há determinações não humanas para o que acontece ao ser humano. Tudo *me* acontece, porque tudo exige de mim uma posição e uma atribuição de sentido. É paradoxal a condição humana porque cada um está abandonado a si mesmo e ao mesmo tempo inteiramente cercado pelos outros e pelos acontecimentos. É exatamente desse paradoxo que provém a impossibilidade de não decidir, de não escolher, de não instituir valor. "O que acontece comigo acontece por mim ... estou sempre à altura do que me acontece enquanto homem, pois aquilo que acontece a um homem por outros homens e por ele mesmo não poderia ser senão humano."[11]

Isso significa que, se ninguém é culpado, ninguém é inocente. Pessoalmente, nada tenho a ver com a guerra porque não fui eu quem a declarei. Mas se decido participar dela, mesmo de forma aparentemente anódina, como faz Mathieu, ela me concerne e eu a escolhi. Não tinha certamente poder para impedir que ela viesse a acontecer, mas tornei meu o acontecimento quando ele passou a fazer parte de

---

11 Ibidem, p.678; ed. franc., p.612.

mim e do meu futuro: ele se revelou a mim por meio de minha decisão, tanto de participar quanto de fugir. O acontecimento reflui sobre mim e não é possível evitar; para isso teria que estar em outra *situação*, na qual me fosse possível assumi-lo como não sendo meu. Mas uma outra situação *minha* é sempre uma abstração; outra situação é a situação do outro, do suíço, por exemplo, que não precisa decidir se vai à guerra ou se vai desertar. Dizer que estou sempre à altura de tudo que me aconteça significa dizer que *mereço* tudo que me acontece. Não cabem, portanto, questões do tipo: o que faria se não houvesse guerra? Essa pergunta me remete para fora da situação e da historicidade, o que significa que ela não tem sentido. Só escolho a partir da facticidade, mas não escolho a facticidade: sou o que faço e o que me acontece e só dessa maneira posso apreender-me. A consequência da liberdade radical é que, embora tudo que me ocorra possa ser definido como absoluta contingência ou necessidade de fato, nada do que me ocorre é *acidental*. Isso quer dizer que, sendo todo acontecimento humano, nunca haverá algum ao qual eu me vincule apenas exteriormente. No domínio da existência, só haveria o acidental se houvesse o necessário: mas o domínio da existência é contingente enquanto tal; toda contingência é humana, portanto minha, internamente relacionada comigo. "Portanto, é insensato pensar em queixar-se, pois nada alheio determinou aquilo que sentimos, vivemos ou somos."[12] Costumamos dizer que os acontecimentos nos ultrapassam, que não somos responsáveis por eles e que, no limite, ninguém pediu para nascer. É certo que ninguém pediu para nascer porque o nascimento é a origem da factualidade. No entanto, utilizar a factualidade para retirar a responsabilidade do para-si significa admitir que a factualidade é fundamento do para-si. Se a factualidade fosse meu próprio fundamento, e me determinasse, o para-si não teria como característica negar e transcender a sua própria factualidade, isto é, a liberdade não seria experiência originária. Devo admitir então que, se tudo na minha factualidade é para ser

---

12 Ibidem, p.678; ed. franc., p.613.

transcendido, até meu nascimento aí se inclui. Até isso é suscetível de atribuição de sentido: o que de fato acontece quando, por exemplo, lamento ter nascido, amaldiçoo o meu nascimento, envergonho-me dele ou, pelo contrário, orgulho-me dele e o enalteço. Isso quer dizer que reconstituo significativamente até o meu próprio nascimento; nem mesmo ele é, para mim, fato inteiramente bruto.[13]

É, no entanto, um limite, ou melhor, um dos dois fatores limitantes da liberdade: não sou livre para nascer e não sou livre para morrer. Mas como tudo na existência se passa entre o nascimento e a morte, estes não são limites exteriores da liberdade: não sou antes de meu nascimento e não serei depois da minha morte. Aí estão os dois extremos da factualidade, mas são limites *internos*: sou livre *a partir* do meu nascimento e *até* a minha morte. A contingência no seu sentido mais puro é dada nesses dois fatos; e a contingência nesse grau de pureza e originariedade é o *absurdo*. É tão absurdo nascer quanto morrer. Morrer não é um projeto; é a contingência-limite que determinará o fim de todos os projetos. Minha morte não me realiza, como o acorde final *realiza* a melodia. Essa contingência final não está entre as minhas possibilidades porque ela é a interrupção bruta do processo de *ser possível*. Nesse sentido não sou-para-a-morte, como afirma Heidegger, querendo dizer com isso que o sentido da realidade humana está comprometido com a inevitabilidade da morte. Decorre daí que a morte como horizonte da finitude não me determina; não interfere na minha liberdade porque não vem arrematar a totalidade buscada do si do para-si.

> Assim a morte não é, em absoluto, estrutura ontológica do meu ser, ao menos na medida em que este é *para-si*; o *outro* é que é mortal em seu ser. Não há lugar algum para a morte no ser para-si; este não

---

13 "Pretender irresponsabilizar o homem alegando, por exemplo, que ninguém pediu para nascer, além de implicar má-fé, revela um modo ingênuo de pôr o acento sobre nossa facticidade. Admitir a facticidade como determinante do para-si resulta em compreender o homem a partir de um suposto fundamento, vale dizer, resulta em abdicar da própria realidade humana" (Bornheim, *Sartre*, 2000, p.120).

pode esperá-la, nem realizá-la, nem projetar-se em seu rumo; a morte não é de modo algum o fundamento de sua finitude e, de modo geral, não pode ser fundamentada por dentro como projeto de liberdade original nem ser recebida de fora pelo para-si como uma qualidade.[14]

O que se acentua aqui é que a enormidade da morte e a espécie de caráter monstruoso que ela confere à factualidade não podem concernir a um ser que só é no modo do *depois*. Como a morte abole o *depois*, o para-si não encontra na morte o limite do seu ser, mas o absurdo do seu ser. Em outras palavras, não se pode viver *em função da morte*, a menos que, como o cristão, se admita que se continuará a viver *depois da morte*. Então a morte adquire sentido ao incluir-se no meu projeto de imortalidade. Do ponto de vista da estrutura ontológica do para-si, a morte não envolve nenhum valor de conduta nem limite algum à conduta.

A inserção do nascimento e da morte na facticidade e como fatos-limite permite a vinculação completa e radical da existência à responsabilidade. Não posso argumentar com a contingência absoluta de meu nascimento e de minha morte para afirmar que há pelo menos dois acontecimentos que não vêm ao mundo *por mim*, porque não os escolho. Pois nascimento e morte, embora digam respeito a mim, não *me* acontecem no mesmo sentido em que me acontece casar ou desertar. Isso quer dizer que *todos* os acontecimentos que se situam nos limites da minha existência, entre meu nascimento e minha morte, me concernem.

---

14 Sartre, *O ser e o nada*, 2001, p.670; ed. franc., 1982, p.605.

VI
A fuga para o em-si

A má-fé

O determinismo é um álibi porque é fundamento de todas as condutas de fuga. Se, no entanto, perguntamos de que se foge quando se projeta uma determinação para a conduta, não é possível responder de forma inteiramente positiva. Pois, na verdade, não fujo de coisa alguma no sentido de abandonar uma positividade para encontrar ou construir outra. Por isso, é preciso examinar com cuidado o que significa a expressão: fugir de si mesmo. Essa recusa de si implicada na fuga não tem origem no fato de que odeio o que sou, ou numa insatisfação com aquilo que me define. Podemos dizer que a fuga é sempre *para* alguma determinação, mas não que ela ocorre a *partir de* alguma determinação. Quando fujo, não deixo para trás algo que não desejo ser, mas unicamente vou em busca do que desejo ser. Ora, se fujo em direção àquilo que procuro encontrar, sem que para isso tenha que abandonar coisa alguma, como posso entender a fuga como conduta de negação? Justamente porque o que irei determinar como sendo eu mesmo implica negar algo de mais fundamental e originário, o meu ser como abertura de possibilidades, como um nada de origem, como puro fazer-se. Nesse caso, a determinação que escolhi como definidora de meu ser não apenas redunda na negação de outras possibilidades, como também, e principalmente, encerra o meu ser numa natureza dada, impedindo-o de compreender-se como projeto. Uma vez essa essência definida, todos os meus atos deverão refleti-la como uma totalidade; ela torna-se então o grande e único possível. É nesse sentido que Bergson afirmava que o ato livre é aquele em que empenho minha personalidade por inteiro. Queria dizer com isso que não há bifurcação de caminhos e possibilidades equivalentes senão na reconstrução de minha conduta, quando o caminho percorrido pode ser sempre comparado a outros possíveis logicamente. Mas na realidade do ato livre real essa análise não existe: ele emana do mais profundo de meu Eu e não tem início no limiar de uma linha de possibilidade, um braço de uma bifurcação. Sartre faz notar que essa origem do ato livre no Eu profundo, se elimina o mecanicismo inerente aos começos determinados das linhas lógicas de conduta, supõe, no entanto, um Eu constituído, uma totalidade inapreensível que funciona como fundamento e matriz, de modo que sempre podemos reconhecer-nos em cada ato. Existe, portanto, uma continuidade, que certamente não é aquela representada pelo determinismo causal linear, mas aquela pela qual o pai reconhece seus filhos: não um puro e simples desdobramento, mas um ar de família, critérios de semelhança, porque foi de mim que o ato brotou, de meu espírito ou de minha interioridade. A liberdade é um dado imediato porque identifica-se com essa instância profunda, profundamente imediata e anterior às manifestações do eu superficial. Sartre chama essa perspectiva de tranquilizadora porque, embora ela negue a relação determinada, conserva um núcleo positivo ao qual posso remeter meus atos. Também nesse caso, portanto, a liberdade é uma propriedade metafísica, uma virtude da alma. Ora, sempre que descrevo a liberdade como propriedade, determinada ou indeterminada, remeto-me à liberdade do outro, que é o único caso em que posso estabelecer o arco que liga o Eu à sua expressão, já que a conduta do outro é um fenômeno externo. Na experiência verdadeiramente subjetiva da liberdade, não estou na matriz dos meus atos, mas neles mesmos, porque atuar é a forma de existir sem qualquer precondição de existência. A consciência do presente é o ser remetido àquilo que ele ainda não é, ser-para. É essa distância que se abre no próprio cerne da realidade humana que possibilita que a negação aconteça no próprio âmago da imanência. Porque já vimos que a consciência é imanente a si não como plena positividade, mas como vazio constituinte, o que é outra maneira de dizer que "o homem é para si mesmo o seu próprio nada". Daí a possibilidade de formular outra pergunta na sequência das que já foram feitas: "Que há de ser a consciência em seu ser para que o homem, nela e a partir dela, surja no mundo como o ser que é o seu próprio nada e pelo qual o nada vem ao mundo?".[1]

Quando a consciência empreende a conduta de fuga que consiste em negar-se para determinar-se, ocorre uma situação bastante paradoxal, mas reveladora da relação entre ser e não ser característica da experiência da negação. Quando a consciência nega sua indeterminação original e procura se determinar em algo, *um* ser, poderíamos dizer que ela se nega *para ser*. Mas como isso que ela se determina como o seu ser não é ela na sua estrutura originária, já que aí ela é nada, ao ser de forma determinada e negar o seu próprio nada ela não é ela mesma, ou seja, ela *é para não ser*. É nesse sentido que se poderia dizer que ela foge de seu nada para ser algo, mas como o nada é o seu ser, isso que ela vem a ser ao fugir para diferentes determinações não é o seu ser. O determinismo é o fundamento de todas as condutas de fuga porque a consciência foge de si sempre *para* determinar-se como isso ou aquilo. Mas esse *si* do qual ela foge é o seu próprio nada ou a sua liberdade originária. Esse poder que tem a consciência de negar-se a si mesma Sartre chama de *má-fé*.

---

1 Sartre, *O ser e o nada*, 2001, p.90; ed. franc., 1982, p.81.

Quando alguém foge de si, recusa-se e procura construir alternativas, costumamos dizer que essa pessoa está mentindo para si mesma; daí a associação entre a má-fé e a mentira no sentido do autoengano. Essa maneira de entender a má-fé somente seria verdadeira se fosse possível a alguém mentir para si próprio. Sartre acha que o exame do próprio ato de mentir nos impede de aceitar essa possibilidade: mentir é velar alguma coisa, impedir de ver; posso, nesse sentido, por exemplo, esconder algo de alguém. Mas quando se trata de esconder algum aspecto do meu próprio ser para mim mesmo, isso só pode acontecer "se estiver precisamente ciente do aspecto que não quero ver ... É necessário que pense nele constantemente para não pensar nele".[2] Só é possível mentir a outro. A mentira supõe o mentiroso e aquele a quem este conta a mentira. A consciência teria que se repartir em duas para que a má-fé pudesse ser comparada à mentira. No entanto, como já vimos, quando uso o álibi do determinismo, é como se me projetasse como sendo outro em meu lugar: há nesse caso algo de imaginário ou de fictício, sem que isso venha a quebrar a unidade da consciência. É uma conduta difícil de elucidar porque, como sou eu mesmo que me projeto pondo outro em meu lugar, a negação que nesse caso faço de mim mesmo é ainda uma reiteração de meu ser originário; e o outro que ponho em meu lugar, como sou eu que o faço, não posso deixar de vê-lo como uma personagem e, embora seja eu, como alguém que não sou eu. É isso que faz que, na má-fé, eu possa ser eu mesmo e o outro. Por isso, é de certa maneira natural que se queira explicar essa conduta pela mentira e, assim, pela dualidade que na mentira sempre está presente, entre quem engana e quem é enganado.

É o que faz a psicanálise. O sujeito capta a realidade concreta de sua conduta, mas não o sentido e a verdade acerca dela, algo que permanece num nível primário e estranho ao próprio sujeito. Nesse sentido, os fatos aparecem, mas de maneira tal que o sujeito não possa dominá-los. Essa cisão deriva de outra, que a determina, entre o

---

2 Ibidem, p.89; ed. franc., p.79.

inconsciente e o consciente. Os fatos reais, adequadamente visados, podem encaminhar *um outro* para uma possível verdade acerca da minha conduta, e se sou eu mesmo que me analiso, estarei na posição desse outro em relação a mim mesmo. Como minha conduta é resultado de uma determinada relação entre as duas instâncias do meu psiquismo, preciso descobrir até que ponto o que vivo como realidade é simbolização dos impulsos. Afirma-se, pois, a estrutura dual: o sujeito está diante de si mesmo como diante de algo que não pode aceitar imediatamente, que deve interpretar. Só virei a me conhecer verdadeiramente por via dessa interpretação. É como se eu mesmo fosse constituído por uma relação intersubjetiva.

> Assim a psicanálise substitui a noção de má-fé pela ideia de uma mentira sem mentiroso; permite compreender como posso não mentir a mim, mas *ser mentido*, pois me coloco, em relação a mim mesmo, na posição do outro; substitui a dualidade do enganador e do enganado, condição essencial da mentira, pela dualidade entre o Id e o Eu, e introduz em minha subjetividade mais profunda a estrutura intersubjetiva do *mit-sein*.[3]

As dificuldades levantadas por Sartre são muitas, mas a principal consiste na impossibilidade de se chegar a essa camada originária que seria a fonte do "engano". Não se trata de algo constituído como uma coisa, ou pelo menos não pode ser captado assim, pois não permanece indiferente à interrogação psicanalítica. Há a Resistência e, por conseguinte, a necessidade de elucidar o problema acerca de *quem resiste*. É nesse *quem* que reside a questão de fundo, a partir da qual Sartre relaciona a resistência e a censura. Seria impossível conceber a censura sem um certo discernimento, isto é, sem um certo saber acerca do reprimido e, por consequência, sem um certo saber de si. Desse modo, a censura envolve a consciência da censura e essa a consciência de si da censura, se assumimos que todo saber é consciente de si, toda cons-

---

3 Ibidem, p.97; ed. franc., p.87.

ciência *que* sabe é consciente *de que* sabe. Não poderia haver no psiquismo, portanto, um discernimento do reprimido e ao mesmo tempo a ignorância desse discernimento, porque o saber da consciência não pode conviver com a inconsciência do saber. No entanto, Sartre não nega que a realidade de certos atos não consiste propriamente naquilo que o sujeito reconhece imediatamente como real. Mas isso não deve implicar uma divisão da consciência. A unidade da consciência implica que o sujeito *sempre sabe de si*, mas esse saber manifesta-se muitas vezes na forma de um *não saber*. Nesse sentido, *o inconsciente seria a consciência de si na forma de não sê-lo*. Isso é possível porque a consciência tem o poder de voltar sobre si mesma o seu poder negador. A afirmação de que sou outro depende da possibilidade de negar-me a mim mesmo. Não é preciso que a consciência se divida em duas instâncias para que isso aconteça; pelo contrário, a afirmação de si como outro só é possível porque essa oposição entre o si-mesmo e o outro supõe uma única conduta – e a unidade da consciência. A crença de que existiria aí uma divisão provém de que a síntese dos contraditórios mantém cada um na sua diferença, exatamente para que o sujeito possa passar de um a outro, o que caracteriza a ambiguidade da conduta. Ou seja, não há pulsões ocultas a serem inferidas pela ambiguidade da conduta; há condutas que se organizam a partir do seu próprio ocultamento como finalidade. Por isso, eu serei sempre eu, ainda que o faça para não sê-lo e no modo de não sê-lo. A translucidez não é uma propriedade da consciência, mas sim a própria consciência; mas como a negatividade está inscrita nessa relação translúcida da consciência consigo mesma, a transparência pode ocorrer na forma da negação. Posso ser no modo de não ser, como a mulher frígida que não quer sentir prazer e se conduz de modo a não senti-lo. Todas as estratégias de má-fé se baseiam nessa relação entre ser e não ser. É por isso que a determinação de si como algo (uma coisa) supõe que deixo de ser o meu próprio jogo de possibilidades. Com isso me conduzo como se não tivesse que decidir o que sou. *Sou* ao mesmo tempo nos planos da *facticidade* e da *transcendência*: isso significa que sempre posso dispor de um para negar o outro. O amor é a facticidade do desejo de posse, mas é também o sentimento puro que transcende a paixão. É o jogo duplo que vigora no processo de sedução descrito no exemplo de Sartre, em que o corpo determinado como coisa se separa do espírito que habita regiões mais elevadas. Do mesmo modo, o garçom que se representa determinadamente como garçom para não ter que decidir a cada momento se vai ou não permanecer sendo garçom.

O ser humano, na medida em que não é mais do que suas possibilidades, escapa constantemente a cada uma delas. Para conter esse processo de escapar de si, que originalmente é o movimento de transcendência próprio do existente, o sujeito faz que esse transcender-se seja ao mesmo tempo um determinar-se, para que a liberdade, em princípio inerente à transcendência, fique separada dela, e a determinação apareça como o resultado do processo. Como o homem é um constante fazer-se, o ser que ele é a cada momento depende desse fazer-se. A má-fé consiste em inverter essa dependência, ou identificar o fazer-se e o ser. Desse modo, posso afirmar o que sou e o que não sou na forma da determinação a que estão sujeitas as coisas, ou o ser-em--si. O fazer-se deveria significar a impossibilidade de uma definição: nenhuma conduta me define porque a liberdade é anterior a todas elas, o que significa que verdadeiramente nunca coincido com o que sou na imanência do presente. Para escapar dessa instabilidade, represento a minha condição para realizá-la, faço da interpretação da personagem a determinação do meu ser. Não *sou* corajoso ou covarde, mas faço-me tal; e ao tomar esse fazer-se como ser, posso então dizer que sou corajoso ou covarde, como a mesa é a mesa e a caneta é a caneta. Por isso, a má-fé está sempre relacionada com a reificação. E aqui não se pode deixar de notar que a conduta que em geral é tida como o contrário da má-fé – a sinceridade – relaciona-se igualmente com a reificação. Quando digo que a pessoa sincera é sempre aquilo que é (ela não dissimula), estou dizendo que o fundamento da sinceridade é a determinação estrita do caráter, que permanece sempre o mesmo, firme e inabalável. É o ser-em-si. A pessoa sincera é aquela que nunca se conduz de forma diferente do que ela é em si mesma. Essa fixação de uma essência contraria a relação entre ser e não ser que é própria da consciência – ser como tendo já sido e não sendo ainda. A má-fé consiste, portanto, em negar que o meu ser esteja sempre em questão; consiste em transformar essa questão num ser-em-si determinado. Não é uma simples mentira: é uma espécie de desagregação da existência, uma degeneração do para-si em em-si, que é um risco estrutural decorrente de ser o homem o ser no qual está em questão o nada de seu ser. É desse risco que se deseja fugir.

> Se a má-fé é possível, deve-se a que constitui a ameaça imediata e permanente de todo projeto do ser humano, ao fato de a consciência esconder em seu ser um permanente risco de má-fé. E a origem desse risco é que a consciência, ao mesmo tempo e em seu ser, é o que não é e não é o que é.[4]

Essa impossibilidade de determinação é também a impossibilidade de justificação. O que pode justificar um ser humano ou as suas condutas? Se tento compreender a conduta de outro, tendo a vinculá-la àquilo que poderia explicá-la, motivos e causas, enfim uma determinada personalidade que seria a origem da conduta. Procuro verificar se tal ou qual conduta é compatível com um certo caráter inteligível, porque é nessa relação que julgo encontrar a inteligibilidade da conduta. Assim como o ser humano organiza suas condutas em vista de fins a serem atingidos, essa mesma conduta também deveria então ser compreendida no regime da finalidade: ela seria sempre a consequência daquilo que o sujeito é, e nesse sentido estaria justificada. Justificar seria encontrar os fatores de determinação. E o teor de responsabilidade inerente aos atos viria também desse caráter definido que determina e justifica. Nesse sentido, ser responsável pelos seus próprios atos significaria vinculá-los a uma estrutura prévia que lhes daria sentido a partir da unidade que caracterizaria a pertinência de

---

4 Ibidem, p.118; ed. franc., p.107.

todos os atos a um único sujeito. Daí a associação entre responsabilidade e coerência. Sei que os atos estão justificados porque posso remetê-los ou a causas operantes ou à totalidade do sujeito como causa. Ora, as personagens de Sartre contrariam esse quadro de compreensão porque a existência é em si mesma injustificável, o que lhe vem de seu caráter primeiro e originário. E como a existência é a sucessão dos atos pelos quais o sujeito se faz, cada ato é também injustificável no sentido de uma inteligibilidade ordenadora. E esse caráter injustificável é exatamente o que confere ao ato a liberdade e a responsabilidade inerentes. Donde se conclui que a liberdade exclui a justificação e que o homem pode ser responsável pelos seus atos sem que estes sejam justificados ou justificáveis. A origem da responsabilidade está na liberdade e não na possível justificação.

Essa concepção é inquietante porque, num primeiro momento, ela privilegia o aspecto negativo da liberdade. Veja-se, por exemplo, a apreciação de Boisdeffre:

> (Sartre) quis mostrar-nos que o homem poderia tirar de uma vida *injustificável* uma existência *responsável*: tal é o milagre da liberdade. Mas, se ele é consciente de sua liberdade, (Mathieu de *Os caminhos da liberdade*) não sabe como empregá-la: por medo de perdê-la, não ousa servir-se dela. Será preciso a guerra para que ele se decida a assumir a solidariedade que o liga aos seus semelhantes. Ainda assim, somente se livrará de seus escrúpulos (em *Com a morte na alma*) lançando-se num combate desesperado.[5]

O que está em jogo nesse juízo crítico é a possibilidade de uma moral compatível com a concepção de que o homem é um ser que constantemente escapa a si mesmo, e que só poderia deter esse processo fugindo para uma determinação que o lançaria na inautenticidade e na reificação. A ausência de uma transcendência determinada (Deus), de valores e de essências confere à escolha humana uma di-

---

5 Boisdeffre, *Littérature d'aujourd'hui*, 1958, p.98.

mensão absoluta para o próprio sujeito e relativa para todos os outros. A responsabilidade está em que a dimensão absoluta da escolha faz que, embora objetivamente relativa, ela tenha uma validade universal: cada um, quando escolhe, o faz por todos os outros. Haveria então, em termos de fundamento moral, uma oscilação entre o absoluto e o relativo, o que faria desse problema algo como a "quadratura do círculo".[6] Note-se que Boisdeffre parece entender a conduta moral a partir de uma alternativa: ou há transcendências determinadas (Deus, valores) que a fundam, caso em que estaria assegurada a universalidade; ou a liberdade parte da existência particular do sujeito, caso em que seria relativa. Por isso, não haveria como compatibilizar existência e universalidade. Ou seja, a universalidade da moral depende de entidades transcendentes ou de formas transcendentais. Como a personagem sartriana (Mathieu, no caso) não se apoia em nenhuma dessas instâncias, a liberdade aparece como irrealizável.

O diagnóstico é em parte correto, mas deve ser entendido como a enunciação literária da especificidade da conduta humana livre, e não como algo que a impossibilitaria de forma lógica e *a priori*. Pois a liberdade não é uma tarefa a ser mais ou menos bem realizada; é um modo de existir e, nesse sentido, como constitutiva da existência, só pode estar afeta à "imanência do presente" na relação entre o homem e seus possíveis. A dificuldade de "realização" está precisamente no risco de fazer de qualquer desses possíveis uma determinação "em-si" à espera de ser assumida. Na cena em que Mathieu pede ao seu irmão o dinheiro para o aborto de Marcelle, a justificativa de Jacques para recusar o empréstimo é totalmente montada sobre o deslizamento, ou a identificação, entre liberdade e determinação.

> Escuta, Thieu – disse com calor –, vamos dizer que recusei. Não quero ajudar-te a mentir a ti mesmo. Mas vou propor outra coisa.
>
> ...

---

6 Como diz Boisdeffre em *Métamorphoses de la littérature*, s. d., p.205-6.

Mathieu – disse Jacques com clareza –, conheço-te melhor do que pensas e agora estou assustado. Há muito eu temia algo semelhante. Essa criança que vai nascer é o resultado lógico de uma situação em que te meteste voluntariamente e queres suprimi-la porque não desejas arcar com as consequências de teus atos. Queres que te diga a verdade? Não mentes talvez a ti mesmo nesse instante preciso, mas é tua vida inteira que se constrói sobre uma mentira.

...

O que escondes – disse Jacques – é que és um burguês envergonhado. Eu voltei à burguesia depois de inúmeros erros, fiz um casamento de conveniência, mas você é burguês por gosto, por temperamento, e é o teu temperamento que te empurra para o casamento. Porque você está casado, Mathieu – disse ele com força.

...

Sim, estás casado, só que pretendes o contrário por causa de tuas teorias. Adquiriste hábitos com essa mulher. Quatro vezes por semana vais tranquilamente encontrá-la e passas a noite com ela. E isso dura há sete anos. Não tem mais nada de aventura. Você a estima, sente que tens obrigações para com ela, não a quer abandonar. Estou certo de que não procuras unicamente o prazer; por maior que tenha sido, deve ter-se embotado. Na realidade, deves sentar-te à noite junto dela e contar longamente os acontecimentos do dia, pedir conselhos nos momentos difíceis.

...

Tens todas as vantagens do casamento e aproveitas os princípios para recusar os inconvenientes.

...

Se realmente subordinasses a tua vida às tuas ideias! Mas eu te repito, estás casado, tens um apartamento agradável, recebes bons vencimentos em dia certo, não tens nenhuma inquietação quanto ao futuro, porque o Estado te garante uma aposentadoria. E gostas dessa vida calma, regrada, uma vida de funcionário.

...

Eu imaginava – disse Jacques – que a liberdade consistia em olhar de frente as situações em que a gente se meteu voluntariamente e aceitar as responsabilidades. Não é por certo a tua opinião: condenas a sociedade capitalista e, entretanto, és funcionário nessa sociedade. Proclamas uma simpatia de princípio pelos comunistas, mas tem cuidado em não te comprometeres. Nunca votaste. Desprezas a classe burguesa e, no entanto, és um burguês, filho e irmão de burgueses, e vives como um burguês.

...

Estás no entanto na idade da razão, meu caro Mathieu – disse com piedade retalhadora. Mas isso você também o esconde, quer fazer-se de mais moço.[7]

O que Jacques quer dizer a Mathieu é que a abertura de possibilidades dadas à liberdade é uma teoria e uma encenação. A diferença entre os dois é que Mathieu não assume as determinações. Mas a sua vida pode ser descrita como a de um burguês que as assumiu totalmente. Tem uma casa, tem uma mulher, tem um emprego, terá uma aposentadoria. Tem um presente e tem um futuro já determinados. Nessa instância, já não vive em liberdade, mas ainda crê nela. Num momento difícil, invoca a liberdade para escapar às consequências de uma vida burguesa que não é assumida como tal. Tem brincado de *outsider*, mas a brincadeira resultou numa situação "séria" e agora quer escapar da realidade por via dos princípios. Mas como não viveu de fato de acordo com esses princípios, a contradição aparece e é preciso resolvê-la. Não pode mais manter um compromisso entre lados opostos: condena a sociedade e se compromete com ela; simpatiza com os comunistas, mas não se compromete com eles; nega o casamento e vive como se fosse casado. Não se pode ser revoltado e resignado, é leviano, talvez seja aceitável em jovens imaturos mas não em quem atingiu a idade da razão. A idade da razão é aquela em que a vida deve ser justificada, assumida e não vivida entre parênteses. A idade da razão é, de fato, a "idade da resignação", como protesta Mathieu, mas o que é a resignação senão a aceitação das responsabilidades ante as situações "em que a gente se meteu voluntariamente"? Que liberdade é essa pela qual se nega em princípio o que se assume na prática? A idade da razão é a idade da maturidade e da positividade. Sou casado ou sou solteiro; sou a favor do capitalismo ou sou comunista. Ou então

---

7 Sartre, *A idade da razão*, 1968, p.128-31.

uma coisa depois da outra, como Jacques: surrealista na juventude, dono de cartório na maturidade. A idade da razão é a idade da determinação; e como toda determinação é negação, determinar-se pelos compromissos burgueses exclui a liberdade de ser indeterminado, ou desajustado. Justificar-se é ajustar-se: "Ponho dez mil francos à tua disposição se te casares com tua amiga".[8]

A descrição que Jacques faz da vida de Mathieu é verdadeira no plano dos fatos, e até pode-se considerar pertinente que haveria certa contradição entre os fatos e os princípios. Jacques julga que essa contradição é vivida com leviandade, porque não haveria outro modo de vivê-la. A idade da razão, ou a ausência de leviandade, deve fazer da contradição uma resolução, porque somente soluções são adequadas à razão. Por isso, ele desejaria que Mathieu encontrasse para a sua vida as soluções que, de algum modo, já estão dadas. Mas a diferença entre os fatos e os princípios está justamente na atitude de Mathieu: não escolher propriamente aquilo que lhe é dado viver. Desse ponto de vista, é certo que ele não vive de acordo com seus princípios; mas também é certo que nada do que vive foi assumido livremente, e nesse sentido a sua liberdade ainda está por se "realizar". Observemos, no entanto, qual é o significado de "princípios" na censura de Jacques. "Se realmente subordinasses tua vida às tuas ideias!" Uma ideia é um valor que orienta a ação, é uma diretriz. Por isso, é desesperador ver que alguém não subordina as ações às ideias porque nesse caso ambas as coisas perdem o sentido; a relação lógica que liga o princípio à consequência fica mutilada. Aquele que tem simpatia pelos comunistas deve determinar-se como comunista; aquele que vive há sete anos com a mesma mulher deve determinar-se como homem casado. O que irrita em Mathieu é que ele vive as realidades de sua vida como se fossem meras possibilidades, ainda não assumidas: "pouco me importa ser ou não burguês. O que quero, apenas ... é conservar a minha liberdade".[9]

---

8 Ibidem, p.132
9 Ibidem, p.130.

Mas é possível viver a realidade e ao mesmo tempo negá-la? Em cada uma das quatro visitas semanais que faz a Marcelle, está Mathieu realmente pondo em jogo esse compromisso ou está seguindo uma rotina, como diz Jacques? Está agindo a partir de uma deliberação ou está reiterando um hábito? Ele poderia escolher, como o garçom pode sempre escolher entre levantar-se às cinco da manhã para varrer o bar e ligar a cafeteira e ficar na cama e perder o emprego.

Os conflitos de Mathieu certamente não *ilustram* a liberdade sartriana como uma lei natural ilustra o determinismo. A personagem é o desdobramento literário da *questão* da liberdade. É por isso que Mathieu é mostrado como alguém que vive a realidade no modo de negá-la. A experiência da liberdade pode ser, no limite, a consciência de que não *se é livre*. Quando Mathieu diz que definir-se para ele não é tão importante quanto conservar a liberdade de poder vir a fazê-lo, é esse limiar de disponibilidade que está sendo vivido como a questão da liberdade.

A falta constitutiva

A conduta de má-fé nos ensinou que a consciência aspira à plenitude; mas como o para-si é negação, esse desejo de ser só se realiza quando a realidade humana se espelha na falsidade de si mesma. Pois o para-si somente vem a ser ao tornar-se o que não é. A realidade sempre foi vista como a passagem do possível à sua realização determinada, mas, no caso do para-si, essa passagem *realiza* na forma da *negação*: o para-si nega o seu nada constitutivo, a sua abertura para as possibilidades, e se determina na fixação fictícia de uma possibilidade, fazendo da *situação* um *estado*. Isso acontece porque o para-si almeja um *si* determinado, definido e definitivamente estabelecido como realidade essencial. Essa conduta contradiz o ser do para-si na medida em que sua própria estrutura é movimento: com efeito *para-si* significa que a realidade humana consiste em mover-se *de... para*. Mas esse movimento não pode significar ir *de um lugar para outro*. O "lugar" *de* "onde" o para-si se move é a liberdade, isto é, um não lugar, uma indeterminação ou um nada. E como o "lugar" *para* "onde" vai o para-si só pode ser igualmente a liberdade, pois ele é liberdade e dela não pode escapar, o propósito de determinar-se é conduta de fuga. O desejo inatingível do para-si é a densidade do ser, daí a fuga para o em-si, que é o ser pleno.

Isso quer dizer que o para-si deseja determinar o seu ser como coincidência pura: ser é coincidir consigo mesmo, na absoluta consistência. A densidade ontológica é uma compressão sem vácuo. Mas o para-si, entendido como presença a si, é "sua própria descompressão de ser".[10] Há que se entender então o verdadeiro sentido da presença a si. Apesar de ser essa presença habitualmente pensada como imediata, o modo de reflexão aí envolvido supõe uma dualidade. Estou presente em mim mesmo quando me vejo, me sinto ou me penso na pura coincidência de mim para comigo. Há, portanto, uma separação entre aquele que vê e aquele que é visto, entre o que sente e o sentido, entre o pensamento e o pensado, embora essa separação seja pensada como coincidência reflexiva. Mas o *cogito*, como sabemos, instala o sujeito como seu primeiro objeto, e isso supõe a distância vivida como coincidência. Aceitamos essa dualidade para que se possa instalar nessa relação a *necessidade* da presença atingida pela reflexão. E o fazemos porque a presença é vista como positividade e plenitude: é um *ser* que se descobre nessa presença. Mas como fica essa presença desde que a constatamos como nada, como abertura de possibilidades? Nesse caso, não podemos atingi-la como um ser pleno, mas como a evanescência do movimento de transcender-se. Esse movimento não é o modo de aparição da consciência, como se o movimento fosse fenômeno e a consciência a coisa-em-si. O movimento é a própria consciência. Então, a dualidade entre distância e coincidência existe, mas não para ser superada pela reflexão, e sim como modo de ser da consciência. A consciência está sempre à distância de si porque ela se capta no seu movimento e não numa presença circunscrita. Isso significa que o para-si jamais coincidirá consigo mesmo: aquilo que é sempre movi-

---

10 Sartre, *O ser e o nada*, 2001, p.127; ed. franc., 1982, p.116.

mento não pode se imobilizar numa coincidência, porque nunca haverá um *mesmo lugar* em que essa identidade possa ocorrer. O lugar do para-si é sempre *um outro lugar*, razão pela qual nunca se pode *constatá-lo* verdadeiramente, como plenamente dado, mas só podemos apreendê-lo no movimento fluido em que ele se descomprime; justamente o movimento em que ele, sendo, não é, e é, ao não ser. Por isso, só o passado imobilizado retrospectivamente nos garante a presença na sua inteira positividade ou em-si. No presente, a imanência da presença ao movimento pelo qual ela escapa de si é a forma pela qual a consciência está presente a si. Poderíamos resumir tudo isso dizendo que o para-si se caracteriza pela sua contingência radical.

Então topamos, porém, com a indubitabilidade do *cogito*, e aparece a dificuldade de conciliá-la com a contingência radical. É esse o problema que Descartes enfrenta na instantaneidade do *cogito*, e que resolve apelando para a garantia divina quando na ordem das matérias se descobre que Deus é anterior ao *cogito*. O que se tem na Segunda Meditação é a evanescência do *cogito*: só é verdadeiro enquanto penso nele. Isso quer dizer que toda a análise que define o si do para-si, efetuada a partir da pergunta "o que sou" só ganhará foro de objetividade depois da prova da existência de Deus, que garantirá a verdade e a realidade da consciência. O que temos então em Descartes é o acontecimento absoluto da consciência que se descobre existindo e ao mesmo tempo a constatação da contingência desse acontecimento originário e absoluto, porque absolutamente evidente. É isso que queremos dizer quando constatamos na descoberta de Descartes ao mesmo tempo o fato da existência e a necessidade da existência dados na indubitabilidade. Mas como pode haver ao mesmo tempo contingência e necessidade? Há uma certeza apodítica do *cogito*: é certo que sou. E há ao mesmo tempo a contingência: poderia não ser. O que sou e por que sou? A resposta completa não está na análise interna das representações, mas em Deus como causa de minha existência. À certeza apodítica denomina Sartre *necessidade de fato*; e à contingência que aí ao mesmo tempo aparece chama de *gratuidade*. É importante notar que essa *dualidade* constitui a *unidade* da consciência. É *absolutamente* certo que sou ou existo, no modo da absoluta gratuidade ou *contingência*. Foi desse caráter *absoluto* da *contingência* que Descartes escapou ao vincular a minha existência à existência de Deus.

É nesse sentido que se pode dizer que a descoberta envolvida no *cogito* não é a descoberta do ser da consciência na sua plenitude e consistência, mas a descoberta do para-si como nada, na sua absoluta inconsistência. Então, qual o significado que se deve atribuir ao si do para-si? Certamente não pode ser o de realidade ontológica plena, um conteúdo a ser definido e analisado. O si do para-si é a distância de si como presença a si. Presença irrefutável e indubitável, como bem mostrou Descartes; e distância intransponível, porque o movimento de transcendência escapa à apreensão objetiva. Isso significa que, quando o existente toma consciência de si, não apreende coisa alguma acerca do fundamento de sua presença no mundo. Se a consciência fosse uma coisa ou uma substância, ela poderia ser o seu próprio fundamento, ou então identificar o seu fundamento numa substância superior, como faz Descartes quando funda a existência da consciência em Deus. Mas, se a necessidade de fato e a contingência são insuperáveis, então a ausência de fundamento é inerente à consciência. O fundamento é aquilo que deveria conferir necessidade. Descartes assume plenamente o raciocínio: *tudo que é contingente deve ter seu fundamento em um ser necessário; eu sou contingente, logo...*; mas que tipo de vinculação liga essa premissa à sua consequência? Exprime-se aí uma relação entre realidades ou uma exigência da razão? Para Sartre, essa máxima designa "o desejo de fundamentar e não a vinculação explicativa a um fundamento real. De modo algum daria conta, na verdade, *desta* contingência, mas apenas da ideia abstrata de contingência em geral. Além disso trata-se de valor e não de fato".[11] O que Sartre quer dizer é que não há uma vinculação factual entre fundamento e fundado que me permitisse, nesse caso, apreender a consciência como concretamente funda-

---

11 Ibidem, p.131; ed. franc., p.120.

da. Tudo que posso fazer é abstrair a realidade efetiva da consciência como contingente, inseri-la no conjunto abstrato de todos os seres contingentes e postular, a partir de uma exigência lógica, que haja um fundamento necessário que os explique em termos de razão e de valor. A razão me daria a relação lógico-cognitiva entre fundado e fundamento; o valor me daria a relação ontológica, fundando o menos perfeito no mais perfeito, nos termos dos graus de ser de que fala Descartes na Terceira Meditação. Se isso vale para realidades essenciais, hierarquizadas *a priori*, não vale para a consciência, captada não como essência ou realidade substancial, mas como existência que é em si mesma movimento de transcendência. Já vimos que o si do para-si não é uma realidade plena, ou plenamente captada na sua contingência a ser explicada pela sua participação em outro ser superior que lhe desse a razão de existir, ou a sua justificativa. Assim, o para-si não pode fundar-se a si mesmo, pois isso envolveria a dualidade da consciência e sua distância em relação a si mesma; ora essa distância *é* a sua própria presença: essa simultaneidade confere ao para-si uma imanência a si próprio que exclui a relação entre fundamento e fundado. Se queremos dizer que a consciência é fundamento de si no sentido de que ela é a origem de si e remete a si como acontecimento absoluto, isso não afetaria em nada a contingência da sua existência. "O acontecimento absoluto, ou para-si, é contingente em seu próprio ser."[12] Ou seja, a remissão da consciência a si como acontecimento absoluto não nos permite responder à pergunta: o que sou e por que sou. Essa gratuidade que está na origem de todas as escolhas do para-si enquanto fato de existência é a sua *facticidade*. O para-si não tem na sua origem uma necessidade, mas a sua própria facticidade. O que o para-si possui de mais evidente em relação a si mesmo é essa facticidade. Isso significa que nada que venha a ser o serei necessariamente; nunca atingirei a determinação identitária que poderia deter a fenomenalidade evanescente de mim mesmo. Assim como não há necessidade na origem,

---

12 Ibidem.

não há também finalidade necessária. A liberdade não consiste em aceder a uma determinação. Por isso, ela apresenta o risco de consumir-se em si mesma. Assim como não foi necessário que eu viesse a existir nessa ou naquela situação, assim também não é necessário que assuma essa situação que me foi dado viver, nem que venha a determinar-me por este ou aquele fim específico.

> Sem a facticidade, a consciência poderia escolher suas vinculações com o mundo, da mesma forma como, na República de Platão, as almas escolhem sua condição: eu poderia me determinar a "nascer operário" ou "nascer burguês". Mas, por outro lado, a facticidade não pode me constituir como "*sendo* burguês" ou *sendo* operário ... A facticidade é apenas uma indicação que dou a mim mesmo do ser que devo alcançar para ser o que sou. Impossível captá-la em sua bruta nudez, pois tudo que acharemos dela já se acha reassumido e livremente construído.[13]

A facticidade, exatamente por ser contingente, não determina. Não posso escolher originariamente a minha condição ou como vou nascer, mas posso escolher o sentido que ela terá para mim. Pois as condições dadas não são determinações essenciais do meu ser; são contingências originárias da minha existência, sempre situada, desde o meu nascimento até a minha morte. Se nascer operário em determinado país e em determinada época, isso será um fato, e nada posso fazer a respeito. Mas a forma como viverei essa condição e o sentido que lhe atribuirei dependem inteiramente de mim. A contingência originária não me constitui, ela me situa no mundo. Nesse sentido é que aquele que nasceu operário ou burguês não *é* constitutiva e essencialmente operário ou burguês, justamente porque o poder negador ou nadificador da consciência pode voltar-se para essa condição, ainda que seja somente quanto ao modo de vivê-la. O estar-no-mundo é constituído por situações delimitadas, mas a consciência-de-estar-no-mundo nessas situações delimitadas não obedece àquele regime inelutável pelo qual nasci operário ou burguês. E isso ocorre porque

---

13 Ibidem, p.133; ed. franc., p.122.

não existe uma determinação ontológica quanto a ser isso ou aquilo da consciência, mas existem os modos pelos quais a consciência se faz consciência *de* uma dada condição. É nesse sentido que tudo que sou o sou factual e contingentemente, nunca necessariamente. "Assim, a consciência não pode, de nenhuma forma, impedir-se de ser, e todavia é totalmente responsável pelo seu ser."[14] A relação entre ontologia e ética ou a ressonância moral da facticidade está nessa convergência divergente dos dois usos do verbo ser: como o estar-no-mundo da consciência, origem injustificada do existente; e a consciência-de--estar-no-mundo desse mesmo existente, pela qual ele assume a liberdade a partir da facticidade.

Como, no entanto, se dá fundamentalmente essa consciência--de-estar-no-mundo? Já vimos que o para-si só pode ser considerado fundamento de si se retirarmos do significado dessa noção a ideia de pré-posição necessária. O para-si se remete a si não enquanto pres-suposto de si, mas enquanto constante movimento em direção a uma possível posição de si. Pois aquilo que seria o núcleo anteposto ao si do para-si é o nada. O nada está, portanto, inscrito na origem do para-si ou no não lugar do seu fundamento. Como a consciência-de-estar--no-mundo é consciência dessa presença ausente? Pela consciência da *falta*, ou do não ser no próprio núcleo da consciência de si do para-si. É dessa forma que a negação pode constituir: como negação interna, que não separa (como quando digo: um pássaro não é um avião) mas congrega o vazio e como que determina o ser como aquilo que ele não é. Um pássaro *é* embora não seja um avião; logo, aquilo que lhe falta para ser um avião não é o que lhe falta para *ser*, pois nada lhe falta pa-ra ser o que é. No caso do para-si, falta-lhe algo para ser o que é, e essa falta é visada na intuição que o para-si tem de si, como quando visamos, na lua crescente, ao que lhe falta para ser lua cheia. E, portan-to, a falta é constitutiva de uma totalidade ausente, e é por ela que o para-si se transcende em direção ao que não é. O que falta ao existente

---

14 Ibidem, p.134; ed. franc., p.123.

"encontra-se no ser do existente, como correlato de uma transcendência humana, o conduzir-se para fora de si rumo ao ser que ele não é, bem como ao seu *sentido*".[15] Compreendemos agora por que o para-si pode ser concebido como sendo o ser que ele não é.

Algo assim já teria sido observado por Descartes na própria constatação do *cogito*. A consciência *é* na forma do que lhe falta, tanto que ela tem em si, de alguma maneira, o que lhe falta, sem poder sê-lo: a ideia de infinito. Por isso, a consciência almeja transcender-se rumo a essa perfeição *possuída como uma falta*. Se eu me tivesse criado, diz Descartes, ter-me-ia dado todas as perfeições de que tenho ideia, e assim seria Deus. Só me constato finito e contingente porque a consciência que tenho de mim é antes de tudo a consciência do que me falta para ser. Se o ser da consciência é para-si, esse si é sobretudo a falta de ser, de modo que o para-si é na forma de ser *para* a falta de seu ser. A realidade humana existe primeiramente como "vinculação sintética imediata ao que lhe falta". É esse "jogo" proveniente da descompressão de seu ser que impede que o para-si possa vir a coincidir consigo mesmo. Mas como o para-si *é* essa descompressão, a falta é sentida como "profundamente presente no âmago do existente".[16] Ora, Descartes concebe a realidade humana como uma substância imperfeita; seus atributos representam a diminuição de ser que ocorre na queda ontológica que é a passagem do criador à criatura. Há, portanto, ser nessa imperfeição, realidade positiva embora atravessada pelo nada que seria algo como a "matéria" de que a criatura foi feita.

Em Sartre, no entanto, esse *nada* de que a realidade humana é "feita" não está nela como elemento de sua composição, porque não existe a plenitude divina e criadora como a contrapartida e sustentáculo desse nada. Por isso, a realidade humana não apenas comporta uma falta, como um vazio parcial, como denota a noção clássica de imperfeição, mas *é* falta, isto é, a falta a constitui. É preciso aqui inverter a direção

---

15 Ibidem, p. 37; ed. franc., p.125.
16 Ibidem, p.138; ed. franc., p.126.

habitual do raciocínio: normalmente pensamos a falta a partir da plenitude, como se a ausência fosse uma parte do ser, de direito pertencente à sua presença maciça; mas quando a falta é constitutiva, ela é originária e, portanto, não pode ser pensada como *algo* que falta, uma determinação *ainda* ausente, como em uma totalidade *quase* plena, em que a anterioridade do ser como que pressiona na direção de sua complementação que seria o suprimento da falta. Quando a falta é originária, é anterior ao ser, e então o ser não pode consistir mais do que no desejo de ser. A realidade humana não comporta *em parte* o ser e *em parte* o nada, porque não há uma plenitude anterior que a sustente nessa dualidade contraditória. A falta é uma presença ausente no âmago do existente porque este é, antes de tudo, essa falta. Por isso, o seu ser é ao mesmo tempo a falta de seu ser. A *realidade do negativo* consiste justamente nesse recobrimento paradoxal entre ser e ausência de ser. É isso o que se quer dizer quando se afirma que a realidade humana traz o nada no seu ser. A existência é dor, angústia, inquietação e instabilidade porque o para-si, sendo originariamente não o que é, mas o que lhe falta para ser, transcende-se constantemente na direção do ser como totalidade, sem nunca alcançá-lo. Nesse sentido, *para-si* poderia significar *para-ser*, movimento que tende a constituir o *si* como *ser*, tarefa jamais completada. "O que falta ao para-si é o si – ou o si-mesmo como em-si."[17]

Daí decorre que a irrealização é o motor da transcendência. É próprio da consciência transcender-se *para ser*, mas esse vir-a-ser nunca se completa, porque é a falta que o constitui intrinsecamente. O si do para-si não é nunca o ponto final do movimento indicado no *para* do para-si. Nesse movimento de constituição a partir da falta radical, o si nunca se constitui, ele será sempre um projeto a realizar, uma falta que nunca será preenchida. Essa é uma maneira de dizer que o si do para-si nunca será em-si. É preciso considerar essa incompletude constitutiva quando se define a consciência pela translucidez. A super-

---

17 Ibidem, p.139; ed. franc., p.127.

fície translúcida é aquela em que tudo passa, nada é retido ou escondido, não há meandros ou subterrâneos. Mas isso não quer dizer que a realidade humana seja, para si própria, absoluta clareza. A própria incompletude que a constitui já coloca a compreensão de si na instância da semilucidez. De alguma forma, é a própria transparência que impede a visão total; é a demasiada proximidade do para-si e de sua liberdade a si mesmo que provoca uma compreensão sempre adiada de si, como se a consciência de si estivesse permanentemente em *sursis*.[18] E, de fato, o que é, para a *realidade* humana, *realizar-se*, senão esta perpétua aspiração a realizar possibilidades, isto é, ser longe de si na forma de não sê-lo? Mas como a realidade humana *é* este estar sempre longe de si e nunca em si, pois o si é a falta e o vazio, na verdade o que importa é o *vide du milieu* ou o nada como núcleo constitutivo. Assim, o que dificulta o saber de si, o exercício da plena lucidez, não é tanto a opacidade do que o homem contém em si quanto algo como a espessura do vazio, essa inconsistência e descompressão que fazem da sua realidade um permanente escape de ser, vivido na forma da transcendência.

Dessa maneira, a pergunta cartesiana *o que sou, eu que já sei que sou?* poderia ser traduzida como *onde está o ego?* O que é o si do para-si? A consciência é, a cada instante da existência, consciência *de* ser; mas como existir é o modo humano de ser, o que identifica a realidade humana é a presença a si em cada momento do processo de existir. O núcleo constituinte desse processo é a falta, o que significa que a realidade humana é sempre na forma daquilo que lhe falta para ser. O Eu substancial, o Eu formal, o Eu transcendental podem ser vistos como as tentativas filosóficas de responder às perguntas acima com alguma formulação totalizadora do Ego. E, com efeito, o para-si aspira

---

18 "As coisas estão fora, a consciência humana é o 'vazio do meio', aquilo que se determina pelo seu próprio nada ... Sartre não deixou, em toda a sua obra, de acentuar o caráter penoso inerente à consciência de ser um vazio, próprio do homem... E o homem aspira à plenitude eterna e serena das *coisas*; alimenta a esperança do absoluto, mas em vão" (Campbell, *Jean-Paul Sartre ou une littérature philosophique*, 1947, p.36-7).

à totalização – a má-fé é uma tentativa de determinação totalizante. É nesse sentido que o movimento de transcendência tende para a totalização. A realidade humana se transcenderia para realizar a totalização do si do para-si. A totalidade é o valor humano, aquilo mesmo a que os clássicos aspiravam como a infinitude realizada, o desejo de fundamento, o desejo de Deus. "O valor supremo, rumo ao qual a consciência se transcende a cada instante pelo seu próprio ser, é o ser absoluto de si, com seus caracteres de identidade, pureza, permanência, etc., e na medida em que é o fundamento de si."[19] É um sentido buscado, uma justificação pretendida. Mas para um ser originariamente constituído pela falta, essa relação com o fundamento como valor supremo é relação com a ausência. O para-si desejaria transcender-se na direção de um valor incondicionado, que a filosofia sempre concebeu como uma coisa ou uma forma, supremamente determinada. Nesse sentido, o incondicionado aparece como o inteiramente justificado e a condição primeira de toda justificação. Há aí outro raciocínio que é preciso inverter. O incondicionado não é a justificativa exterior, *a priori* e extramundana de toda liberdade; o incondicionado *é* a liberdade porque a realidade humana é a origem moralmente incondicionada de todos os atos humanos. A liberdade não parte da plenitude, porque pleno é o em-si, que não é nem condicionado nem incondicionado, já que a questão do fundamento vem ao mundo pela realidade humana. Se o fundamento de todos os atos humanos é o si do para-si, então podemos dizer que o si é um valor, e até mesmo incondicionado, mas esse valor e esse incondicionado têm tudo a ver com a contingência radical do para-si. Incondicionado então significa: a realidade humana tem na sua origem a ausência de condições que poderiam justificá-la; a realidade humana tem na sua origem a falta. O incondicionado é a falta. E o fundamento é a ausência de fundamento. A realidade humana é, antes de tudo, a falta, porque ela não é senão a sua própria possibilidade.

---

19 Sartre, *O ser e o nada*, 2001, p.145; ed. franc., 1982, p.132.

O si do para-si não se constitui, pois, como a pureza, a permanência e a identidade do Eu. A ipseidade é sempre uma presença a ser aferida, como se a consciência estivesse, de alguma maneira, sempre fora do alcance de si, enquanto busca alcançar seus possíveis. E o possível é aquilo que ainda não é: *falta-lhe* realizar-se. Ser na ausência de si é ser no modo da falta. Existir, portanto, é um verbo que se conjuga na primeira pessoa somente no modo contingente, porque o Ego não é uma propriedade originária da consciência. A ipseidade é a totalidade de si que a realidade humana busca transcendendo-se, existindo *para* as suas possibilidades. Esse existir para as possibilidades é a articulação temporal da relação entre a consciência e o ser. É no tempo que ocorre o projetar-se do existente.

Essa relação entre existência, liberdade e falta nos encaminha para a tentativa de compreensão da vivência dessa falta na conduta concreta, literariamente representada.

VII
Alteridade

A reconfiguração da intersubjetividade

Talvez não haja, na tradição filosófica ocidental, flanco mais aberto do que a questão da intersubjetividade. E sobretudo não é tarefa das mais difíceis apontar, nas filosofias modernas, portanto, aquelas que se constituíram precisamente a partir da subjetividade, ou uma ausência da reflexão sobre o Outro, ou algo como uma concepção estritamente analógica, que reduz o Outro a um outro Eu. A reiteração do solipsismo na modernidade tem sido amplamente notada, a ponto de ter sido considerada inevitável como uma característica congênita. Há que se levar em conta, no entanto, as dificuldades imensas derivadas da primazia do sujeito como ego *cogito* e da hegemonia da representação, ou seja, da dualidade fundamental sujeito/objeto que constitui o eixo da relação da consciência com o que não é ela mesma. Ninguém ignora, por exemplo, que é muito mais fácil afirmar, numa perspectiva cartesiana, que eu não sou uma substância extensa do que dizer que há outros sujeitos pensantes. Paradoxalmente, é muito mais fácil para

Descartes transcender-se na direção da substância divina, infinita, do que passar da probabilidade à certeza de que existem outros homens. A constituição da transcendência horizontal que me proporcionaria a intelecção de outra criatura-sujeito é mais trabalhosa do que a transcendência vertical que me permite pensar o criador. E isso porque não posso, a partir de meu pensamento, apreender senão o pensado e não outro pensamento. Como poderia, num ato de pensar, transfigurar o conteúdo pensado num ato objetivado? Essa própria objetivação já retiraria dessa tentativa a possibilidade de apreender o ato como ato, pois estaria representando o sujeito como objeto. A impossibilidade de que o sujeito venha a pensar outro sujeito a não ser como objeto deriva de que a consciência subjetiva só poderia pensar fora dela o objeto. A universalização do sujeito como forma transcendental não resolve o problema porque dilui o ato concreto de subjetivação na possibilidade lógica de apreensão sintética do que não é sujeito. Tudo isso parece indicar que os limites da representação não permitem a experiência do outro a não ser traduzindo a sua subjetividade em objeto, porque a estrutura do conhecimento tem de corresponder à relação sujeito/objeto.

Façamos, entretanto, avançar um pouco essas dificuldades e perguntemo-nos se a apreensão que o sujeito faz de si mesmo no *cogito* como afirmação de existência constitui verdadeiramente uma prova objetiva ou a explicitação de uma certeza já experimentada. Quando Descartes se dá conta de que, enquanto duvida, não pode deixar de existir, o que lhe aparece é que todo o processo de dúvida já se encontrava desde sempre sob o signo da existência do eu que duvida. A vinculação reflexiva que aí se produz constata o eu pensante e o reitera como fundamento do processo, no qual estaria então implícita a compreensão pré-reflexiva do meu próprio eu. Essa é a razão pela qual o *cogito* não é provado a partir de uma hipótese, nem é descoberto de forma absoluta. Ele emerge da reflexão como aquilo que desde sempre a sustentou. É o que se chama de compreensão pré-ontológica à qual a reflexão vem dar uma forma objetiva, clarificando-a sem, no entanto, instituir a realidade que aí é encontrada. O conhecimento da natureza do eu que sou, que se segue daí, pressupõe esse eu que subsistia na etapa anterior e pré-cognitiva.

Ora, o exame das estruturas do para-si pautou-se pela consideração dessa dimensão pré-reflexiva, em que o *cogito* ocorre sem refletir a si mesmo. Não há outro ponto de partida. Temos, portanto, de tentar extrair desse *cogito* aquilo que nos permite afirmar a realidade do outro, encontrando no para-si a estrutura que o faz ser *para outro*. Isso, contudo, não pode significar simplesmente encontrar na subjetividade aquilo que me permite representar o outro, pois, nesse caso, a existência do outro não ultrapassaria o nível da probabilidade decorrente de certas características da representação, como constância e congruência. Temos de encontrar no para-si um traço estrutural pelo qual ele se constitui também pela realidade do outro, não enquanto representação subjetiva, mas enquanto facticidade irredutível. Assim como foi o exame das estruturas do para-si que nos mostrou a sua relação com o em-si enquanto facticidade não constituída pela consciência, assim também devemos partir do para-si para que ele nos revele o outro não simplesmente como representação, mas como algo a que somos necessariamente enviados como presença concreta. Assim o ser-para-outro do para-si não nos será revelado como estrutura formal e *a priori* de relação, mas como índice de existência da qual não cabe duvidar, ainda que não me seja possível provar ou conhecer no plano da sua irredutibilidade. De alguma maneira, é necessário transformar as dificuldades inerentes ao solipsismo em maneiras de apreender o outro, superando no plano pré-reflexivo os impedimentos provenientes da estrutura sujeito/objeto. Será, também aqui, no nível da conduta do para-si, que o modo de ser para-outro deverá aparecer.

> Assim, é ao para-si que precisamos pedir que nos entregue o para-outro; é à imanência absoluta que precisamos pedir que nos arremesse à transcendência absoluta: no mais profundo de mim mesmo devo encontrar, não *razões para crer* no outro, mas o próprio outro enquanto aquele que eu não sou.[1]

---

1 Sartre, *O ser e o nada*, 2001, p.325; ed. franc., 1982, p.297.

Percebe-se por que o *cogito* tem de ser o ponto de partida: assim como foi a conduta de compreensão, que não é conhecimento objetivo, que me permitiu desvelar as estruturas do para-si, isto é, a sua existência, será ainda essa conduta que me permitirá encontrar, a partir daquele que sou, aquele que não é aquele que sou.

Note-se que o *objeto* é também aquilo que não sou. A dificuldade a ser aqui superada diz respeito ao fato de que o outro que é aquele que não sou não é objeto, isto é, não se situa no horizonte das minhas representações, mas é uma presença *ôntica*, o que quer dizer que está aí antes que eu estabeleça com ele uma relação ontológica pela qual me assegure da sua existência, coisa que, num certo sentido, jamais acontecerá. Antes de produzir-se no jogo das minhas representações, o outro está enraizado na minha facticidade no modo da contingência necessária. Daí a simetria entre o modo como me apareço a mim mesmo como sendo eu e o modo como o outro aparece a mim como não sendo eu. Trata-se de transcendência direta. Daí, também, a semelhança estrutural com a prova cartesiana da existência de Deus pela ideia de perfeição. É por procedimentos análogos de transcendência, a que já nos referimos, que Descartes apreende Deus como perfeito e, portanto, como não sendo eu, e que apreendo o outro como a contingência necessária que não é a contingência necessária que eu sou. A essa relação peculiar, diferente da relação que temos com os objetos, Sartre chama de *negação interna*. A diferença, portanto, deve ser estabelecida entre *o modo como eu não sou o objeto* e o *modo como eu não sou o outro*; no primeiro caso, a negação é *externa* porque o objeto se constitui em meio às outras coisas que eu represento na consciência da exterioridade; no segundo caso, o outro aparece como exterior a mim na consciência que tenho *de* mim mesmo, o que significa que só o apreenderia verdadeiramente na situação impossível em que a consciência de mim coincidisse com a consciência do outro. A negação é interna porque o outro se constitui como outro si-mesmo pela negação de mim-mesmo: o outro não "é" eu. Mas eu não sou o outro do mesmo modo que não sou a mesa. Pois o modo como não sou o outro vai incidir na maneira como me apreenderei enquanto sendo eu mesmo. Há uma *conexão* entre mim e o outro completamente distinta de minha relação com os objetos. Essa relação interna, a partir da qual se dá a diferença fundamental, aparece e produz seus efeitos quando acontece o *olhar* do outro sobre mim, isto é, quando minha presença diante do outro e a presença do outro diante de mim podem ocorrer na modalidade do ser-visto-pelo-outro. O olhar é mais do que uma metáfora para exprimir um modo singular de relação; ele é o que constitui a modalidade específica da relação eu/outro. Porque o *ver*, nesse caso, não significa apenas ver, mas sobretudo *ver como*. Quando um ser humano olha outro, carrega nesse olhar algo que define e qualifica o outro, em vários níveis. Isso é parte da negação interna, base da relação de alteridade. Não apenas o outro aparece como aquele outro que me olha, mas também como aquele que, ao me olhar, me vê de uma certa forma. Essa qualificação eu a recebo do olhar de outro inevitavelmente porque seu olhar me submete e me fixa. Sou naquele momento aquilo que, ao me olhar, ele me atribui. Ser visto é receber uma qualificação. Por isso, o olhar do outro inelutavelmente me concerne e me incomoda, porque pelo seu olhar passo a ser para ele, mas não só para ele, aquilo que ele apreende de mim.

> Porque perceber é *olhar*, e captar um olhar não é apreender um objeto-olhar no mundo (a menos que esse olhar não esteja dirigido a nós), mas tomar consciência de *ser visto*. O olhar que os *olhos* manifestam, não importa a sua natureza, é pura remissão a mim mesmo ... Assim, o olhar é, antes de tudo, um intermediário que remete de mim a mim mesmo.[2]

Só que essa remissão de mim a mim passa pela objetivação do olhar do outro. Essa objetivação é a passagem do para-si ao para-outro, algo que me lança na exterioridade. Pelo simples fato de que o outro me vê como exterior a si, o que eu sou como para-si se degrada e cai na objetidade. Pois ele me olha e me fixa no mundo, confere-me uma

---

2 Ibidem, p.333-4; ed. franc., p.304-5.

posição num contexto em que ele é o centro; ele me designa um lugar e o faz à minha revelia. Isso me torna exterior a mim mesmo. O outro me rouba de mim e me expulsa para fora do si do meu para-si. Dessa perspectiva, existo porque ele me vê. Seria pouco dizer que se trata apenas de uma mediação. O que resulta do olhar do outro torna-se uma maneira – e a única – pela qual me apreendo objetivamente, pois não posso ser um objeto para mim mesmo. Algo do que passo a saber de mim somente se cristaliza pelo outro. Porque o modo como sou não é em geral objeto de consciência tética para mim mesmo. É preciso que o outro me veja para que eu venha a saber que sou de determinadas maneiras, que ele me atribui. Alguém se sentiria corajoso ou covarde, generoso ou mesquinho, se existisse só no mundo? Não é o juízo dos outros, a maneira como eles me veem, que reflui sobre mim e interfere na minha maneira de ser e de apreender o que sou?

Isso se torna mais claro nas situações em que minha conduta me fragiliza perante o olhar do outro. Sartre dá o exemplo de alguém que observa outras pessoas sem ser visto, por exemplo pelo orifício da fechadura. Enquanto estou observando, não sou um *voyeur*; simplesmente existo (em) minha conduta sem tematizá-la. Mas surge alguém e me vê vendo, isto é, me fixa como *voyeur*. O domínio que eu antes possuía da situação se inverte; agora me submeto ao juízo do olhar do outro; sou o que ele acha que sou. Envergonho-me e mostro minha vergonha. O outro a vê no meu rubor e no meu constrangimento, na minha justificativa ou no meu disfarce. E porque ele a vê eu também a vejo, por meio dele. Agora sou um *voyeur* para mim mesmo; sou alguém envergonhado e só me apreendo assim por via do outro. Mas não coincido com sua apreensão de mim; apenas a pressinto e a infiro, pois não posso me olhar como o outro mesmo que me olhe por via do seu olhar. Ele me descobriu, mas nisso que ele descobriu algo sempre permanecerá indecifrável para mim. E ao fato de ter sido descoberto pelo olhar do outro se acrescenta o fato, igualmente constrangedor, do segredo que ficará com ele, algo de mim que nunca saberei. Assim, se tomo consciência do que sou pelo olhar que me é lançado, tomo consciência ao mesmo tempo de que isso que descobri sobre mim na descoberta do outro a meu respeito não é tudo que ele sabe de mim, e é como se uma parte do que sou ficasse guardada com ele e inacessível a mim. Mas sei que ele sabe. "Formou uma imagem", como se costuma dizer, isto é, me objetivou e compactou meu ser, dando-me uma definição. Não me vê apenas como projeto, mas também como objeto, porque me paralisou no meu processo de ser, cristalizou minha conduta numa essência. Para ele, *sou* covarde, porque seu olhar apreendeu uma conduta que indicava essa qualidade e ele a hipostasiou no meu ser. Sou um objeto que permanecerá em si mesmo sempre covarde, mas na apreensão do outro, de modo que nem disso me posso apropriar. Se vou ao encontro do olhar do outro para ser aquilo que lá está posto e cristalizado, totalizado, não me aposso desse ser pelo simples fato de que ele pertence ao olhar do outro e foi instituído por ele. De nada adianta, portanto, conformar-se com essa reificação do olhar alheio e tentar ser do modo como me veem, pois o modo como me veem não me pertence, embora eu seja para os outros isso que não sou inteiramente para mim mesmo. Nem na alienação consigo totalizar o meu ser. Não posso me valer do olhar do outro para ser em-si-para-si. Isso que sou para o outro está longe de mim, na consciência do outro, inacessível. Se quero me utilizar disso para dar de qualquer forma um fundamento a mim mesmo, fundando-me em outro, nem isso me é possível, porque é irremediavelmente no outro e somente para ele que meu ser está fundado.

Pois o outro é livre para me constituir objetivamente e diante dele estou indefeso, como se, ao apreender minha conduta, ele tivesse apreendido minha liberdade. Isso confirma que somente a liberdade limita a liberdade. É pela negação interna que aparece o outro como a outra liberdade que entra em confronto com a minha. Pela objetivação o outro se apodera de mim. Essa posse consiste no juízo que ele faz a meu respeito. Pois, se esse juízo fixa algo como uma essência, aquele pela qual essa essência se institui torna-se o senhor da existência cuja essência fixou. A solidão na qual se insistia tanto quando se dizia que o homem está condenado a ser livre fica agora irremediavelmente comprometida com a presença do outro, da qual não posso escapar. Pois o mundo em que surjo é um mundo em que o outro já habita. E o conflito é constitutivo, pois mesmo minha intenção de respeitar a liberdade do outro já constitui um projeto *acerca* da sua liberdade e que por isso a violenta. Quando duas pessoas se medem pelo olhar, é inevitável que uma tente paralisar a outra, isto é, apossar-se da liberdade da outra. O ser-para-outro é estruturalmente conflituoso. Os antagonismos concretos, de qualquer alcance, derivam desse traço ontológico, que torna infernal as relações humanas. Temos que limitar a liberdade do outro: por isso nos comportamos como o jogador de xadrez, cuja habilidade consiste em raciocinar sempre alguns lances à frente, com a finalidade de prever o que o outro fará e utilizar suas próprias ações para neutralizá-lo. Pois apossar-se da liberdade do outro consiste em fazer de seu projeto um objeto para nós e que sirva aos nossos fins.

Nesse sentido, pode-se dizer que, coincidentemente ou não, a ambiguidade do termo *sujeito* é bastante reveladora. Significa o que subjaz como fundamento a todas as suas ações, e nesse caso indica autonomia; mas significa também aquele que é assujeitado, submetido, que existe em função de outro que o domina. A conduta de posse, pela qual tentamos nos tornar senhores da liberdade do outro, consiste em submetê-lo como sujeito, isto é, submeter a sua liberdade. Queremos possuí-lo como consciência livre, não como coisa inerte. O ideal seria fazer do outro uma coisa consciente. Quero que ele se integre tão profundamente a mim que a sua liberdade se confunda com a minha. O recurso extremo para conseguir essa identificação de liberdades ou essa fusão de subjetividades é o masoquismo: fazer-me objeto, anular-me como sujeito, alienar-me inteiramente à liberdade do outro para invadi-la, tomá-la fazendo que ele se apodere de mim. Sartre acompanha aqui a concepção de que o masoquismo, enquanto forma extrema de submissão, torna-se por isso mesmo uma forma de dominação. Se me anulo no outro, torno-me o outro e isso é uma maneira de fazê-lo tornar-se eu. A remissão à dialética hegeliana do senhor e do escravo é clara: o escravo, dominado pelo senhor, existe em função dele; mas o senhor, para afirmar-se na sua condição de dominador, necessita do escravo e por isso também existe em função dele. Mas a liberdade é estruturalmente inalienável: desejar anulá-la é ainda um projeto livre; por isso nenhuma consciência pode fazer-se inteiramente objeto, pois esse desejo será sempre o desejo de um sujeito. Assim a estratégia de possuir o outro fazendo-se possuir por ele necessariamente fracassa diante da dualidade insuperável de duas liberdades ou de duas consciências que não podem deixar de ser livres. O conflito permanece.

A estratégia oposta é a da supressão da subjetividade do outro. Já que não posso possuí-lo em sua subjetividade, decido anular essa subjetividade, reduzindo o outro a mero objeto. Desejaria escapar do seu olhar e, portanto, do juízo que possa fazer sobre mim, destruindo nele a consciência que é a origem desse olhar e desse julgamento. Quero esvaziar o outro de sua condição de sujeito consciente e reduzi-lo a coisa. Quero neutralizar a sua liberdade de modo que ela venha a ser apenas reação ao meu desejo. A forma típica dessa submissão está na significação dada ao ato sexual, e na tentativa de totalizar o outro como corpo, fazendo que ele também se totalize como corpo. Se o outro reage como corpo e apenas como corpo, a sua liberdade se inscreve no seu corpo e eu o domino ao tocá-lo. Já não depende dele reagir ou não ao meu toque, se sua liberdade está inteiramente encarnada, se todo o seu ser é a sua carne. O efeito do toque intensifica a liberdade encarnada e a reação do outro passa a ser o desejo de ser possuído. A liberdade confunde-se então com a passividade e o sujeito torna-se objeto. Aparentemente triunfo no meu projeto de posse ao possuir essa consciência encarnada que o outro se tornou. Mas o ponto culminante do ato sexual desmente essa posse, pois o desenlace do ato sexual, o gozo propriamente, é inevitavelmente solitário e pertence a cada um dos parceiros. O ato sexual seria uma preparação de duas pessoas para um prazer de que não podem compartilhar, pois nele perde-se a consciência do outro e permanece apenas a consciência de si. Consequentemente, afasto-me nesse momento da liberdade que julgava dominar e ela volta à sua irredutibilidade. Mesmo o sádico, para quem o outro é somente objeto e nem mesmo consciência encarnada, só obtém o gozo do outro à custa de perdê-lo na exacerbação do próprio prazer.

Em ambos os casos, o que está em questão é a transcendência do outro, pois esta é a manifestação de sua liberdade. Se considero o outro como processo de transcendência, ele sempre me escapará. Portanto, tenho de considerá-lo como *transcendência transcendida*, isto é, tenho que me apoderar da transcendência do outro para mantê-lo submetido a mim. Mas isso é estruturalmente impossível. Estando sempre adiante de si, o outro está sempre adiante de mim. Mas como o olhar fixa condutas em essências, o outro sempre me possui de alguma maneira, precisamente essa maneira pela qual ele me fixou num dado momento da minha existência, que posso superar mas não posso anular. Assim, temos uma oposição que é ao mesmo tempo a síntese do ser-para-outro: pelo olhar o outro me possui e me imobiliza como coisa; pela transcendência o outro me escapa quando julgo possuí-lo. Portanto, não é possível fugir do outro (do seu olhar) e não é possível possuir o outro (neutralizar a sua transcendência). Essa dupla impossibilidade constitui a dialética da relação: é impossível ser sujeito e exercer a liberdade sem tratar o outro como objeto; e é impossível tratar o outro como objeto sem que ele me escape enquanto sujeito que, por sua vez, exerce a sua liberdade.

Por mais conflituosa que seja a relação entre as pessoas, tem-se que admitir que esse conflito deriva da radicalidade da liberdade, e toda relação concreta é o conflito de duas liberdades concretas. A solução é impossível *porque* é impossível anular a liberdade: ninguém pode anular a do outro e ninguém pode anular a sua. Portanto, o mundo de Sartre, *por ser* um mundo de conflito das consciências, *não é* um mundo em que uma consciência triunfará definitivamente sobre a outra. É a liberdade absoluta de todas as consciências em conflito que deveria impedir a submissão e a heteronomia. E isso nos faz compreender também por que, por mais forte que seja a relação de dominação, pessoal e histórica (política), a própria dominação nunca é um fato consumado. Estando o conflito latente em toda dominação, por mais consolidada que apareça, a liberdade está também inscrita em toda relação de dominação, e, assim, a possibilidade de realizá-la.

O traço ontológico do conflito não contraria a liberdade; pelo contrário, enfatiza-a. E a possibilidade de superar eticamente o conflito e estabelecer a solidariedade entre as pessoas existe a partir desse traço ontológico. Daí o projeto sartriano de fazer seguir à ontologia fenomenológica uma ética da libertação: a possibilidade de que todos sejam livres a partir da tensão entre as diferentes liberdades, já que é essa tensão ou esse conflito que revela ao homem a radicalidade de sua condição de ser livre. "A essência das relações entre consciências não é o Mitsein, mas o conflito."[3] O reconhecimento do outro é inseparável do reconhecimento desse conflito, e a passagem da subjetividade para a intersubjetividade somente se realiza pela compreensão ontológica e histórica da relação entre o Eu e os outros. É possível pensar também que é a partir desse conflito insuperável que o homem deve encontrar a coragem para assumir a solidariedade histórica. A liberdade do outro não é um valor, e, portanto, tê-la como algo sagrado é filisteísmo. Mas todos e cada um só encontraremos valores por via da liberdade. Então, é a partir da facticidade que compartilho com o outro que deveremos ambos tentar realizar a liberdade. Isso quer dizer que mesmo a solidariedade e a fraternidade, caso venham a existir, existirão ainda a partir da contingência e da gratuidade inerentes à realidade humana. O sentido dessa solidariedade e dessa fraternidade não está disponível num mundo inteligível de valores morais. Terá de ser construído historicamente a partir da contingência e apesar do absurdo inscritos no fato de haver seres livres no mundo.

---

3 Ibidem, p.531; ed. franc., p.481.

Ser-em-outro como desejo de si

Estas palavras de Daniel – "veem-me, logo existo"[4] – resumem a angústia de existir sob o olhar do outro, mas elas possuem também, no contexto, um propósito que é o avesso da submissão que se dá na relação governada pelo olhar. Ele comunica essa sua descoberta a Mathieu para que este saiba que o vê, ou seja, para que Mathieu não possa mais conduzir-se como quem não olha e não é olhado. Isso tem relação com a forma pela qual Mathieu pretende "preservar" a sua liberdade: mantendo-se no exterior dos acontecimentos e das pessoas. A carta de Daniel tem o objetivo de fazer que o seu ódio invada a vida de Mathieu não como uma relação direta e pessoal, mas como um fato que independe de uma deliberação psicológica que o outro poderia ignorar. É nesse sentido que ele utiliza a fórmula do *cogito*: não é possível fugir do olhar do outro porque não há como duvidar de que a existência está vinculada a esse olhar. Dada essa inexorabilidade presente nas relações humanas, acrescem-se a dimensão situacional e a força da presença concreta do outro, não o Outro como o oposto universal do si-mesmo, mas *um* outro. "Ao te revelar em junho último um aspecto pitoresco da minha natureza, talvez tenha feito de ti – sem o perceber – minha testemunha prioritária."[5] Uma testemunha sempre pode ser invocada em dois sentidos: para acusar e para defender. Em qualquer dos casos, tem-se que contar com a anterioridade da *presença* necessária ao testemunho. Aquele que testemunha o faz por estar presente: cumprido esse requisito, não pode furtar-se à sua qualidade de testemunha. Assim, o testemunho deriva pura e simplesmente da presença ao outro. Se toda presença é presença ao outro, o testemunho é algo de que não se pode escapar. Na ordem humana, ninguém está absolutamente exterior ao outro na medida em que estar no mundo é estar diante do outro. É essa relação interna que Mathieu pretenderia ignorar para "preservar" a sua liberdade, isto é, para não se com-

---

4 Sartre, *Sursis*, 1964, p.335.
5 Ibidem, p.330.

prometer com ninguém. A "revelação" de Daniel acerca da inevitabilidade existencial do testemunho tem então o propósito de mostrar a Mathieu a inutilidade de sua pretensão e a impossibilidade de conferir um sentido absolutamente solipsista à sua conduta. Ademais, a situação concreta faz de Mathieu a "testemunha prioritária": Daniel não está apenas sob o olhar de Mathieu; ele colocou-se nessa posição ao revelar ao outro "um aspecto pitoresco de sua natureza": dessa forma ele capturou o olhar de Mathieu para si, e de nada valeriam daí em diante os esforços de indiferença do outro. Daniel não está apenas sob o olhar de Mathieu, mas também o deseja, porque assim ele se incrustará na liberdade do outro e o *ser-visto*, que seria a passividade, *atuará* na constituição da posição do outro que o vê e que *não pode deixar de vê-lo*. Dessa maneira, Daniel não precisará votar a Mathieu "um ódio ativo"; esse ódio refletirá apenas o olhar do outro e será o outro que será *ativo* como ocasião do ódio. Fazendo do outro a testemunha obrigatória e prioritária de minha vida, como que o forço a assumir a posição de causa de minha angústia e me transfiro, apesar dele mesmo, para a sua consciência, tornando-me assim o outro que invadiu aquele mundo que Mathieu pretendia fechado e preservado, mas que agora ele tem de compartilhar comigo.

Ou seja, Daniel não aceita a indiferença de Mathieu, ainda que esta seja artificialmente construída. Quer ser o objeto *da* consciência de Mathieu, e para isso é preciso que Mathieu se faça consciência *dele*, Daniel. Ele está ali, no campo do olhar do outro, mas o outro procede como se isso não ocorresse. É preciso mostrar que isso não é possível, que a liberdade desse *sujeito*, Daniel, está *sujeita* à liberdade do outro. Daniel se compraz nesse ato de submissão agressiva porque essa é a maneira de habitar a consciência do outro – talvez no limite de fazê-la sua, se forçar o outro a submeter-me for uma maneira de possuí-lo. Daniel deseja que a prioridade do testemunho de Mathieu estabeleça entre eles uma ligação que torne a presença de Daniel ostensiva na consciência de Mathieu. Não o conseguiu por via do rumo que deu aos acontecimentos: casar-se com Marcelle não despertou em Mathieu a reação que talvez fosse esperada, o "sacrifício" de nada adiantou. Mas e se Mathieu não puder fugir à condição de testemunha desse e de todos os acontecimentos da vida de Daniel? Não seria essa a maneira de forçá-lo a compartilhar, mais do que a infelicidade, a existência? Pois Daniel não pretende expor a Mathieu a sua "psicologia", solicitando implicitamente a compreensão do outro para idiossincrasias subjetivas. Pretende mostrar que há laços mais profundos, mais fortes e talvez mais cruéis. "Acrescento, para evitar qualquer mal-entendido, e agradecendo à boa-vontade do psicólogo sutil, que desta vez é ao filósofo que me dirijo, pois convém situar a narrativa que te envio no plano metafísico."[6] Mathieu ordenará racionalmente aquilo que Daniel relatará confusamente por ter vivido "às cegas". Como se trata de uma narração metafísica, o filósofo *terá* de compreendê-la a partir de si e não a partir do outro. Não poderá se utilizar do pretexto da condescendência psicológica, pois está concernido pelo seu próprio *métier*, que, em princípio, é o da clarividência. Isso também faz parte da situação concreta, em que o outro a que se dirige Daniel não é qualquer um, mas Mathieu Delarue, filósofo, profissional da razão, "capaz de fixar em noções os movimentos atuais de meu espírito". Armadilha cuidadosamente montada? Talvez, já que isso não seria estranho à misogenia de Daniel. Em todo caso, ele põe em jogo os hábitos incorporados de Mathieu, aquilo em que ele livremente se constituiu: "um racionalista um pouco curto ... raciocinador por prudência ... intelectual comedido".[7] Não que tudo isso leve Mathieu à verdade em relação a Daniel. Este sabe que o outro utilizará esses instrumentos "para chafurdar deliberadamente no erro", mas é isso mesmo que interessa. Daniel deseja que Mathieu o veja a partir de si, que forme uma imagem comprometida com o que ele, Mathieu, é, e que, além disso, essa imagem, por via da qual chafurdará no erro, esteja impregnada do racionalismo que é um ingrediente importante do olhar do

---

6 Ibidem, p.331.
7 Ibidem.

"intelectual". Assim a constituição de Daniel por Mathieu será da inteira responsabilidade deste. É isso que Daniel quer levar Mathieu a assumir.

Por isso, ele começará pela "confissão" de que não sabe o que é. Mas essa impossibilidade de definir-se é decorrente da dificuldade de produzir em si mesmo o "recuo" necessário à consideração de si mesmo "em conjunto", algo que incide na relação que o sujeito mantém consigo mesmo. O que odiar em si e o que amar em si, quando nada em si se apresenta como capaz de sustentar qualquer um desses sentimentos? Onde está esse eu que poderia considerar como objeto de amor ou ódio? Perco-o na própria experiência que dele tenho, ele me escapa em todo ato de localizá-lo. O enunciado "eu sou eu" torna--se vazio se não posso definir a significação atributiva que nele seria visada. Eis então que surge a oportunidade de preencher esse vazio:

> acreditei tocar-me em teus olhos amedrontados. Tu me vias, a teus olhos eu era sólido e previsível; meus atos e meus humores não eram mais que as consequências de uma essência fixa. Esta essência, é através de mim que a conhecias, eu a tinha descrito com palavras, eu te revelara fatos que ignoravas e que te tinham permitido entrevê-la. No entanto, tu é que a vias e eu só podia ver-te a vê-la.[8]

O *ser-visto* fixa uma essência do para-si. Aquela "matéria mole e movediça em que as palavras se atolam" torna-se algo "sólido e previsível", pronto a ser definido, enunciado definitivamente, nomeado. As palavras encontram chão firme para se articularem e constituírem um saber. Então Daniel passa a ver-se nos olhos que o veem. Mas *o que* ele vê? Essa essência que estabilizaria a fluidez do seu ser, ele continua a não vê-la; ele vê que outro a vê. E nisso que o outro vê, ele teve participação decisiva, porque revelou, "confessou" fatos que o outro ignorava e a partir dos quais pôde construir a sua visão. Daniel se vê excluído da visão dessa essência que, se não fosse por ele, o outro

---

8 Ibidem.

não teria chegado a realizar. Há, portanto, uma essência guardada na visão do outro: minha essência. Eu nada sei dela exceto que o outro a vê. Descubro então, primeiramente, que "a gente só se podia alcançar pelo juízo de outrem"; e descubro também que jamais poderei alcançar isso que o outro chegou a saber sobre mim. Daí a ambiguidade da relação: dependo do outro para me ver, mas essa visão que ele tem de mim só ele pode realizá-la. Dependo de algo que somente se realiza ao tornar-se inacessível a mim. *Gratidão mitigada*: sou grato ao outro pela revelação de que me vê, mas não posso obter aquilo que ele vê a meu respeito. Antes eu existia "não me sentindo ser"; agora a essa certeza sem fundamento se acrescenta o sentimento de que existo pelo outro, mas se essa visão do outro confere algum fundamento ao meu ser, continuarei a ignorar qual seja esse fundamento. Não compartilho com o outro essa visão de mim que ele obteve por meu intermédio. Trata-se de uma possibilidade para mim perdida na consciência do outro. De modo que tenho de continuar vivenciando o nada que sou, mas, desta vez, sabendo que há *algo* que sou segregado pelo outro.

Daniel encontra alguma coisa de consolador em tudo isso: a reciprocidade.

> Se é certo que não posso alcançar-me sem a tua intercessão, não é menos certo de que a minha te é necessária se queres conhecer-te. Vi-nos então exibindo, um por intermédio do outro, os nossos nadas, e pela primeira vez ri, ri esse riso profundo e confortador que abrasa tudo.[9]

Essa reciprocidade em que cada um conserva na sua solidão o nada que o constitui está, portanto, eivada de negatividade. A intermediação recíproca ou a mútua "intercessão" não configura para cada um a visão que um possui do outro. Reitera o nada que ambos exibem, "um por intermédio do outro", o que produz uma relação atravessada pela inacessibilidade de um termo a outro. Eis por que a mediação que o outro constitui para mim, ao constituir-me pelo seu olhar, remete-me

---

9 Ibidem.

a mim mesmo, mas remete-me ao meu nada, refletido no segredo que sou para mim mesmo guardado na consciência alheia. Ao riso de Daniel se segue a "indiferença melancólica" porque o alcance de minha solidez – e a do outro – se encontra indefinidamente adiada. À imposição de si mesmo ao outro pela submissão ao olhar do outro acrescenta-se o domínio do outro por mim, a necessidade também da minha intercessão para que ele possa "adivinhar por vezes" o que é "de verdade". Racionalista curto, cego e mentiroso, inseguro, intelectual moderado, "fruto delicioso de nossas classes médias": Daniel pode dizer tudo isso a Mathieu sem, no entanto, revelar Mathieu a Mathieu, assim como este não poderá revelar Daniel a Daniel. Ambos têm de tentar "adivinhar" aquilo que é pelo outro. Esse bloqueio afeta pela negatividade. Não se trata de um isolamento que redundasse numa ignorância mútua. O meu ser em outro caracteriza-se pela impossibilidade de saber o que sou no outro e pelo outro. O meu ser-para-outro identifica-se com a absoluta impossibilidade de atingir o que sou para-outro. O caráter angustiante dessa situação só poderia ser quebrado pela dissolução da reciprocidade, quer dizer, da mútua intercessão. Pela impossibilidade de que o outro seja para mim da mesma forma como sou para ele. Ou então pela total impossibilidade de que o outro, para quem eu sou, seja para mim. Isso pode acontecer? "Deus me vê, Mathieu; eu o sinto, eu o sei."[10] Se nunca poderei chegar a saber o que sou para Deus, ao menos sei que o que ele sabe de mim nada deve a minhas palavras ou aos meus pensamentos. O "tudo" a que se refere o cura de Sauveterre não é a totalidade da "espuma" superficial que brota cotidianamente de nós, mas algo como "nossa essência eterna".[11] Assim como, no caso do outro, sei que ele me vê por meu intermédio, no caso de Deus sei que a sua visão dispensa essa intermediação contingente; por isso a "essência eterna".

A narrativa que Daniel quer fazer a Mathieu é essa de como somos para-o-outro e de como é impossível não sê-lo, já que o olhar do outro

---

10 Ibidem, p.334.
11 Ibidem, p.335.

nos essencializa. Mas o que é esse olhar? Assim como nunca saberemos aquilo que o olhar do outro produziu a nosso respeito, porque não podemos coincidir com a consciência do outro, assim também não sabemos, desde o princípio, o que é esse olhar. Ou pior: *sabemos* o que é ser olhado, capturado pelo olhar do outro, mas *não sabemos* definir esse olhar a partir de sua origem no outro; só sabemos dele o que sentimos dele em nós. Por isso, *sabemos* que somos olhados *antes* de nos defrontarmos com o olhar do outro. Seu olhar atinge nossas costas, nossa nuca, quase fisicamente; voltamo-nos e vemos que *ninguém* nos olha. Mas o que sentimos é mais forte do que o que constatamos pela observação: continuamos a nos sentir olhados, a sofrer o efeito do olhar. "Tornas à posição anterior mas sabes que o desconhecido reergueu os olhos, e sentes um formigamento nas costas, comparável a uma crispação violenta e rápida de todos os teus tecidos."[12] Não se trata apenas de sentir e saber que *há outros*. Trata-se de sofrer diretamente a presença desse outro que me fixa por trás e diante do qual estou indefeso. Ele me absorve a distância, minha realidade flui para ele, cristalizada, assimilada. Retesado, permaneço o mesmo, mas sinto que fui transpassado; continuo opaco, mas sinto que me tornei transparente. Essa sensação de que continuo sendo o que era mas que alguém apoderou-se disso que eu sou e, portanto, sou eu mesmo mas em outro é a sensação da existência testemunhada. Existo e existirei sempre no modo da existência testemunhada por outro. "Desde então nunca deixei de estar diante de uma testemunha", é o que diz Daniel. Sou este ser olhado e nada sei a respeito desse olhar. Só posso dizer dele que "não é nada; é uma ausência. Imagina a noite mais escura. É a noite que te olha". É a luz negra que me ilumina e me atravessa, mais forte do que a claridade do dia, mas ao mesmo tempo escura a ponto de ser invisível. Sou claro para o outro e ele é obscuro para mim; o foco que me atinge se anula quando tento fixá-lo. Mais: a luz que me atinge não me torna mais claro para mim; ela pertence exclusiva-

---

12 Ibidem, p.334.

mente ao olhar do outro. De modo que me exponho, mas não a mim. Essa exposição ao outro que me oculta de mim é a violentação: possuído, desvaneço-me. E ao desaparecer para mim me constituo no outro.

Por isso é que "penso, logo existo" é "a palavra imbecil e criminosa de vosso profeta".[13] Não é pensando que existo; é sendo visto. E por mais que pense nunca atingirei o que sou na consciência do outro. Quem me vê é que me faz ser. Que ele fique então com a responsabilidade pela minha existência. Que a angústia de existir pelos olhos do outro se transforme em repouso. O outro, que é quem eu não sou, me conhece; eu, que sou, não me conheço. Que eu seja então no e pelo conhecimento que o outro tem de mim. "Sou como ele me vê." E fora desse *ser-visto*, não *pensarei* em ser nada mais. Em vez de *penso, logo existo, veem-me, logo existo*. "Estou enfim transformado em mim mesmo".[14] *Tel qu'en lui-même l'éternité le change.* E é na eternidade que Daniel pretende ser em outro: "E Vós, cujo olhar me foge eternamente, suportai-me". Suportai-me para que eu possa suportar-me. Mas que o sustentáculo seja eterno e que, sendo naquele que não sou, eu seja plenamente: "uma presença me sustém e auxilia-me a ser para sempre".

Desejaria Daniel fazer de seu ser-para-outro algo como uma vingança? O olhar do outro me remete a mim, diz Sartre. Mas isso que o outro remete a mim é apenas o sinal do que ele guardará de forma impenetrável. Definitivamente lançado fora de mim pelo olhar do outro que me joga na exterioridade, não tenho, contudo, como alcançar, na outra consciência, um meio de retornar a mim mesmo. Viverei então na exterioridade, mas a partir do modo como o olhar do outro me visa nessa exterioridade: serei para ele e assim serei sua responsabilidade. Mas quem é ele? Que olhar é esse? "Noite ofuscante." "Luz negra"; "a noite secreta do dia": já que só posso ser por intercessão, que o Intercessor suporte meu ser eternamente. Se é um olhar que foge, que fuja eternamente e que eu seja eternamente, essencialmente, o que seu olhar me fizer ser nessa fuga. Daí o interesse de Daniel em

---

13 Ibidem, p.335.
14 Ibidem.

saber, junto ao cura de Sauveterre: "Senhor cura, disse-lhe, quero apenas uma informação: ensina a Religião que Deus nos vê?".

Se há um sentido nessa passagem do olhar do outro ao olhar do Outro, não está certamente apenas no desejo de se pôr sob um olhar absoluto, que de alguma maneira venha a salvar minha subjetividade da *disseminação*. Com efeito, se Deus me olha, poderia crer que esse olhar que me transcende absolutamente reduziria os outros olhares a *nada*. O caráter inalcançável do olhar de Deus seria algo diferente da minha impossibilidade de alcançar o olhar dos outros, pois Deus seria aquele no qual minha essência estaria de modo absolutamente único: escaparia assim da disseminação totalitária pela qual minha essência se constitui absolutamente para cada um dos que me olham. Não alcanço o olhar desses outros porque seus olhares escapam numa fuga contínua que tenho de perseguir. Mas a fuga eterna do olhar de Deus, não teria de persegui-la porque ao escapar esse olhar me acompanha. "Deus tudo vê." Assim, não se trataria mais de uma perpétua constituição de mim pelo outro, mas da completa visão que o Outro teria de minha "totalidade destotalizada". Essa *realização* da minha essência em outro seria a satisfação do desejo de ser, que se daria então como a total alienação de ser-em-si em outro. Por isso, Daniel a qualifica de "repouso". Mas o repouso é também "angústia" porque se vincula à ânsia de superar minha disseminação nos olhares dos outros, "um ambiente universal de que não posso evadir-me".[15] Haveria, portanto, uma diferença no âmbito significativo da mesma afirmação: "sei que sou" pelo olhar do outro. Pois, quando se trata dos olhares dos outros, "sei que sou" sem saber o que sou para cada uma e para todas aquelas liberdades que me totalizam; quando se trata do olhar de Deus, "sei que sou" sem saber o que sou para uma liberdade que me totaliza a partir de sua própria totalidade. Participo então dessa totalidade, ele me invade e transforma meu para-si em para-ele. Minha "matéria mole e movediça" se solidifica definitivamente, supero a

---

15 Ibidem.

inconsistência; deveria assim a Deus a gratidão absoluta, e não a "gratidão mitigada" que devo ao outro.

É importante notar, no entanto, que Deus aparece como a condensação dos olhares que me disseminam, fixando-me na variedade contingente dessas totalidades relativas que são os outros. Deus é, portanto, o desejo do Olhar, despertado pela inevitabilidade dos olhares. Ele representa a paralisia apaziguadora da questão que sou para mim mesmo. Ora, essa questão, Daniel a atira para Mathieu ao narrar, na carta que lhe envia, como se constituiu pelo olhar do outro, como cada um se constitui pelo olhar do outro, e como poderíamos nos constituir pelo olhar de Deus. Com isso ele desafia a indiferença de Mathieu. Se é esse o seu objetivo, tê-lo-ia atingido? Mathieu reage a partir da indiferença desafiada. "Quanta velharia, pensou. O vidro estava aberto, ele fez uma bola da carta e jogou-a pela janela, desistindo de ler o resto."[16] Ora, as "velharias", eventualmente contidas na retórica de Daniel, são reveladoras da questão: o para-si é um ser em cujo ser está em questão o seu próprio ser como ser-para-outro. E o próprio Daniel se revela, na sua "confissão", como aquele que optou por depositar a questão acerca de si em outro. É claro que Mathieu não é um "confidente" de Daniel: o teor da relação particular não o permitiria. Mathieu é aquele que detém algo acerca de Daniel, assim como Daniel detém algo acerca de Mathieu. Ao se negarem, revelam-se cada um no outro que cada um deles não é. Essa revelação feita de incomunicabilidade é uma certeza tão absoluta quanto opaca, pois ela significa que o meu nada *é*, fora de mim, *algo* a que permanecerei para sempre estranho.

---

16 Ibidem, p.336.

VIII
Desencanto e compromisso

O desencantamento do escritor

Se é bem verdade, segundo Sartre, que o escritor trabalhou, a partir de sua própria condição marginal, para o triunfo da burguesia, quando engrossou o coro da reivindicação de liberdade abstrata, também é verdade que a vitória política da burguesia em nada o beneficiou; antes, pelo contrário, contribuiu para acentuar ainda mais a sua condição marginal em relação à realidade da trama histórico-política. De certa maneira, ao fazer coincidir a defesa da literatura com a reivindicação burguesa de direitos, o escritor se havia proposto o grande tema da literatura: a liberdade e, assim, parecia ter-se finalmente encontrado a si mesmo. Mas, se observamos a situação em que isso ocorreu, verificamos que, tal como a reivindicação da burguesia se pautava pela abstração, assim também a aliança que o escritor manteve com ela no período de sua ascensão política era igualmente abstrata. Pois a burguesia não tinha nada a exigir do escritor além dessa coincidência histórica de interesses. Isso quer dizer que o modo como a burguesia aceitou o escritor não correspondia autenticamente à exigência de liberdade que o leitor deve fazer ao autor, de modo que a exigência do escritor à liberdade do leitor tampouco poderia ser autêntica. Tudo que a burguesia fez foi aproveitar-se da negatividade a partir da qual o escritor contribuíra para a desintegração da imagem da nobreza como classe dirigente apoiada na crença da perenidade de seus próprios valores.

Tanto é assim que, uma vez tornada classe dirigente, uma vez cumprido o processo de ascensão e se instalado no poder, a burguesia já nada mais tinha a esperar da negatividade da literatura. Pelo contrário, esperava que, em vez de destruir, como fizera até então, a literatura viesse a construir uma imagem da burguesia que a ajudasse a constituir-se como classe. Se a nobreza esperava da literatura algo como o lazer, a burguesia agora espera um *serviço*. E disso ela entende bem: sabe como apropriar-se dos instrumentos de trabalho, organizá-lo e dividi-lo. Como classe educada no culto da utilidade como valor supremo,

> não concebe mais a obra literária como criação gratuita e desinteressada, mas sim como um serviço remunerado ... Se a obra de arte entra no círculo utilitário, se pretende ser levada a sério, será preciso que desça do céu dos fins incondicionados e se resigne a tornar-se útil, isto é, que se apresente como um meio capaz de encadear outros meios.[1]

É assim que o escritor se vê na situação de prisioneiro numa sociedade que ele ajudou de alguma maneira a tornar-se mais "livre".

Prisioneiro, pois, das aspirações que a burguesia realizou e das ideias que ela institucionalizou: o burguês é um empreendedor e como tal alguém que se preocupa exclusivamente com os meios, pois a sua atividade consiste sobretudo em intermediar a passagem da mercadoria do produtor ao consumidor. Ele mesmo não produz, mas detém o controle dos meios de produção. É levado naturalmente a supervalo-

---

1 Sartre, *Que é a literatura?*, 1989, p.87.

rizar os meios, pois ele mesmo se vê como um meio e vê a todos os homens como meios. Os fins estão dissolvidos ou subentendidos nos meios e, portanto, a única finalidade da existência consiste em organizar os meios para finalidades que nunca são efetivamente visadas. É este o significado do que Sartre entende por *seriedade burguesa*: o indivíduo sério preocupa-se com os meios, a sociedade da produção lhe garante os meios de realização material, um quadro de valores formais lhe garante os meios de realização moral, e a religião lhe garante os meios de salvação. Nesse contexto, a literatura, se for *séria*, tem que ser um meio. Tem que desempenhar a função de *justificar* a classe burguesa a qual, concebendo-se naturalmente como meio, não se sente segura de suas origens nem tem clareza acerca do sentido de sua própria existência. Não tem uma imagem formada de si mesma. É isso então que ela solicita ao escritor: que aprofunde o *naturalismo* de onde ela pensa haurir seus direitos, que sistematize um grande quadro da natureza em que a burguesia apareça com as suas regras naturais de moral e com seus direitos naturais, tudo tão inevitável quanto as coisas, os seres da natureza. Que mostre a dominação burguesa tão inelutável, natural e racional quanto as leis eternas da ciência. Que apresente a sociedade e as posições que os indivíduos nela ocupam como algo tão necessário quanto o encadeamento dos fenômenos naturais. Em suma, que faça da imagem literária da burguesia algo que seja idêntico à sua justificação, e que proponha aos outros homens que não pode haver conhecimento do verdadeiro, fruição do belo e culto da justiça que não sejam ao mesmo tempo justificações do existente. É dessa maneira, e utilizando dessa forma a literatura, que a burguesia pretende se instalar na sua positividade naturalista e construir a tranquilidade da sua consciência.

Isso significa que a última coisa que a burguesia espera do escritor é que ele a critique ou a surpreenda. Para que a realidade corresponda a essa estabilidade, é necessário que ela seja constantemente traduzida para um sistema de ideias em que tudo se integre perfeitamente. As preocupações materiais da burguesia não a tornam propriamente *rea-*

lista, mas antes utilitarista, isto é, ela interpõe entre a consciência e as coisas uma interpretação utilitária da realidade, que consiste no cálculo do proveito que se possa tirar dela. Por isso, a realidade humana, com suas oposições e contradições, tende a dissolver-se nesse sistema de ideias, que na verdade é um esquema de cálculo, o que está perfeitamente de acordo com a predominância dos meios. Com isso, a consciência se relaciona apenas formalmente com a realidade, o que é essencial para a aceitação pura e simples. Essa concepção formal é estabelecida por meio de mediações; ora, a literatura deveria exercer, na sua esfera, exatamente essa função mediadora. Para tanto, a literatura, bem como a arte em geral, devem ser *assimiladas* pelo processo ideológico. A literatura deve tornar-se uma literatura de ideias, isto é, renunciar a enfrentar a opacidade do ser e apenas traduzi-lo numa transparência racional, equilibrada e mediana. Esse isolamento do pensamento é que pode manter a arte ao abrigo das atribulações da vida histórica.

A arte, entretanto, não assimila o ser e o transforma em ideia, ela o esclarece.

> É por isso que a obra de arte não se reduz à ideia: em primeiro lugar porque é produção ou reprodução de um *ser*, isto é, de alguma coisa que nunca se deixa ser inteiramente *pensada*; em segundo lugar, porque esse ser é totalmente impregnado por uma *existência*, isto é, por uma liberdade que decide quanto à própria sorte e ao valor do pensamento.[2]

Reencontramos aqui a articulação entre ser, obra e liberdade que Sartre já considerara na análise interna da literatura. A liberdade do artista não integra o ser num sistema de pensamento, porque é próprio da percepção artística e da transfiguração do mundo em obra a irredutibilidade das coisas ao pensamento. É esse confronto que está na base da negação e da posição do objeto imaginário. Essa irredutibili-

---

2 Ibidem, p.89.

dade significa a diferença no real e na obra. O artista parte da diferença e produz a diferença. Por isso, existe uma incompatibilidade entre a arte e o modo de operar da razão analítica, instrumento privilegiado com o qual a burguesia constrói a sua visão de mundo. A razão analítica demonstra que o homem é um invariante: a natureza humana encontra-se igual e por inteiro em cada indivíduo, quaisquer que sejam as desigualdades sociais, que a análise reduz a variações combinatórias dos mesmos elementos. Sendo assim, não há propriamente nenhum tipo de relação entre os seres humanos exceto as psicológicas. Entre elementos iguais, não pode haver relação efetiva. Então, quando a literatura quer representar o ser humano, é apenas no contexto dessas relações que ela deveria se mover, de acordo com a concepção burguesa. Mas não se trata, como no século XVII, de operar o desvendamento literário pelo estudo das paixões. Não se trata de apelar à liberdade do outro para que veja as suas paixões. No mundo burguês, a descrição das paixões não é uma mediação de conhecimento, mas um meio de dominar e manipular. Não se discute, como no século XVII, a imbricação entre vida, história e paixão; o burguês só precisa de uma imagem que organize praticamente a sua maneira de lidar com elas. É nesse sentido utilitário que o público burguês se dirige ao escritor, considerando-o como alguém capaz de representar as paixões: não espera que ele lhe diga *o que são* as paixões, o que têm de opaco e de inexplicável, mas sim como se pode utilizá-las, analisando-as e reduzindo-as a elementos manipuláveis.

Ora, o escritor recusa essa concepção funcional de si mesmo e de seu ofício. Mas agora, diferentemente do que acontecia no século XVIII, não tem mais o público alternativo real representado pela classe ascendente, nem um público residual que poderia ser a antiga nobreza, já inteiramente assimilada pela burguesia. Então, se ele recusa *esse* público, fica sem nada.

> De fato, desde 1848 até a guerra de 1914, a unificação radical do público leva o autor a escrever, por princípio, *contra todos os seus leitores.* Ele vende a sua produção, mas despreza os que a compram e se esforça

por decepcionar-lhes os desejos; está convencido de que vale mais ser desconhecido do que célebre, e que o sucesso, se acaso chega ao artista em vida, se explica por um mal-entendido.[3]

Dissemos que o escritor, depois de 1848, não tem um público alternativo real; terá um público virtual? Em princípio e formalmente, sim. O preceito republicano de instrução obrigatória estendeu a possibilidade de ler aos que antes dela estavam privados.

A transformação desse público virtual em real, entretanto, só aconteceria se o escritor se identificasse com essas camadas para as quais agora ele poderia dirigir o seu apelo, assim como se identificara com as aspirações da burguesia como classe ascendente. Observe-se, no entanto, que a situação era diferente: então o escritor era alguém oriundo da burguesia e usuário das benesses da nobreza; sua marginalidade passava, por assim dizer, pelo interior das duas classes. Agora ele é oriundo da burguesia e está fechado dentro dela, sem comunicação real com a classe que poderia constituir o público virtual e, talvez, alternativo. Por isso, quando escreve, ainda que pense nas classes populares, não escreve *para elas*, mas, no máximo, *sobre elas*, e ainda assim, como não as conhece, o faz de uma maneira idealista e salvacionista, impossibilitando o apelo de fato e tornando também impossível que *esse* leitor se reconheça no texto. Sartre menciona Victor Hugo como uma possível exceção. Seria o caso de saber se, de fato ou até que ponto, um romance como *Os miseráveis* escaparia da visão idealista e salvacionista da classe oprimida.

Isso significa que, não podendo refazer com a classe oprimida do século XIX a aliança que havia feito com a classe "oprimida" do século XVIII, o escritor não empenha a literatura num projeto a que se poderia chamar, de qualquer modo, revolucionário. E isso acontece porque a defesa da literatura, nesse outro momento histórico, não coincide mais com as reivindicações da classe oprimida, as quais, longe de serem abstratas, são talvez suficientemente concretas para permanecer

---

3 Ibidem, p.91, grifado no original.

distantes do escritor, ao menos aparentemente. Diante das exigências da classe verdadeiramente oprimida, as liberdades defendidas pelo escritor aparecem como formais. Essas, o proletariado já possui e vai percebendo que elas servem mais à mistificação do que à emancipação. A questão de fundo, que a princípio nem o proletariado nem o escritor podem perceber, refere-se à relação um tanto obscura que as reivindicações materiais possuem com a exigência universal do fim da exploração do homem pelo homem. Para que houvesse convergência entre o apelo do escritor à liberdade do outro e as reivindicações específicas da classe oprimida, seria preciso que ambas as partes se dessem conta de que a exigência universal de realização da liberdade está, de forma diversa, implicada na defesa da liberdade abstrata, por parte do escritor e na luta pela melhoria material da existência por parte do proletariado. Essa homogeneidade só aparecerá a partir de uma visão adequada da relação entre história concreta e totalidade.

Dessa forma, o escritor vive concretamente, no período histórico que vai do levante de 1848 à guerra de 1914, a sua situação marginal, recusando a ideologia passada e a ideologia presente. Como a defesa da literatura deixou de coincidir com os interesses da burguesia, o escritor tem uma única bandeira, a defesa da literatura pela literatura, a reivindicação de uma autonomia que formalmente ele já possui. Percebe-se como e por que essa atitude se consome em si mesma. "A literatura, inteiramente absorvida pela descoberta de sua autonomia, torna-se o seu próprio objeto."[4] Rompe seus antigos limites, experimenta novas técnicas, avança: mas não tem como extrair suas normas estéticas da natureza de um conteúdo que ela não consegue determinar. Caracteriza-se pela recusa da transitividade e exaure-se na negatividade. Aparentemente o escritor rompeu com o único público que poderia ter, a burguesia. Entretanto, embora já não escreva *para* a burguesia, é ela *quem o lê*. Essa contradição entre as instâncias subjetiva e objetiva passa então a integrar a resposta à questão: para quem escre-

---

4 Ibidem, p.94.

ver? O escritor assume subjetivamente que escreve para si e para o absoluto e de fato objetivamente escreve para a burguesia: é ela que o sustenta e decide quanto à sua glória ou ao seu ostracismo.

A recusa da classe de origem é um ato desesperado de liberdade, pelo qual o escritor tenta romper suas amarras constituindo-se como um aristocrata do espírito. Isso explica por que, mesmo desprezando a burguesia, não pretende ligar-se de fato ao proletariado. Na verdade, não pode. O abandono efetivo de uma classe só acontece se o indivíduo for capaz de vivenciar internamente a pertinência a outra classe. O escritor do século XVIII de alguma maneira havia conseguido essa vivência interna da burguesia e da nobreza, mas o escritor do século XIX vive a sua marginalidade fora desse espaço entre classes. É por essa razão que ele escreve como quem não tem *para quem* escrever. A solidão cultivada e ostensiva é a estratégia de dissimulação subjetiva da sua condição contraditória, e a eleição do absoluto como destinatário é a face objetiva dessa mesma dissimulação. A aristocracia do espírito deve ter os seus direitos e, tal como no caso do nobre de nascença, eles são herdados diretamente de Deus. A improdutividade, a relação perdulária com os bens, o parasitismo, a gratuidade da vida, todas essas atitudes antiburguesas são cultivadas pelo escritor sem que por isso ele se oponha efetivamente à burguesia, reconhecendo-a como classe opressora. Assim, para Flaubert, o burguês é vil, mas os revolucionários da Comuna são cães raivosos. Essa superioridade gratuita que o escritor ostenta é para ele o sinal do heroísmo do gênio; para a burguesia trata-se de algo engraçado e inofensivo. Dessa maneira, a burguesia apropria-se até da gratuidade, que parecia ser o último refúgio da literatura autônoma. É como se o instinto burguês de utilidade encontrasse até mesmo uma maneira de utilizar a inutilidade da literatura. Isso acontece na medida em que a obra inútil *serve* ao repouso do espírito utilitarista. É entretendo-se com aquilo que não serve para nada, que não diz coisa alguma que deva ser levada a sério, que contesta o mundo até o limite a que pode chegar a pura negação, que o burguês encontra a "recreação", até mesmo quando a obra o insulta, porque afinal "trata-se apenas de literatura". Essa relação que a burguesia mantém com a literatura deve ser vista como algo mais do que o simples efeito da indigência do espírito. É uma postura ante a obra que acaba por encontrar e combinar-se com a gratuidade que o próprio escritor conferiu à sua arte, de tal maneira que o escritor termina por achar, naqueles a quem mais se opõe, os seus verdadeiros cúmplices. Vemos assim, mais uma vez, a negação assumida subjetivamente correndo paralela à conservação objetiva do *status quo*.

> a sociedade burguesa, no século XIX que se encerra, oferece este espetáculo sem precedentes: uma coletividade laboriosa, agrupada em torno do estandarte da produção, da qual emana uma literatura que, longe de refleti-la, jamais lhe fala daquilo que lhe interessa, vai contra a sua ideologia; identifica o belo com o improdutivo, recusa-se a deixar-se integrar, nem mesmo deseja ser lida e, no entanto, do seio de sua revolta, ainda reflete as classes dirigentes em suas estruturas mais profundas e em seu "estilo".[5]

É preciso enfatizar o caráter absoluto do poder negador inerente a uma literatura que deseja nutrir-se apenas de si mesma. Pois o círculo da negação foi fechado quando a literatura, com as experiências de vanguarda e sobretudo com o surrealismo, negou-se a si própria. E nesse momento, diz Sartre, ela nunca foi tão *literária*, justamente por realizar a negação absoluta, negando-se literariamente a si própria, como que revelando o avesso da "arte pela arte". Como podemos suspeitar, em todas as ações extremadas, a motivação do desespero, devemos talvez ver nessa espécie de autismo literário o apelo desesperado à liberdade do leitor. Um apelo que não quer ser atendido porque, ao ser feito, já sabe que não poderá ser correspondido. Mas a própria relação que se pode estabelecer entre liberdade e gratuidade nos indica que a literatura do final do século XIX realizou, nos limites das possibilidades históricas, de forma enviesada e tortuosa porque repleta de contradições, a relação interna entre a escrita e a liberdade. E a prova

---

5 Ibidem, p.110.

de que as maneiras de realizar essa relação estão sempre comprometidas com a historicidade está em que a forma histórica dessa realização tocou o limite da sua própria dissolução. Sartre faz notar que há alguma coisa de festa sacrificial nessa cerimônia de autoconsumação. Como se a literatura oferecesse, a essa sociedade plena de si mesma, de sua moralidade, de sua austeridade, de sua prosperidade, de sua produtividade, um espelho em que tudo isso se refletisse como *nada*. Como se a literatura quisesse devolver à sociedade uma imagem em que a moralidade se refletisse como imoralidade; a mística da austeridade como gratuidade; a produtividade como inutilidade; a prosperidade como indigência; enfim, a plenitude como o vazio. Essa imagem, por ser negadora, é potencialmente revolucionária, mas, como as ideias na sociedade burguesa não frutificam, esse potencial jamais se atualizará. Resta então a festa sacrificial, a cerimônia que suspende as regras: "era uma válvula de segurança. Afinal, da festa perpétua à revolução permanente não vai uma distância tão grande".[6]

Essa compreensão das condições históricas da literatura no final do século XIX e da maneira como o escritor defrontou-se com elas basta para justificá-lo? Devemos *julgar* o propósito do escritor de liberar-se de todas as determinações de classe para realizar a literatura possível? Não é simples responder a essa questão, porque Sartre, de certa maneira, nos abre duas perspectivas. De um lado, a proposição da gratuidade e a ideia de que o homem possui "uma relação estreita e secreta com o Nada" nos levam a ver na literatura do final do XIX o momento em que a realização possível da liberdade coincide com o apelo desesperado à liberdade do outro. Isso mostra que o escritor, apesar de tudo, agiu como que a contrapelo da ideologia. De outro, Sartre afirma também que "o século XIX foi, para o escritor, a época do erro e da queda", isto é, a oportunidade perdida de comprometer-se com as forças moventes da história, de provocar o movimento de ideias na classe oprimida, simplesmente encontrando um modo

---

6 Ibidem, p.111.

Ética e literatura em Sartre

de fazer-se ouvir, mesmo que esse modo não fosse a defesa direta de ideias revolucionárias. O escritor burguês nunca será um proletário, nem deve tentar essa espécie de identificação. Tudo que ele pode fazer, ainda como burguês, é considerar-se "banido de sua classe": esse é o tipo de solidariedade histórica e de confluência de interesses a que ele pode chegar na sua relação com a classe oprimida. Mas para isso teria que pelo menos colocar-se ao lado dela e não acima de todas as classes. A possibilidade da percepção de que poderia agir historicamente sobre um outro público real foi obnubilada pelo triunfo das abstrações: a liberdade abstrata, a autonomia abstrata e a universalidade abstrata. Esta última consiste em confundir o público para quem se escreve – no caso, uma classe determinada – com o homem na sua universalidade. O desencantamento do escritor no século XIX provém do seu falso encantamento com a universalidade abstrata. A compreensão da essência da literatura deveria, no entanto, levar a entender que é possível escrever para todos os homens se a literatura puder atingir a totalidade *histórica* dos homens, isto é, a universalidade concreta, socialmente configurada. Essa situação só existiria na sociedade sem classes, portanto não se trata de esperar da literatura existente que chegue a esse tipo de interação com a totalidade. Trata-se de redefinir, numa sociedade de classes, qual é o público com o qual a literatura se deveria comprometer historicamente no século XX.

Autonomia e compromisso

A crítica da autonomia abstrata – a liberdade tal como a literatura a reivindica no século XIX – pode induzir à interpretação de que Sartre estaria construindo uma relação dicotômica entre metafísica e história, de tal modo que o escritor tivesse que optar entre uma literatura voltada para o absoluto e uma literatura voltada para os fatos. Nesse sentido, o engajamento, como posição ética, acarretaria o abandono dos problemas metafísicos, o que, por sua vez, decorreria da compreensão de que a autonomia, como liberdade abstrata de expressão e independência formal do escritor, significa o isolamento e a autor-referência alienante. Autonomia e compromisso histórico assim se excluiriam mutuamente.

Ora, a questão é bem mais complexa. A posição de Sartre seria mais adequadamente descrita dizendo-se que não se pode abordar consistentemente o fato histórico na sua relatividade senão assumindo uma postura resolutamente metafísica; e não se consegue equacionar verdadeiramente os problemas metafísicos a não ser incorporando--lhes a condição humana em sua totalidade. Poderíamos dizer que o núcleo organizador dessa confluência é a liberdade: o homem se define metafisicamente pela liberdade ao mesmo tempo em que a exerce historicamente. De modo que tratar a liberdade na história sem pressupô-la metafisicamente é renunciar a compreender-lhe o sentido; e entender a liberdade metafisicamente sem considerá-la na história é cultivar uma abstração. Sendo assim, a literatura, ofício e apelo humanos, não se realizaria plenamente em sua humanidade se deixasse de compreender-se na sua historicidade e em seu caráter metafísico, inseparavelmente. De fato, as grandes questões que a literatura deve responder se inscrevem numa tarefa: "Essa tarefa consiste em criar uma literatura capaz de reunir e reconciliar o absoluto metafísico e a relatividade do fato histórico, e que designarei, à falta de outro nome, como literatura das grandes circunstâncias".[7]

No intuito de operar uma tal reconciliação, a que questões responderia a literatura? As formulações de Sartre, que certamente não esgotam as possibilidades da interrogação literária, mostram, no entanto, de forma suficiente, a ligação entre história e metafísica, antes referida:

– "Como é possível fazer-se homem na história, pela história e para a história?"

– "Haverá uma síntese possível entre a nossa consciência única, irredutível e a nossa relatividade, ou seja, entre um humanismo dogmático e um perspectivismo?"

---

7 Ibidem, p.164.

– "Qual é a relação entre a moral e a política?"

– "Como assumir, para além de nossas intenções profundas, as consequências objetivas dos nossos atos?"[8]

Qualquer dessas questões pode ser tratada abstratamente, isto é, referindo-se tão somente à condição metafísica do homem, pois todas elas se constroem em torno da relação entre a universalidade e a particularidade, e em todas se interroga a pertinência da finitude à totalidade transcendente. No entanto, é a reflexão sobre a literatura do século XX que motiva tais questões, e num contexto específico, fortemente marcado pela experiência da guerra e do horror histórico como a positividade do mal. Foi, portanto, a história que trouxe tais perguntas ou que levou os indivíduos a fazê-las. Nem por isso elas deixam de ser metafísicas, mas a experiência histórica faz que as formulemos e as respondamos de maneira diversa da explicação que a filosofia clássica propôs para o mal. A história e a metafísica refletem-se, pois, mutuamente, quando somos forçados a ver em ambas a mesma densidade, já que percebemos que a história pôde refutar uma definição metafísica do mal que o considerava apenas como a contrapartida aparente do bem, ao mostrar que o homem é capaz de fazer existir o mal na sua pureza e na condição de um absoluto. A *história* nos obriga a reformular a nossa definição *metafísica* do mal, e isso aparece como um testemunho a mais de que é na relação histórica, em que se põe a totalidade humana, que as questões metafísicas ganham contornos reais, ao mesmo tempo em que a própria história manifesta o núcleo metafísico da sua própria possibilidade.

A partir dessa inter-relação complexa nos é dado entrever algo que talvez nunca venhamos a compreender inteiramente: a relação entre os nossos atos, irredutivelmente subjetivos ("consciência única"), e o tecido absoluto no qual eles se inscrevem, num processo de totalização daquilo mesmo que os transcende ("o absoluto metafísico"). Por isso, a literatura não pode optar nem pela consciência onis-

---

8 Ibidem, p.164-5.

ciente, nem pela subjetividade encerrada em si mesma. A realidade é por demais opaca para comportar a primeira alternativa, e a consciência, sendo inelutavelmente aberta, não pode permanecer na segunda. É nesse sentido que Sartre entende a literatura – a narrativa – a partir da *situação*: "sem narradores internos nem testemunhas oniscientes", mas com "consciências semilúcidas e semiobscuras", sem "ponto de vista privilegiado", "criaturas cuja realidade seria o tecido confuso e contraditório" das apreciações relativas. Seria isso exacerbar a historicidade? Não, já que nada pode impedir que os atos vividos na irredutibilidade da subjetividade apareçam com a densidade do absoluto, com o fervor que se ampara na própria incerteza e no próprio risco, numa relatividade inexorável. Para compreender efetivamente a história, é preciso saber que a certeza e a explicação pertencem ao historiador, não à história. O momento histórico é aquele em que cada um, livre e desamparado, se salva ou se perde, pois tem que reagir ao inesperado, ao surpreendente, ao incompreensível, ao irreversível. Nenhum ato está em continuidade com o Bem ou com o Mal, enquanto referências prévias e universais; em cada ato, o Bem e o Mal estão absolutamente em jogo a partir de entendimentos e vontades finitas e relativas. É esse lado inexplicável da história que dá à experiência da liberdade histórica o "gosto amargo", que consiste em "empreender na incerteza e perseverar sem esperança".[9]

Esse lado obscuro da história, que Kafka fez coincidir com o absurdo do presente, mostrou aos escritores contemporâneos que o acontecimento, embora só apareça por via da subjetividade, transcende infinitamente todas as subjetividades. É essa relação complicada que impede a narrativa de privilegiar um ou outro. O autêntico realismo deve dispensar as mediações entre o leitor e a consciência da personagem; deve fazê-lo coincidir com o evento e com o tempo dessa consciência. Ao mesmo tempo, como um evento ultrapassa aquela consciência e todas as consciências, porque se revela de formas diversas a cada uma

---

9 Ibidem, p.166.

delas, seria preciso fazer o leitor entrar em todas as consciências, coincidindo com a temporalidade de cada uma e ao mesmo tempo superando a todas. Tarefa tecnicamente difícil se se renunciou ao ponto de vista da testemunha onisciente. Mas é a única maneira de restituir à literatura a sua historicidade e dar-lhe como destinatário o universal concreto, a partir de um compromisso com todos os homens historicamente engajados na mesma adversidade. Veja-se que problemas técnicos de narrativa não são neutros. As mudanças de procedimento a que a narrativa contemporânea foi conduzida representam um esforço para tornar mais efetivo o apelo à liberdade do outro, para fazer que a experiência de leitura não contradiga a experiência histórica.

E assim chegamos ao núcleo ético do que se denominou a tarefa da literatura. Aqui se entende talvez melhor a razão da insistência de Sartre em que a leitura é ato constitutivo da narrativa e não apenas uma simples *apropriação*. Em outras palavras, é trabalho, mais do que contemplação ou fruição. Justamente, essas duas categorias foram tão enfatizadas no século XIX para que ficasse nítida a relação de exterioridade entre o leitor burguês e a obra que lhe contestava em imagem, para que ele pudesse sempre concluir: "é apenas literatura". Ou seja, consumo gratuito da hora de lazer. Algo que ele poderia *ter*, a partir do seu *ser*, mas que em nada interferiria no modo como ele produz do seu *ser*. Tudo que o burguês incorpora, tudo que ele vem a ter, se dá pelo modo da apropriação, e a literatura não seria exceção. No entanto, depois que o pensamento mostrou, com Marx, o valor constitutivo do trabalho, é impossível não considerar que a articulação entre *ser*, *ter* e *fazer* é essencial para a compreensão da realidade humana. O *fazer* parece estar fora dessa articulação porque na sociedade atual o trabalho é alienado, e o homem não se reconhece na sua atividade produtiva. Dessa forma, fica definida a função da literatura. Ao devolver a imagem da sociedade a si própria, ela negará o trabalho alienado e ao mesmo tempo afirmará a ação criadora do ser humano. Com isso, ela estará realizando o trabalho de negação, próprio da literatura, mas que não se esgotará em si mesmo, pois se apresentará ao mesmo tempo como meio de superação daquilo que é negado. Apresentar o homem como produtor não é resignar-se à imagem capitalista do ser humano, desde que a produção e o trabalho sejam mostrados como integrados à capacidade criadora do homem e não como algo com que ele se relacionaria alienadamente. A alienação é superada quando se mostram ao indivíduo "os princípios, os objetivos e a constituição interior da sua atividade produtiva", isto é, quando se esclarece para ele o significado "dos seus trabalhos e dos seus dias".[10] Decorrem daí as seguintes questões, que explicitam o apelo ético inerente à literatura:

> *Somos* aquilo que *fazemos?* O que fazemos *a nós mesmos?* E ocorre isso na sociedade atual, em que o trabalho é alienado? *Que* fazer, que finalidade escolher, *hoje?* E *como* fazer, por quais meios? Quais são as relações entre o fim e os meios numa sociedade baseada na violência?[11]

Todas essas questões se resumem no questionamento da alienação e indicam que o trabalho da literatura deve ser a superação da alienação. Historicamente, isto é, em termos de uma "finalidade" a "escolher, *hoje*", a relação entre ética e literatura se realiza por via da opção por uma *literatura da práxis*, qual seja, uma literatura que leve o sujeito a ver-se como produtor da história (qualquer *fazer* é antes de tudo *fazer história*) e assim a reencontrar-se na relação entre o *fazer e o ser*, já que o *"fazer* é revelador do *ser"*. A literatura da práxis responde à solicitação histórica da nossa época. Não descreve o mundo; revela-o nos empreendimentos humanos.

Dissemos que o trabalho da literatura *deve ser* a superação da alienação. A forma imperativa não é descabida, ela não exagera a posição sartriana. O escritor tem uma responsabilidade *moral*, assumida *politicamente* perante a *história*. A autonomia da literatura não supera a sua historicidade: "Não se trata de escolher a sua época, mas de se escolher nela". O que significa que, vivendo *nessa* época, em que a dimensão metafísica da totalidade humana se apresenta historicamente na forma

---

10 Ibidem, p.173.
11 Ibidem, p.175-6.

Ética e literatura em Sartre

da alienação, o escritor *tem* que trilhar "esses caminhos austeros", os quais, a bem dizer, "não afirmo que tenhamos escolhido". Então, fora disso, somente a má-fé e a inautenticidade, o *ser-escritor* como autofetichização? Adorno, após descrever o engajamento como "decisão, como condição de existir, frente à neutralidade espectadora", acrescenta: "A categoria de decisão, originariamente de Kierkegaard, acresce-se em Sartre da herança cristã do: quem não está comigo está contra mim, porém sem o conteúdo concreto teológico".[12] Ora, "a decisão, como condição de existir", é algo que se pode generalizar para todos os aspectos da vida, de forma que para tudo valeria o *engagement* tal como Sartre o concebe. Por sua vez, o escritor tem que dar à sua "decisão" a expressão literária, e ele deve fazê-lo de forma significativa, isto é, sem desvincular completamente a palavra daquilo que ela já é no discurso comunicativo não literário. Adorno observa que, se é bem verdade que a palavra, transposta literariamente, conserva algo de sua origem funcional, também é certo que a significação não permanece inalterada. A simples recontextualização a altera. Há que se considerar também que as significações externas, se e quando conservadas na obra, são o *não artístico* da arte e podem vir a constituir a *mensagem* no sentido de propaganda. Nesse sentido, é importante distinguir a arte engajada da arte tendenciosa. O que Adorno se pergunta, afinal, é se a "decisão" do escritor é suficiente para sustentar o movimento dialético interno que, na arte, relaciona a arte e a política. Quando esse movimento não se realiza adequadamente, a arte pode ser verdadeiramente engajada mas politicamente "inverdadeira", como acontece em certas peças de Brecht, nas quais a intenção de apresentar realisticamente a essência do capitalismo fracassaria artisticamente pelo fato de que essa apresentação de essência não faz uso das aparências.[13] Dessa

---

12 Adorno, *Engagement*, 1973, p.54.

13 Ibidem, p.60. Adorno refere-se ao fato de que a expressão alegórica em Brecht por vezes falseia a estrutura dramática, como seria o caso de *Mãe coragem* e de *Arturo Ui*, em que a transposição alegórica acaba por diluir o horror que deveria ser mostrado (o fascismo). É o risco das comédias, como o *Grande ditador*, de Chaplin.

forma, a obra de arte como um *todo* não atinge sua realização, e, por isso, a arte engajada não atinge o seu objetivo. A totalidade (o "todo formado") da obra se desequilibra quando a deliberação do engajamento transparece, como se fosse inoculada na obra. Por isso, os procedimentos formais são importantes, e o equilíbrio passa por eles. Se o realismo da mensagem brechtiana necessita de uma figura de um camponês inexistente e tipologicamente ideal, então é como se a obra passasse a conter um elemento que a sua própria estrutura recusa. O mesmo se aplica à utilização forçada de uma certa linguagem, por exemplo a estilização do popular. Todas essas aporias surgem a partir da "intenção correta" que orienta o engajamento artístico.

Há talvez um motivo de fundo para essas dificuldades. Talvez sejamos levados a pensar que a potência negadora da literatura somente se exerce por intermediação explícita da realidade que se quer negar, e isso retiraria da arte o distanciamento e a ambiguidade inelutavelmente presente nas significações. Em outras palavras, o artista não precisa tomar o cuidado de permanecer falando da realidade quando a nega: isso sempre acontecerá, porque, ao distanciar-se e negar, o artista estará falando daqueles aspectos da realidade que ela mesma encobre. Nesse sentido, não há nenhum conteúdo ou procedimento na arte, por mais abstratos e formais, que não procedam da empiria: "Não há um conteúdo objetivo, nem uma categoria formal da poesia, por mais irreconhecivelmente transformado e às escondidas de si mesmo, que não proceda da realidade empírica a que se furta".[14] A arte fala da realidade ao se recusar a falar dela; é desse modo que a negação é ao mesmo tempo desvendamento. Nesse sentido, a abstração não deve ser pura e simplesmente relegada aos procedimentos "formalistas", no sentido pejorativo que certa crítica marxista confere ao termo. Adorno cita o exemplo de Beckett.

> Mesmo a abstração vanguardista ... é o reflexo da abstração da lei, que impera objetivamente na sociedade. Isso poderia ser mostrado nas

---

14 Ibidem, p.66.

composições de Beckett ... todos se horrorizam com elas, e no entanto ninguém pode negar que as peças e romances excêntricos tratam daquilo que todos sabem, e sobre o que ninguém quer falar ... problemas históricos altamente concretos: da demissão do sujeito.[15]

Enfim, o sofrimento não acabou quando se secaram as lágrimas e a voz emudeceu: ele atingiu o seu paroxismo; nenhuma consolação, nem a mínima promessa de felicidade. A economia beckettiana da representação literária redunda numa arte formalista? Ou, pelo contrário, "como desmontagem da aparência" faz "explodir a arte por dentro", provocando "uma reação frente à qual as obras oficialmente engajadas desbancam-se como brinquedos"?

Os riscos que Adorno aponta são reais e justamente estão potencializados na arte que ele designa como *oficialmente* engajada. Aquela que, aproveitando o exemplo de Sartre, não comporta um bom romance sobre o antissemitismo, mas talvez aceite que se possa escrever um sobre os processos de Moscou. Sobre o engajamento oficial, Sartre não poderia ser mais explícito: "Caso se pergunte hoje se o escritor deve, para atingir as massas, oferecer os seus serviços ao partido comunista, respondo que não; a política do comunismo estalinista é incompatível com o exercício honesto do ofício literário".[16] É preciso entender, no entanto, que a recusa de "oferecer os seus serviços" nesse caso nada tem a ver com a autonomia da literatura no sentido abstrato. É exatamente a ética do engajamento que impede esse tipo de alinhamento ideológico, que seria apenas o inverso simétrico do alinhamento com a burguesia. O "exercício honesto do ofício literário" é um compromisso histórico, não um serviço. Ora, tal como a burguesia, o máximo que um partido pode aceitar do escritor é o serviço, e ainda assim, quando o serviço é livremente prestado, o partido sempre desconfiará de quem o presta. Pois a liberdade de aderir é também a liberdade de criticar, e o dogmatismo ideológico é levado a valorizar a pri-

---

15 Ibidem, p.66 e 67.
16 Sartre, *Que é a literatura?*, 1989, p.188.

meira e a execrar a segunda, o que faz do escritor sempre um traidor em potencial. Na verdade, a ideologia oficial sempre desconfia da liberdade, e, nesse sentido, observa Sartre, os partidos comunistas, que em princípio lutam pelo poder, comportam-se de maneira idêntica àqueles que já estão no poder. Assim, a doutrina marxista degrada-se antes mesmo de ser desgastada como ideologia institucionalizada: a planta seca antes de dar frutos.

Por essa razão, podemos julgar que a "decisão", que Adorno parece considerar como ainda sendo um enaltecimento do subjetivismo, é necessária como dimensão ética da mediação entre a subjetividade e a universalidade. Não se trata, como já vimos, da subjetividade posta como absoluto metafísico, a partir da qual o narcisismo representativo moldaria a realidade. Trata-se de uma subjetividade que adquiriu consciência de sua própria constituição histórica e que, por isso mesmo, não considera mais a possibilidade de um desligamento entre ela mesma e a história. É nesse sentido que o escritor já não precisa sentir-se dividido entre a subjetividade e a história, uma vez que sabe que a subjetividade somente se constitui na história e, assim, a transformação das condições objetivas é requisito essencial para a expansão da subjetividade. Esta não é um meio para a realização da história, nem a história é um meio para a realização da subjetividade. É a objetividade consciente da ação subjetiva que realizará as finalidades humanas, as quais, se não forem humanas, isto é, vinculadas aos sujeitos, não serão históricas. É o modo como a literatura está implicada nessa realização que faz que a ação do escritor deva ser eticamente estabelecida e julgada. Nesse sentido, a perda do sentido ético-subjetivo da ação é também a perda dos fins: a multiplicação dos meios e o distanciamento indefinido dos fins. São esses fins, bem discernidos, que fazem do engajamento partidário, das adesões possíveis, meios a serem utilizados. Portanto, a relação que o escritor tem com o partido comunista ou com a burguesia não é de engajamento direto, mas de utilização de meios que possam concretizar o compromisso com a finalidade, a liberdade. Como não está definitivamente de um lado ou de outro, o escritor de hoje também escreve contra todos, como o seu predecessor do final do século XIX. A diferença é que este o fazia em nome do absoluto e aquele o faz em nome da história, e da finalidade histórica que é o fim da opressão.

> No momento em que todas as igrejas nos expulsam e nos excomungam, em que a arte de escrever, encurralada entre as propagandas, parece ter perdido a sua eficácia própria, nosso engajamento deve começar. Não se trata de aumentar as exigências com relação à literatura, mas simplesmente de atender a todas elas, ainda que sem esperança.[17]

---

17 Ibidem, p.196.

IX
Arte, subjetividade e história em Sartre e Camus

A dificuldade de compreender o real significado da revolta em Camus provém de que teríamos, para isso, de pensar a condição humana como reunindo contraditoriamente, isto é, tragicamente, as atitudes de recusa e aceitação: recusa do mundo pelo homem e aceitação da condição humana enquanto recusa do homem pelo mundo. É importante notar que, por mais difícil que seja para Sartre compreender esse ponto, a recusa da história em Camus não significa recusa do mundo. Trata-se de um daqueles aspectos obscuros do pensamento de Camus, que Sartre remete ao "pensamento mediterrâneo", isto é, ao inexprimível racionalmente. É preciso considerar que a dificuldade de Sartre tem muito a ver com o pressuposto de que a compreensão racional da relação entre o homem e o mundo depende da consideração da historicidade como elemento definidor dessa relação: o homem relaciona-se com o mundo histórico, e qualquer outra dimensão do "mundo" deve traduzir-se historicamente para ser assimilada às situações humanas. É nesse sentido que não poderia haver uma relação verdadeiramente humana entre o homem e o mundo natural simplesmente, pois é historicizando o próprio ambiente natural que o homem se relaciona com ele. A liberdade implica que, de alguma maneira, o homem pode compor e recompor o mundo histórico, já que isso é propriamente o que significa ser sujeito da história. E é nesse sentido que o homem, como sujeito, não se situa ante a natureza da mesma forma que ante a história, pois, por mais que o homem possa interferir na natureza, os fatos naturais continuarão sempre como exterioridade bruta, uma causalidade estranha ao homem.

É justamente, no entanto, essa intervenção histórica na natureza, para assimilá-la ao universo humano, que Camus recusa quando menciona o pensamento mediterrâneo: este só pode renascer quando a natureza volta a reclamar seus direitos. A hegemonia da razão europeia significa o desequilíbrio da tensão entre natureza e história, do que resultou a esperança vã de que a história venha a responder aos apelos humanos de beleza. O que Camus desejaria que Sartre entendesse é que, se aceitamos a natureza apenas por via da mediação da história, então é como se matássemos a natureza no ato mesmo de incorporá--la ao nosso pensamento. É por isso que, para Camus, a beleza da natureza pode conviver com o horror histórico, e é essa tensão que faz que a vida nunca se renda inteiramente à morte, apesar de que toda vida seja mortal. Assim como a existência não se resume na história, a vida não se resume no seu próprio caráter mortal.

De certa forma, o artista realiza no plano da imaginação aquilo que é impossível ao homem no plano da realidade: construir o que aceita, e desprezar aquilo que recusa do mundo. Pois o mundo do artista em princípio é o mundo de todos; mas a maneira como ele o recria torna-o singular.

> Pelo tratamento que o artista impõe à realidade, ele afirma sua força de *recusa*. Mas o que ele preserva da realidade no universo que cria revela a *aceitação* de pelo menos uma parte do real, que ele tira das sombras do devir para conduzi-lo à luz da criação.[1]

---

1 Camus, *O homem revoltado*, 1997, p.307 (grifos meus).

O homem revoltado tem de aceitar e recusar o mundo real tal como este lhe é dado, infinitamente longe de suas aspirações, e tem de fazê-lo num só ato de uma subjetividade internamente dividida. O artista, homem revoltado que se expressa pela criação, tem talvez a seu favor a própria estrutura do ato criador: enquanto humano, nunca será *ex nihilo*, mas uma refiguração da realidade; como essa refiguração é expressiva, a realidade figurada aparecerá como "resultado" do que o artista recusa e do que ele aceita, e a tensão singular desses elementos configurará a *obra*, ou o mundo tornado obra. É claro que esse modo de compreender a obra de arte exige a relação essencial entre arte e revolta, isto é, exige que compreendamos o artista por via da revolta, que seria a condição necessária da expressão autenticamente artística. Isso nos ajuda a entender por que Camus considera como *não autênticas* duas modalidades de expressão: o formalismo e o realismo. O formalismo triunfa quando a realidade é completamente banida da arte; o realismo seria a incorporação total da realidade à arte. Essa dupla exclusão feita por Camus não se deve apenas a um *parti pris* contra os extremos; ela se origina na definição mesma da arte: recusa e aceitação da realidade. Quando temos a recusa absoluta do real, temos a exclusividade da forma, que seria a arte tornada pretexto de evasão. Quando a realidade é aceita até o ponto da exaltação, desaparece o ato subjetivo de refiguração – e já não se pode mais falar em criação. Note-se que, precisamente por não haver criação *ex nihilo*, a atividade formal é procedimento refigurador – ou transfigurador. A presença da realidade, naquilo em que é negada e naquilo em que é aceita, é a condição objetiva do processo criador, razão pela qual tampouco se pode falar em criação na arte que se deseja puramente formalista.

E assim é porque o ato criador tem sua origem na aspiração de unidade do mundo, matriz da atitude revoltada. Ao recusar e ao afirmar, o artista rearticula o real, dando-lhe a unidade que emana de sua subjetividade criadora. Mas tal unidade depende ao mesmo tempo da aceitação e da recusa. O que Camus deseja afirmar é que, perante a realidade, tanto a liberdade absoluta quanto a total submissão implicam a negação do ato criador.

Se foi com o advento do cristianismo que pôde aparecer a consciência da revolta como núcleo da condição humana, foi com o aparecimento do romance que se encontrou, na arte, a expressão da revolta. Por isso, pode-se dizer que, se a revolta é a mediação necessária da expressão artística, o romance é o gênero em que a relação entre arte e revolta aparece de maneira mais nítida, autêntica e direta. Certamente as condições históricas da modernidade mais tardia deixaram transparecer de forma mais contundente a *contradição*, que os séculos clássicos ocultaram sob os véus do infinito positivo do século XVII e do otimismo iluminista do século XVIII. No século XIX, coincidem a falência das regras clássicas e o apogeu do romance, porque o romancista já não é mais aquele artista que tem a ambição de *imitar* Deus, e para isso tem que seguir os preceitos universais segundo os quais a razão divina teria composto o universo, mas torna-se agora alguém que pretende *rivalizar* com Deus, assumindo-se plenamente como criador e fazendo que o mundo romanesco manifeste não o acordo entre a consciência e o cosmos divino, mas uma outra ordem, em que a carência e o orgulho humanos estejam ao mesmo tempo representados, ainda que para isso a força criadora deva se traduzir na discordância da Criação. Se é essa a figuração mais característica do artista, então ele sempre será blasfemo, isto é, ele sempre achará que a realidade criada é incompleta, e a busca de completude consistirá nas tentativas de recriação de mundos em que a perfeição da arte venha a concorrer com a perfeição divina. É nesse sentido que Camus cita Stanislas Fumet: "A arte, qualquer que seja o seu objetivo, faz sempre uma concorrência culpada a Deus".[2]

Aí reside o engano de uma certa crítica que coincide com a visão que o senso comum tem do romance: evasão e desligamento do mundo, separação da vida, edulcoração que seria ao mesmo tempo traição

---

2 Ibidem, p.297.

da realidade. Compreender dessa maneira o romance é deixar-se guiar pela lógica binária que governa os nossos hábitos: ou o mundo real, ou a ficção, com a exclusão completa de um pelo outro. Ora, a *contradição* presente na atitude revoltada e expressa na arte nos convida a considerar os dois elementos ao mesmo tempo. A criação humana não é sempre e necessariamente a produção de uma ilusão. Se o artista criador tem a ambição de rivalizar com Deus, então ele precisa confrontar-se com a Criação, não fugir dela para construir um mundo inteiramente à parte, pois a ficção é criada para representar uma realidade mais completa do que aquela em que nos é dado viver.

> A contradição é a seguinte: o homem recusa o mundo como ele é, sem desejar fugir dele. Na verdade, os homens agarram-se ao mundo e, em sua maioria, não querem deixá-lo. Longe de desejar realmente esquecê-lo, eles sofrem, ao contrário, por não possuí-lo suficientemente, estranhos cidadãos do mundo, exilados em sua própria pátria.[3]

Possuir o mundo "suficientemente" significa: possuir a unidade do mundo, que é o mesmo que a unidade da existência no mundo. É o que todos buscam, e o artista expressa essa busca, que tem em si mesma um caráter patético, pois está de antemão destinada ao fracasso, em razão da finitude e da transitoriedade. A incompletude do mundo deriva de ser ele uma criação finita. A desmedida da pretensão humana está em questionar esta relação lógica e ontologicamente necessária entre finitude e incompletude. Como se acusássemos Deus de não ter criado um mundo infinito, como ele, mas sim um mundo finito habitado por criaturas que refletem a imagem do infinito e que, portanto, aspiram a ele, sem, no entanto, poder atingi-lo. A arte nasceria dessa espécie de crueldade divina: ter criado seres que podem pensar o infinito e que não podem realizá-lo. Por isso, a arte está tão intimamente ligada à revolta. Quando a criatura finita deseja o infinito, este torna-se uma paixão necessariamente irrealizada. Assim, a paixão

---

3 Ibidem, p.299.

pela unidade torna-se a motivação mais originária da consciência revoltada, e a tentativa de realização desse desejo estará para sempre inscrita na contradição, por mais racionais que nos pareçam os meios que inventamos para atingi-la. É isso que faz que a ambição do artista seja a posse do mundo e não a fuga. A "reivindicação mais obstinada" é a unidade como posse completa de si e do mundo, a plena identificação entre sentido e destino.

> a essência do romance reside nesta perpétua correção, sempre voltada para o mesmo sentido, que o artista efetua sobre sua própria experiência. Longe de ser moral ou puramente formal, essa correção visa primeiro à unidade e traduz por aí uma necessidade metafísica.[4]

Essa correção é feita de negação e aceitação. O mundo proustiano, nos diz Camus, por mais fechado e insubstituível que seja, foi construído a partir de um recorte do passado, portanto a partir de sua negação, para que a memória se erga soberana ante a dispersão do universo, para que a unidade, assim significada na arte, se sobreponha aos fatos e ao vazio do tempo perdido. Mas essa unidade, a memória foi buscá-la numa primeira aceitação da mecânica da sensação e da trivialidade dos fatos. É assim que se articulam o tempo perdido e o tempo reencontrado, a fatalidade da morte e a construção romanesca da imortalidade, a certeza da finitude do homem e a esperança de eternidade da obra. E a manifestação mais forte da contradição está em que é a própria impossibilidade da tarefa que atua como estímulo da sua realização. Por isso, a arte aponta sempre para o horizonte inatingível da indistinção entre criatura e criador.

Ora, não se pode pensar numa superação mais completa e mais radical da condição humana do que aquela que tal indistinção realizaria. É nesse sentido que a arte é, total e fundamentalmente, revolucionária. Pois o que ela visa não é apenas à superação histórica, mas ao ultrapassamento metafísico da condição humana. Algumas simetrias

---

4 Ibidem, p.303-4.

Ética e literatura em Sartre

entre revolução histórica e arte podem ser úteis para entender a questão. A revolução tem o objetivo de "inaugurar um novo mundo", ao recusar a realidade histórica e ao colocar os "princípios formais" de uma realidade futura. Esses princípios justificam o emprego dos meios necessários à mudança. Tais meios, no entanto, traem os princípios e as finalidades – a revolução não cria uma nova sociedade, mas reproduz a antiga no essencial, isto é, a subordinação à produção. O homem, no capitalismo e no socialismo, é escravo da produção. Do ponto de vista moral também há simetria. O capitalismo proclama princípios formais que são negados na realidade prática; a revolução pretende transformar a sociedade a partir de princípios formais aos quais logo deixam de corresponder as práticas adotadas. Em ambos os casos, instaura-se uma oposição entre princípio e realidade. Na arte, o formalismo costuma ser atribuído ao vanguardismo burguês, que, encorajado pelas condições históricas, é levado a negar a realidade. A arte socialista, em nome do compromisso com a realidade histórica, aceita a realidade, transpondo-a simplesmente de forma "edificante". Vê-se que em ambas as posições fica dissolvida a tensão entre negação e aceitação, para Camus característica da verdadeira criação. Nos dois casos, a arte renega seu compromisso com a revolta.

> Se o revoltado deve recusar ao mesmo tempo o furor do nada e a aceitação da totalidade, o artista deve escapar ao mesmo tempo do frenesi formal e da estética totalitária da realidade ... a arte e a sociedade, a criação e a revolução devem ... reencontrar a origem da revolta, na qual recusa e consentimento, singularidade e universal, indivíduo e história se equilibram na tensão mais crítica.[5]

Indivíduo e história: reencontramos aqui o tema sartriano das relações entre subjetividade e totalidade histórica? Não parece ser o caso. Sartre procurou mostrar que a diferença entre sujeito e história só pode ser corretamente apreendida se pensada ao mesmo tempo

---

5 Ibidem, p.313.

em termos de oposição e de mediação. Há uma opacidade, uma "hostilidade", como diz Sartre, própria do mundo e de suas determinações objetivas, e isso choca-se com a subjetividade. Ao mesmo tempo, a subjetividade se afirma no seu exercício histórico quando a liberdade do sujeito nega as determinações não para fazê-las desaparecer, evidentemente, mas para transformá-las em mediações de sua própria realização. Dessa forma, não há nem oposição completa entre história e subjetividade, nem inteira dissolução da subjetividade na história. Há uma superação constante de situações concretas, e é assim que se deve compreender a liberdade agindo na história.

Para Camus, algo como uma "síntese criadora" entre indivíduo e história só acontece quando a liberdade de agir resulta na ação criadora. É por essa razão que se deve dizer que a revolução socialista *produziu* uma outra sociedade, mas não *criou* uma nova sociedade. Como a sociedade produtiva é a expressão histórica do nosso tempo, a submissão do homem à sociedade produtiva capitalista ou à sociedade produtiva socialista é a submissão do homem à história. Longe de ser uma síntese entre liberdade e necessidade, é uma relação de escravização, porque o contexto histórico-social produtivo é o campo do trabalho alienado, portanto o contrário da ação livre. Não é por outro motivo que falar em subjetividade é obrigatoriamente falar em subjetividade revoltada, e a liberdade só pode ser exercida no alcance e nos limites da revolta. A arte nos faz entender o que são subjetividade e liberdade porque nos mostra a criação como fruto da contradição entre recusa e consentimento. Nesse sentido, Camus não parece entender a expressão "síntese criadora" como sinônimo de superação. Talvez *transfiguração* seja um termo mais adequado: "A horrenda sociedade de tiranos e escravos em que vegetamos só encontrará sua morte e sua *transfiguração* no nível da criação".[6]

Tanto do ponto de vista da arte quanto do ponto de vista social, a criação apresenta-se como uma necessidade e mesmo como a única saída para a espécie de totalitarismo histórico em que vivemos. Mas

---

6 Ibidem, p.314 (grifo meu).

isso significa um impasse ou um risco: a criação tem de ocorrer *sob* o totalitarismo histórico. O que estamos chamando aqui de totalitarismo histórico equivale ao que Camus denomina o tempo das "paixões coletivas". Como viver essas paixões coletivas sem submergir na objetividade sufocante da história? "Para dominar as paixões coletivas é preciso, na realidade, vivê-las e experimentá-las, pelo menos relativamente. Ao mesmo tempo em que as vivencia, o artista é por elas devorado."[7] Não é possível dar forma às paixões coletivas como, em tempos passados, os artistas deram forma às paixões individuais. No limite, a criação já não é possível, a arte não é possível. O relato que Ernst Dwinger faz em seu *Diário* pesa com uma clareza simbólica e esmagadora: prisioneiro há vinte anos num campo da Sibéria, um homem constrói para si um piano de teclas de madeira e, nesse instrumento silencioso, em meio ao frio, à fome e a homens desesperados, tenta evocar dentro de si algo da beleza, compondo

> uma estranha música que só ele escutava. Dessa forma, lançadas ao inferno, misteriosas melodias e imagens cruéis da beleza esquecida nos trariam sempre, em meio ao crime e à loucura, o eco dessa insurreição harmoniosa, que comprova ao longo dos séculos a grandeza humana.[8]

Qual é a questão, ou talvez a simples pergunta, que Camus quer sugerir a partir desse relato? Quando a realidade histórica faz tudo desmoronar, quando todas as esperanças estão devastadas, restaria ainda algo preservado em algum lugar, não tocado pelo redemoinho histórico das paixões coletivas, uma parte intacta de nós mesmos e do mundo, cujo nome seria beleza? Se isso existir, será porque o "homem não se resume apenas à história", ele pode encontrar outros motivos para viver – outras razões de ser. E se não os encontra na história, tornada o reino do horror, deverá buscá-los na natureza, para onde então voltará sua ansiedade, e a satisfação que poderá encontrar aí dependerá do que puder criar, ainda que essa criação somente se possa

---

7 Ibidem, p.315.
8 Ibidem, p.316.

revelar a partir da angústia e da miséria que levaram o prisioneiro a extrair a música da solidão e do silêncio. Mas então é inevitável que se considere como são difíceis a criação e a beleza, quando têm que ser extorquidas à miserabilidade histórica. Num mundo que a história tornou opaco, a arte deve viver de sua própria impossibilidade, e a criação só pode nascer do desespero e da revolta.

O que Camus deseja afirmar é que a beleza não se constrói na história, e que aqueles que se propõem a separar inteiramente nature-za e história condenam-se a banir da existência toda beleza. Jamais a *construção* histórica poderá equivaler à *criação*. Mas estará Camus querendo dizer com isso que o homem encontraria repouso para a sua inquietação simplesmente recusando a história? Certamente não, porque a recusa da história não nos exime de enfrentar as pai-xões coletivas, que são os sinais de um tempo em que a unidade da existência e do mundo foi substituída pela totalidade histórica. Esta nos agride, "insulta" a beleza, devora a intenção criadora e instaura a hegemonia dos "valores degradados".[9] A aceitação desses valores equivale a entender que o homem se resume à história. Mas afirmar que o homem *não* se resume à história não é necessariamente o mesmo que recusar a história. A questão é saber se podemos estar na histó-ria e ao mesmo tempo recusar o que ela nos oferece, como valores e perspectivas. Podemos considerar que a prevalência da história na definição da condição humana gerou um humanismo empobrecido e unilateral, que teria diminuído a amplitude do horizonte humano. Parece ser este o sentido da oposição entre história e natureza, ou entre história e beleza. Na resposta ao artigo de Jeanson, Camus com efeito esclarece:

> A verdade é que é preciso voltar a escrever e a reafirmar diante desse artigo [de Jeanson] que meu livro não nega a história (negação que estaria

---

9 "É possível que a reflexão filosófica possa reunir *a posteriori* numa única interrogação e numa única recusa – a recusa do homem de ser o que ele é – a inquietude difusa, a recusa dispersa que o homem opõe, de um lado, ao sofrimento e à morte, de outro lado, à opressão econômica e à tirania política" (Ricœur, *O homem revoltado*, 1966, p.89).

desprovida de sentido) mas apenas critica a atitude que tem como finalidade converter a história num absoluto.[10]

Camus recusa, portanto, a interpretação segundo a qual simplesmente identificaria a História e o Mal, do que se poderia extrair a consequência de que o Bem só se encontra fora da história. O dogmatismo anti-historicista deve ser, segundo Camus, tão evitado quanto o historicismo extremado.

A recusa da prevalência da história ou da consideração da historicidade como o único viés de compreensão do humano visa, na verdade, o historicismo como atitude que pretende restituir o sentido do mundo por via da descoberta do sentido da história. O mundo humano reclama um sentido que não pode se esgotar na história: quanto a isso, a oposição entre Camus e Sartre não poderia ser mais clara. Assim como Sartre considera que a incorporação da história à natureza – que ele acredita ser a consequência do materialismo dialético – é uma perspectiva reducionista, Camus entende que a compreensão do humano pela via exclusiva da história – o que equivale à supressão da natureza – é igualmente reducionista. A criação artística tende a aparecer como a "saída" na medida em que, acredita Camus, pelo ato criador o artista escapa dos limites da história e se lança à criação de outros mundos. Assim, a arte poderia ser invocada como uma demonstração concreta de que o homem tem como transcender a história, que o compromisso do artista com a unidade da vida e do mundo não pode ser explicado como um compromisso exclusivamente histórico, inclusive por ser talvez a única maneira de escapar à confusão entre unidade como aspiração originária da consciência revoltada e construção histórica da totalidade.

***

---

10 Camus, *Carta a Jean-Paul Sartre*, 1964, p.40-1. Cf. também: "Qual poderia ser a atitude do revoltado? Ele não pode se esquivar do mundo e da história sem renegar o próprio princípio da sua revolta, nem escolher a vida eterna sem se resignar, em certo sentido, ao mal" (Camus, *O homem revoltado*, 1997, p.330).

Diante de um mundo que nos rejeita, que nega as aspirações profundas da subjetividade, o próprio desejo de transcendência tende a ser despojado de sua positividade. Porque a transcendência deixaria, nesse caso, de ser o ato de uma subjetividade insatisfeita com a sua realização na esfera do finito, tal insatisfação aparecendo como *resultado* da experiência da finitude. A recusa do mundo significa que as aspirações do sujeito não podem ser realizadas nem mesmo no mundo finito. Não se trata, como na filosofia clássica, de considerar que a experiência da finitude é, por si mesma, incompleta; é preciso considerar que o que temos é uma experiência incompleta da própria finitude. Portanto, o que fundamenta a busca da transcendência não é o percurso *completo* da finitude e a *incompletude* que daí resulta, é algo como uma experiência primária da recusa e da negação. É a essa experiência primária que se refere o que diz Camus acerca do desejo frustrado de *possuir o mundo* completamente. É essa impossibilidade que nos joga para a transcendência, o que significa que o fundamento do desejo de transcendência é uma carência primordial, que ocorre mesmo antes da realização humana do sujeito, e que, assim, não pode ser rigorosamente considerado como uma *superação* da condição humana, se entendermos por isso o esgotamento das possibilidades imanentes de expansão da subjetividade. É como se o desejo de transcendência, enraizado na carência metafísica originária, nunca pudesse superá-la.

Parece ser a partir dessa compreensão das relações entre imanência e transcendência que Camus chega à identificação entre criação e transcendência no caso do artista. Este não é, de forma alguma, o homem a quem o mundo não basta, e que por isso o transcenderia buscando a criação de novos mundos. A criação é sempre uma tentativa de possuir e de compreender integralmente o que já existe, e é *criação* exatamente porque essa posse e esse saber configuram-se como impossíveis, já que no limite se confundiriam com a visão da unidade real do mundo e entre o sujeito e o mundo. Então o artista cria um mundo ao qual ele mesmo possa dotar de unidade ou no qual possa representar a unidade como completamente e de direito impossível.

Neste último caso, a ausência de unidade também aparecerá como uma resposta à aspiração de unidade. Em ambos os casos, há uma tentativa para escapar da mera incompletude factual e da simples contingência injustificada. E essa tarefa é realizável porque na arte a contingência pode ser ordenada: a ordenação é a criação. O artista é aquele que cria as condições de possibilidade da realização das aspirações subjetivas, e essa criação encontra, como vimos, as dificuldades e os obstáculos que a época histórica coloca diante das pretensões da subjetividade. Para Camus, se é verdade que o mundo nega a subjetividade, é preciso reconhecer também que a história potencializa essa negação.

Esse enfrentamento entre subjetividade e história, no caso do artista, aparece em Sartre quando, na tentativa de realizar as aspirações subjetivas, o indivíduo projeta sua particularidade na universalidade das questões que constrói na sua obra. Nessa mediação, encontra-se a compreensão da relação entre a subjetividade do artista e o mundo: "por que atividade um 'indivíduo acidental' (expressão de Marx) pode realizar nele mesmo e para todos a pessoa humana?".[11] Se traduzirmos a pergunta para o nosso contexto, poderíamos talvez reformulá-la: como o indivíduo, transcendendo a sua particularidade, percebe dentro dele e para todos os outros a universalidade da pessoa humana? O que verdadeiramente ocorre quando o "indivíduo acidental" descobre na sua acidentalidade a universalidade? Será que para isso é necessário transcender a história, isto é, sobrepor-se de alguma maneira às determinações históricas da individualidade?

István Mészaros nos ajuda a entender a questão, ao recuperar primeiramente o significado de "indivíduo acidental" em Marx:

> A situação atual da sociedade exibe sua diferença, em relação ao estado anterior da sociedade civil, pelo fato de que – diferentemente do que ocorria no passado – não integra o indivíduo dentro da sua comu-

---

11 Sartre, *Ratos e homens*, 1972, p.53.

nidade. Depende em parte do acaso, em parte do esforço do indivíduo, etc., quer ele se prenda ou não à sua condição.[12]

A alienação significa fundamentalmente a separação entre o indivíduo e a sua própria condição. A condição histórica é dada pelas determinações que fazem do indivíduo um ser em sociedade – e isso deveria significar a sua integração na comunidade a que pertence historicamente. As condições da sociedade burguesa se opõem a essa integração, que acontece, então, somente por acaso ou por esforço: portanto, o indivíduo vive a sua condição sociocomunitária de maneira "acidental", como se a sua relação com a comunidade humana fosse extrínseca. Como a autoidentificação do indivíduo depende basicamente dos liames históricos que o inserem na sua comunidade, essa separação faz que o indivíduo viva em estado de alienação. Ora, a partir dessa configuração, o projeto fundamental que se põe para o sujeito aparece também como um dever moral: a tarefa de realizar a integração entre indivíduo e comunidade humana, recuperando as condições de sua consciência histórica, rearticulando as relações entre subjetividade e história, de tal modo a passar da individualidade acidental à compreensão do "ser universal" inerente à sua condição. É isso o que significa descobrir dentro de si e para todos os demais a pessoa humana, descoberta que é ao mesmo tempo uma realização da universalidade a partir da particularidade individual.

Assim, para Sartre, a relação entre subjetividade e história, no caso do artista, mais precisamente do escritor, quer dizer:

> Busca de um significado numa sociedade em que ele não pode deixar de ser um "indivíduo acidental", mas à qual deve transcender de algum modo, se quiser arrancar sua própria humanidade – para si mesmo e para os outros – das forças da alienação.[13]

---

12 Marx apud Mészaros, *A obra de Sartre. Busca da liberdade*, 1991, p.32-3.
13 Mészaros, op. cit., p.33.

Ética e literatura em Sartre

O projeto fundamental – e os projetos particulares que o expressam – realiza-se sem dúvida pela transcendência. Por via dela, entretanto, o sujeito – o escritor – não deveria abandonar a história, mas antes integrar-se nela reconstituindo os laços entre indivíduo e comunidade, rompidos num determinado estágio da sociedade. Transcendência deveria significar então a superação das condições de alienação, isto é, o procedimento de transcender a situação de acidentalidade, a partir dela, na direção da representação da universalidade do humano. Como essa universalidade é encontrada primeiramente dentro de si, ela não é a ideia abstrata de Homem, mas o resultado da compreensão das condições concretas de integração entre individualidade e história. É isso que Sartre tenta atingir quando examina o *projeto do escritor*, seja ele Baudelaire, Genet ou Flaubert. Como o escritor é aquele que decidiu escrever, a escrita aparece como a forma pela qual ele tentará realizar o seu projeto de integração. O que não significa que essa tentativa resultará sempre numa fusão positiva entre a subjetividade do escritor e a objetividade da história. Pelo contrário, o que interessa a Sartre é o caráter *problemático* dessa tentativa de integração. Por isso, ele escolherá sempre os casos em que a integração não foi positiva: Flaubert, por exemplo, optará pelo não compromisso, pelo culto da forma, mas essa atitude revela a tentativa de transcender pela via do belo as contradições entre subjetividade e história, caminho que leva a uma compreensão formalista da literatura. A resposta do indivíduo ao mundo que o nega é a negação do mundo, que é uma forma extrema de estar no mundo e na história. Refugiar-se no imaginário e escolher a alienação são ainda atos: o artista pode assumir o compromisso de ignorar a história, mas não pode ausentar-se dela.

É por essa razão que o estudo da literatura e dos escritores é uma maneira de formular a questão das relações entre a subjetividade e a história: uma maneira de fazer filosofia. O privilégio dado a esse tema resulta, então, numa concepção dramática da filosofia.

> Hoje em dia, penso que a filosofia é dramática pela própria natureza. Foi-se a época da contemplação da imobilidade das substâncias que são

o que são, ou da revelação das leis subjacentes a uma sucessão de fenômenos. A filosofia preocupa-se com o *homem* – que é ao mesmo tempo um agente e um ator, que cria e representa seu drama enquanto vive as contradições de sua situação, até que se fragmente sua individualidade, ou seus conflitos se resolvam.[14]

É preciso considerar a maneira singular como é definida por Sartre essa filosofia que se preocupa com o homem, pois de alguma forma se pode dizer que a filosofia nunca fez outra coisa desde o seu nascimento. Mas o que está indicado é mais do que isso: a filosofia pode se preocupar com o homem da mesma maneira que se preocupa com as "substâncias que são o que são" ou com "as leis subjacentes a uma sucessão de fenômenos": para Sartre, isso faria parte de uma objetividade inócua e abstrata. Preocupar-se com o homem significa adotar como tema o drama da existência, isto é, no contexto de nossa discussão, a oposição entre indivíduo e história, ou ainda, como o sujeito se constitui (como cada homem reinventa o homem) a partir do que o determina. É essa oposição que confere o teor dramático à existência e à filosofia, e é por isso que a filosofia da existência é uma filosofia dramática. Esse drama pode ser abordado pelo discurso direto da filosofia ou pelo discurso indireto da representação literária. O romance, definido por Sartre como "totalização de uma temporalização singular e fictícia", é expressão do drama da existência, e a forma dessa expressão relaciona-se com a "mediação artística". Desnecessário dizer que entre a forma filosófica e a forma literária existe intersecção ou passagem contínua de uma a outra, nos dois sentidos, daí a presença de elementos literários em *O ser e o nada*, por exemplo, e a presença de elementos filosóficos nas obras de ficção, como acontece nos textos de *Os caminhos da liberdade*.

Esta identificação, em uma hermenêutica do significado, da literatura e da filosofia, implica que a filosofia, mais precisamente a inter-

---

14 Sartre apud Mészaros, op. cit., p.54.

Ética e literatura em Sartre

pretação que Sartre oferece do marxismo, tenha por finalidade constituir uma antropologia existencial e histórica onde a única interrogação apoia-se no homem e no seu relacionamento com o mundo.[15]

Abordar, pela filosofia ou pela literatura, o drama da existência, é sempre tomar posição a respeito. Assim, pensar e escrever são formas de agir. Sou agente e sou ator: significa que a ação que me define como sujeito histórico me projeta adiante de mim mesmo porque o meu projeto contém obrigatoriamente a representação projetada de mim mesmo. O futuro é a representação de mim, à qual procuro chegar por via da realização de um certo projeto de existência. Vejo-me, antecipo-me no ato de transcender as situações históricas particulares. Enquanto me antecipo ao que pretendo ser, vejo-me como uma personagem no futuro, ou como um ator que me representaria. E pela ação, isto é, como agente, procuro integrar o que já sou a isso que devo ser no futuro, para fazer do agente e do ator uma só pessoa. Nessa tarefa, enfrento as contradições das diferentes determinações situacionais: desejo negá-las, isto é, superá-las, mas elas reagem e tendem a me conservar como prisioneiro da objetividade do mundo, isto é, da minha herança e do meu contexto. De modo que a liberdade de transcender pode vir a ser a máscara da estratégia de conservação, se não assumo com efetividade e com radicalidade o propósito de definir-me por aquilo que eu puder me tornar. É assim que Flaubert se tornará mais burguês quanto mais se revoltar contra a sua classe, porque escolheu se revoltar pela linguagem e a linguagem da sua revolta é ao mesmo tempo a linguagem da sua classe. O próprio desejo de transcender a sua classe o aprisiona nela e a sua revolta o oprime, acuando-o em vez de libertá-lo. O significado faz que a linguagem não seja pura positividade. Talvez seja óbvio dizer que a passagem do significante ao significado define o ato de escrever. Mas esse aparente truísmo pode se revelar um problema se entendermos que, para Sartre, o significante é sempre, ao fim e ao cabo, o homem e a sua história. É a partir desse

---

15 Glucksmann, *A origem da literatura*, 1968, p.66.

núcleo central que ocorrerá a "práxis criadora", pela qual advém o sentido. Como somente o homem é histórico, ele é o emissor e o destinatário desse sentido. Nessa concepção radicalmente humanista da literatura, o escritor tem que superar a materialidade da palavra, escapar da positividade da linguagem, fazer que as relações humanas transpareçam na ordem das palavras. É preciso entender que as relações humanas não são superestruturais: são as únicas relações existentes. Há, portanto, uma imanência do significado ao vivido, a história é expressão do significado e este somente existe no universo humano. Essa maneira de compreender o caráter expressivo da literatura (imanência da expressão ao vivido histórico) impede que se reconheça a autonomia do objeto literário. Tal como Camus, Sartre condena o formalismo. A autonomia formal da arte é a recusa de considerar a transitividade que obrigatoriamente define a expressão, quando a consideramos imanente à história. Como a história é a dialética da liberdade e da determinação, escrever é um exercício de liberdade que exige do leitor também um exercício de liberdade. Nisto consiste a ética da literatura: ela é exigência de liberdade para o escritor e para o leitor. Sem a consideração dessas duas liberdades, a literatura como compromisso ético não teria sentido. Esse aspecto do pensamento de Sartre manifesta, como tantos outros, o rigorismo moral, que vai ao ponto de compatibilizar a liberdade do escritor com o caráter eticamente prescritivo do ofício de escrever.

Diante dessa relação complicada, como compreender a liberdade inerente ao ato criador? "O local de nossa experiência crítica não é outra coisa senão a *identidade* fundamental de uma vida singular e da história humana."[16] Se a experiência crítica que deve ser expressa na escrita *já é* fruto de uma "identidade fundamental" entre individualidade e história, não há razão para que a questão da criação literária seja pensada nos termos da dicotomia entre subjetividade e objetividade, entre a liberdade individual e as determinações históricas que

---

16 Sartre apud Glucksmann, op. cit., p.70.

definem a *situação* do escritor. Nesse sentido, a oposição entre interioridade e exterioridade é superada: a expressão tem como condições de possibilidade a interiorização da exterioridade e a exteriorização da interioridade. O processo assim definido nos impede de conferir a qualquer das duas dimensões uma posição absoluta; ambas são mediações e cada uma é mediação da outra. Isso significa que a práxis individual se estrutura pela mediação das determinações históricas (a liberdade se exerce por via das determinações tornadas mediações) e ao mesmo tempo a história totaliza a práxis individual – todas as práxis individuais. A subjetividade interioriza as determinações objetivas presentes na exterioridade histórica, mas ao mesmo tempo esta só existe na medida em que se constitui pelas exteriorizações da subjetividade, que são as ações do sujeito histórico. É a partir desse duplo relacionamento que se institui o significado. Portanto, se o indivíduo (parte da totalidade histórica) somente se explica pela sua relação com a totalidade, essa totalidade por sua vez já se encontra significativamente presente no indivíduo. Por isso, é possível conhecer essa relação partindo da expressão singular da totalidade por um indivíduo. Para conhecer Flaubert, é preciso saber tanto a totalidade histórica na qual está inserido quanto a maneira pela qual ele a expressa singularmente. Portanto, não será estudando exaustivamente as determinações histórico-sociais que pesaram sobre Flaubert a partir da exterioridade que viremos a conhecê-lo na sua especificidade de indivíduo e escritor. Pois Flaubert não é um *efeito* de tais condicionamentos e sim alguém que se escolheu a partir deles. Isso significa que ele os viveu como mediações da realização de seu projeto de existência. A maneira como ele se fez e como elaborou a sua obra reflete esse trabalho subjetivo com as mediações. É por isso que o conhecimento de Flaubert exige que nos coloquemos ao mesmo tempo de dentro e de fora do indivíduo e da obra.

Por aí podemos vislumbrar a extraordinária complexidade da noção sartriana de totalidade, principalmente do ponto de vista da manifestação literária. Se, por um lado, é verdadeiro dizer que a elucidação do que seja a literatura remete-nos às "condições de possibilidade do significado e à sua imanência no todo social",[17] por outro é preciso considerar o entretecimento desse todo social: jamais se trata de uma totalidade objetiva em sentido estrito. Se o escritor encontra já a materialidade das palavras e a imanência dos significados à história, ele também supera essa materialidade e recria os significados, precisamente por não relacionar-se com eles como se fossem coisas. *Mediação*, nesse caso, significa: assim como o indivíduo *é* o que *faz* daquilo que fazem com ele, a obra do escritor é o resultado daquilo que uma determinada subjetividade *fez* daquilo que a história *fez* com essa subjetividade. Na passagem de uma a outra dessas duas dimensões do *fazer*, ocorre a criação do significado e nasce a literatura. Parece, portanto, que a imanência do significado ao todo social não exclui a recriação de significados, assim como a totalidade histórica objetiva não exclui a ação livre da subjetividade. A totalidade à qual a significação é imanente preexiste ao indivíduo sem que por isso deixe de ser obra humana, depositária de significados humanos. Deve-se notar que a preexistência da totalidade não significa a história objetivamente dada e mecanicamente realizada. Por isso, essa totalidade é incorporada na obra, retotalizada significativamente. Por mais difícil que seja esgotar as mediações que devem existir entre totalidade e singularidade, a literatura somente se torna inteligível quando compreendemos esse processo de reciprocidade. Por isso, a literatura, tanto quanto a filosofia, não pode oferecer um saber objetivo sobre o homem, nem este atingir um conhecimento plenamente objetivo sobre a literatura.

Essa dupla impossibilidade é que determina a relação histórica entre o homem e a literatura. Por relação histórica entende-se aqui que o referente da palavra literária é o homem histórico, que o exercício da literatura inclui um comprometimento histórico e que a obra literária se define pela transitividade histórica entre as consciências livres. Assim, não há como criar literariamente significados que não

---

17 Glucksmann, op. cit., p.73.

Ética e literatura em Sartre

sejam historicamente imanentes, embora tal imanência não venha a equivaler à pura e simples reprodução das coisas e dos significados dados. Essa concepção do significado, e o compromisso, por assim dizer, interno, da literatura com esta definição, é que faz do formalismo uma espécie de antítese da escrita, ou a realização da literatura pela sua negação. Pois a criação de significados imanentemente históricos faz que o escritor tenha de escamotear as palavras naquilo que elas possuem de materialidade e de instrumentalidade, para fazer transparecer o que é dito. Quando isso não acontece, o risco é que o significado seja escamoteado e a história expulsa da literatura. O peso material da palavra tende então a negar o significado, a palavra não reconduz mais a outra coisa, mas, apenas e reiteradamente, a si própria. A intransitividade assim estabelecida destitui de sentido o ato de leitura, pois é a intervenção do leitor que determina a que "outra coisa" as palavras podem reconduzir. Pode ser que Balzac escreva para legitimar o *status quo*, mas suas palavras podem ser lidas como descrevendo uma sociedade em mudança, porque a leitura como instalação de reciprocidade pode negar a intenção de Balzac e reconduzir as palavras a outro significado.

A apreensão subjetiva da totalidade é o modo que o escritor tem de revelá-la a si e aos outros, e esse procedimento é insuperável porque não se trata de estilo e sim de liberdade, portanto de expressão original. O artista, o escritor sobretudo, tem que poder dizer EU, porque é essa a maneira pela qual a sua liberdade se solidariza com a nossa: ele nos exige, nós o exigimos. É preciso enfatizar esse ponto para compreender bem o significado do compromisso do escritor. Quando ele se compromete com a história, isto é, com a realização da liberdade, ele interpreta a totalidade por via da liberdade. E o seu modo de interpretar a realidade é negando-a, retotalizando-a de outra maneira. Por isso, o escritor não pode aceitar previamente nenhuma interpretação da totalidade, sobretudo aquelas que contradizem a liberdade, pois estaria aceitando a impossibilidade de tornar-se escritor.

se uma qualquer tirania, para estabelecer a primazia do "nós", privasse os indivíduos da reflexão subjetiva, toda a interioridade desapareceria de uma só vez e, com ela, as relações recíprocas: *eles* teriam ganho para sempre e nós nunca mais deixaríamos de caminhar no labirinto experimental, roedores loucos às voltas com os Vampiros.[18]

O horror descrito nessas frases é histórico, tal como o vivido pelo prisioneiro que construiu o piano de madeira, de quem nos fala Camus; é o horror do totalitarismo, mas aqui ele faz que as pessoas se comportem como os animais descerebrados descritos em *Ratos e homens*. Não poderíamos, como sugere Camus, transcendê-lo pela criação, pela busca de um significado extra-histórico que a arte preservaria. Sartre concorda que o totalitarismo é a morte da arte, e que em certas condições históricas ela se refugia do terror na autonomia da forma, ou num autismo angustiante e desesperado. Mas a sua possibilidade estará sempre ali mesmo onde ela se vê como impossível: na transcendência da situação histórica, nunca na transcendência da história.

---

18 Sartre, *Ratos e homens*, 1972, p.70.

Conclusão
Práxis: a literatura como compreensão ética da realidade humana

A questão das relações entre Ética e Literatura se inscreve numa problemática mais geral que poderia ser nomeada como as relações entre o ser e o saber. Poderíamos enunciar essa questão geral da seguinte forma: em que sentido um conhecimento *antropológico* pode constituir um *saber* acerca do seu *objeto* sem levar em conta a espécie de compromisso íntimo que vincula, no caso, aquilo que é *interrogado* como *objeto*, aquele que *interroga* como *sujeito* e o próprio contexto da *relação interrogante*? Em outras palavras e definindo em termos reais os componentes dessa estrutura que em princípio parece ser lógica: um saber acerca do homem se constitui quando o próprio homem se faz sujeito e objeto da interrogação; quando a "região ontológica" sobre a qual se vai exercer a investigação é a mesma de onde parte a investigação; este saber se constitui na medida em que sujeito e objeto compartilham o mesmo estatuto ontológico e ao mesmo tempo ocupam diferentes posições lógicas; este saber também se constitui quando sujeito e objeto participam da mesma peculiaridade que define a ambiência em que se dá a interrogação. O saber que o homem institui acerca do próprio homem caracteriza-se então pela identidade onto-lógica dos termos da relação e pela determinação do contexto em que o conhecimento se vai exercer. O que tal relação entre sujeito e objeto acarreta do ponto de vista das consequências para a constituição do conhecimento?

A rede de relações assim descrita revela aquilo que se pode no-mear como o conhecimento antropológico no contexto da situação existencial. O objeto de conhecimento não é apenas o Homem concei-tualmente determinado, mas o homem identificado como *existente*. O sujeito desse conhecimento é igualmente o homem como existente. E o contexto em que se produz a relação de saber é a *existência*. Essa existência, por sua vez, se compreendida na diferenciada singulari-dade da sua práxis, tem de ser tomada como existência *histórica*. As consequências, em termos de conhecimento, provêm das seguintes especificidades: 1. a diferença entre *ser e existir* como pressuposto para a identificação da singularidade dos termos sujeito e objeto; 2. a histo-ricidade como possibilidade humana de autoconstituição pela práxis, isto é, pelo devir interiorizado, assimilado e superado pela consciência. Isso significa que o conhecimento antropológico se caracteriza como o saber acerca do *"existente que somos*. Neste caso, ocorre que quem interroga é precisamente o interrogado ou, se se prefere, a realidade humana é o existente cujo ser está em questão no seu próprio ser".[1] Não se deve entender apenas que tal conhecimento se define como conhecer aquilo que somos, pois aquilo que somos já está presente a nós mesmos como o *existente*. Nesse caso, a expressão "o existente que somos" significa que não podemos objetivar esse existente como exterior e "em si". Como a expressão também significa que o nosso ser consiste em existir, não podemos fazer do caráter interno da relação pretexto para um conhecimento "interior" de cunho introspectivo, pois a definição da existência histórica pela práxis implica que o que somos "interiormente" se constitui pela interiorização das relações

---

1 Sartre, *Questão de método*, 1966, p.135.

que constituem a nossa *presença no mundo*. Se o conhecimento do existente é o conhecimento da sua presença no mundo, então trata-se de um conhecimento inteiramente *prático*, este termo significando aqui a relação absolutamente interna que se estabelece entre o sujeito e o objeto, de maneira semelhante àquela em que chamamos de prático o conhecimento da relação entre o sujeito e a sua ação. Isso significa que a *singularidade* desse conhecimento deriva da *singularidade* do existente que aí se põe ao mesmo tempo como sujeito e como objeto. Foi nesse sentido que Kierkegaard questionou Hegel acerca da possibilidade de integrar essa singularidade num sistema absolutamente racional, isto é, de compatibilizar a singularidade existencial do indivíduo com a generalidade absoluta da razão sistemática. Para Kierkegaard, a individualidade apareceria como um resíduo irredutível e, mesmo, irracional.

Ora, o que está implícito na contraposição de Kierkegaard a Hegel, e que seria mais tarde explicitado por Husserl a propósito das ciências, é a diferença entre a utilização de um espaço teórico de constituição do saber, no interior do qual os procedimentos cognitivos se exercem, e a interrogação direta acerca do ser do objeto a que se destinam tais meios de conhecer. Referindo-se ao homem, podemos dizer, por exemplo, que as ciências humanas exercem procedimentos cognitivos num espaço teórico configurado pelos fatos humanos, sem, no entanto, jamais interrogarem diretamente *o* homem, na medida mesmo em que nunca *se* interrogam sobre o homem. As ciências do homem dividem a realidade humana numa série de questões objetivas, mas a própria realidade humana nunca é posta em questão. A intenção objetiva da ciência faz que ela se ocupe da funcionalidade do objeto, mas não da realidade mesma do objeto. Essa atitude está, diga-se de passagem, na origem da naturalidade com que as ciências humanas incorporam os métodos das ciências naturais: o humano em si mesmo não está no horizonte do saber que se constitui. Assim se produz uma contradição: o progresso na constituição das ciências humanas mantém e até mesmo aumenta a distância entre elas e a realidade humana.

Ora, essa contradição, por ser constitutiva da relação entre as ciências humanas e o seu objeto, não pode ser explicada somente pela inadequação metódica. Temos que admitir que há algo nesse "objeto" que escapa a uma apreensão e que impede que as ciências humanas venham a integrar realmente o saber que produzem acerca do homem. Essa parte do "objeto" que escapa é justamente aquela que não está lá, que o "objeto" não possui nem nunca possuirá: a *essência humana*, a partir da qual se poderia configurar de maneira fixa um conjunto de propriedades definidoras do humano. O que escapa das ciências humanas não é, pois, "uma parte" da realidade humana, mas o seu próprio sentido, já que este se constitui a partir disso que lhe falta: a essência. É a este modo de ser específico da realidade humana que denominamos *existência*. As ciências humanas falham em atingir a realidade humana porque os seus procedimentos objetivos pressupõem a apreensão objetiva de uma essência, fixa e delimitada. A concepção existencialista da realidade humana, pelo contrário, procura apreender a singularidade que a constitui exatamente na ausência de uma essência, considerando que a realidade humana *é* aquilo que a cada momento *se faz* de si mesma. É esse processo contínuo que, apreendido na diversidade das situações que o constituem, define-se como *existência histórica*.

A questão que se põe a seguir é acerca da possibilidade de ser a realidade humana assim concebida *objeto direto de um saber*. Ao desfazer a sinonímia tradicional entre *realidade* humana e *natureza* humana, perde-se ao mesmo tempo a possibilidade de determinar abstratamente o modo de ser dessa realidade. A existência histórica concreta só pode ser apreendida na práxis humana de indivíduos determinados, e a realidade humana seria o movimento de totalização de todas essas tarefas individuais, cada uma das quais tem de ser definida a partir de um projeto pessoal. Com isso, perde-se também a possibilidade de apreender a singularidade humana por via da noção abstrata de *pessoa*. A pessoa se determina pelo seu projeto pessoal, obrigatoriamente inserido no contexto da existência histórica.

tais determinações ... são sustentadas, interiorizadas e vividas (na aceitação ou na recusa) por um *projeto pessoal* que tem dois caracteres fundamentais: ele não pode em caso algum definir-se por conceitos; enquanto projeto *humano*, é sempre compreensível (de direito, se não de fato).[2]

Há que se atentar para a relação interna entre essas duas características: o projeto pessoal não pode ser apreendido por conceitos sem perder a sua inserção concreta na práxis; e é essa inserção que o faz compreensível no seu estatuto singular, isto é, de realidade humana, do qual o conceito passaria ao largo. Compreender o projeto humano é compreender a práxis humana individualmente e no movimento de totalização; é essa compreensão que distingue a *interrogação direta* do *saber direto*. A interrogação direta não parte de procedimentos objetivistas nem chega a conceitos objetivos; ela é *compreensiva*, o que significa algo como a representação do movimento dialético entre subjetividade e totalidade histórica. É provavelmente nesse sentido que Sartre afirma que a reflexão sobre a existência produz um conhecimento indireto da existência. Mas é preciso considerar que esse "conhecimento indireto" constitui o pano de fundo de todos os conhecimentos conceituais que se podem obter acerca da realidade humana, pois todos eles retiram seu sentido da existência apreendida imediatamente como projeto pessoal historicamente formulado (projetado) pela consciência definida como autotranscendência.

Essa interrogação direta, no entanto, também se expressa em discurso, e, quando utilizamos palavras como projeto, transcendência, práxis etc., estamos denotando as estruturas existenciais que tais palavras desvendam. Mas não são conceitos, isto é, não estão sustentando um discurso sobre a existência, mas é a existência que sustenta o discurso a partir do qual a linguagem procura desvendá-la. Isso significa que a existência não é um ser de linguagem; pelo contrário, a própria linguagem inscreve-se na estrutura da existência como projeto, enquanto produto humano. O movimento significante, como diz Sartre,

---

2 Ibidem, p.137.

é ele próprio projeto: "O projeto existencial estará na palavra que o denotará, não como o seu significado – que por princípio está *fora* – mas como o seu fundamento original e sua estrutura mesma".[3] A palavra manifesta o projeto da mesma maneira como a mercadoria reenvia ao trabalho humano que a produziu. Ela retém algo que lhe é anterior e que a transcende.

Formulando a mesma coisa de outra maneira, podemos dizer que toda palavra designa regressivamente o seu ato e reenvia à compreensão fundamental da realidade humana, a qual se dá individual ou coletivamente em toda práxis. Isso significa que, enquanto o conceito visa o objeto como estando fora, ainda que este objeto seja o próprio homem, a reflexão sobre a existência, de maneira mais originária, ocorre como uma compreensão "perpetuamente em ato", ou sucessivamente atualizada. Isso nos alerta quanto ao perigo de fetichização da palavra, que pode se dar de duas maneiras: ou pela valorização de sua "materialidade" em detrimento de sua significação, ou pela cristalização significativa do conceito, que passa a representar de forma fixa a realidade, como se a tivesse absorvido. Evitamos o primeiro sentido da fetichização reiterando sempre a transitividade da linguagem, o caráter de signo das palavras, que só existem para remeter às coisas que as transcendem. Evitamos o segundo sentido da fetichização simplesmente lembrando que a dialética não pode ser "conceitual", no sentido de um acervo fechado de significações consolidadas, já que a singularidade do processo dialético de conhecimento é precisamente a superação e o engendramento de novos "conceitos". A dialética como que dissolve os seus próprios conceitos, refazendo-se indefinidamente nas operações reflexivas. É dessa maneira que a dialética, enquanto processo, *compreende* o processo da práxis. Há, portanto, uma relação indissolúvel entre práxis e dialética que nos obriga a dizer que o conhecimento *intelectual* (conceitual) no sentido de uma sistematização absoluta é impossível na esfera do conhecimento *antropológico*. O saber

---

3 Ibidem, p.138-9.

acerca da realidade humana só faz sentido quando aquele que *sabe* alguma coisa sobre o homem, ao mesmo tempo, *compreende* o que sabe. Há entre o *compreender* e o *saber* uma relação de união e de separação, pela qual se dá uma "perpétua dissolução da intelecção na compreensão e, inversamente, este perpétuo redescender que introduz a compreensão na intelecção como dimensão do *não saber racional* no seio do saber".[4] A controvérsia de Sartre com o marxismo deriva da recusa dos marxistas em aceitar essa ambiguidade. Ora, essa recusa impede uma compreensão autêntica da práxis histórica.

Para conservar essa ambiguidade e ao mesmo tempo fazer dela um eixo de compreensão da realidade humana, é preciso considerar que a *situação* humana, que não podemos ultrapassar, nos impõe a identificação existencial entre interrogante, interrogado e interrogação, sem que por isso tenhamos que relegar à pura irracionalidade o conhecimento do indivíduo interrogante na sua singularidade. É nesse sentido que a filosofia da existência não se opõe à herança hegeliana e muito menos ao marxismo. Ela deseja, "no Saber mesmo e na universalidade dos conceitos, reintroduzir a insuperável singularidade da aventura humana".[5] O que significa apenas enfatizar que, sendo a existência humana o fundamento do saber marxista, esta existência não se pode separar da compreensão que dela se pode alcançar. Em outras palavras, como no caso do homem o seu ser é a sua existência, ser e saber são inseparáveis. A compreensão do que *não sabemos* acerca da existência está no coração mesmo do *saber* acerca da existência.[6]

É essa compreensão que a literatura – a narrativa em prosa – procura alcançar. A literatura como produção humana, apelo de uma liberdade a outras liberdades, elabora uma imagem da sociedade que, além de descrever a situação de alienação, procura desvendar a sua origem

---

4 Ibidem, p.141.

5 Ibidem, p.142.

6 Para Kierkegaard, a vivência do ato de fé que me faz compreender a singularidade da existência estaria necessariamente *fora* do saber racional – o sistema total hegeliano. É a mediação da práxis que faz que possamos introduzir essa compreensão no seio do Saber, embora ela continue não redutível a ele.

humana. Pois essa origem poderia ficar de fora dos procedimentos de descrição científica, eminentemente explicativos. O escritor sabe que, ao procurar compreender a alienação, está tentando compreender a si próprio. Quando procura entender a reificação, sabe que na origem da transformação dos seres humanos em coisas estão as atitudes humanas que provocaram essa transformação. *O que é* esse existente que reproduz sua vida pelo trabalho, para que a realidade desse trabalho retorne sobre ele para determiná-lo como *um outro*? *O que são* as relações humanas para que tais relações possam aparecer na sociedade como relações *entre coisas*? Em suma, *o que é* a realidade humana para que a partir dessa mesma realidade os homens possam construir o *não humano*? São perguntas que uma descrição conceitual da práxis não alcança, porque não há descrição conceitual que possa dar conta da totalidade e do sentido da práxis. Portanto, a compreensão não conceitual, longe de ser irracionalismo, é a única maneira de nos aproximarmos racionalmente da existência como fundamento da práxis histórica. É nesse sentido que as estruturas existenciais são desvendantes e compreensivas. Sua elucidação desvenda aquilo que o saber, mesmo histórico no seu sentido positivo, é obrigado a deixar implícito e obscurecido. Ocorre que este obscurecimento pode chegar ao ponto de o homem ficar de fora de um saber sobre ele mesmo, como se o objeto da ciência constituísse ao mesmo tempo o seu ponto cego.

É isso que nos indica de maneira mais clara e mais geral por que a tarefa ética da literatura é construir a mediação necessária para que o homem tome consciência de sua alienação. Pois o paradoxo do *conhece-te a ti mesmo* na contemporaneidade consiste em que a "liberdade prática só é apreendida como condição permanente e concreta de servidão, isto é, através dessa servidão e por ela, como o que a torna possível, como seu fundamento".[7] Nesse sentido, um saber descritivo da alienação é insuficiente da perspectiva prática. Isso não quer dizer que seja satisfatório no nível teórico, pois a própria identificação entre in-

---

7 Ibidem, p.145.

terrogante, interrogado e interrogação, no caso do conhecimento do homem, coloca em questão a divisão teoria/prática. Seria o caso de se perguntar se haveria um ganho *de conhecimento* numa visão descritiva que nos apresentasse *objetivamente* o ser humano como alienado, sem se perguntar pela gênese da alienação e, portanto, pelas condições práticas do surgimento e da permanência da alienação. Não haveria aí o risco de fetichização desse conhecimento por via do seu próprio caráter objetivo? É por opor-se a esse risco que a *compreensão* da realidade humana é atravessada pela ética, e é nesse sentido que a compreensão ética dessa realidade realizada pela literatura é ao mesmo tempo um conhecimento e uma tarefa. Daí a importância de considerar a existência como fundamento, pois, dessa maneira, a compreensão da alienação nos mostra como o existente "existe sua alienação": esta violência gramatical que consiste em atribuir caráter transitivo ao verbo *existir* visa dar toda ênfase ao estatuto de *agente* do sujeito da história. Quando conhecemos o homem como *objeto*, só o compreendemos se o apreendemos também como *agente*, de modo que o sujeito do conhecimento tenha sempre muito presente que o objeto desse conhecimento é ele mesmo, caso contrário o próprio conhecimento da alienação se dá, ele próprio, de forma alienada. Essa possibilidade paradoxal é, no entender de Sartre, o risco a que se expõem os marxistas quando fixam a dialética numa estrutura metafísica dogmática: a dialética da natureza, que dissolve o fenômeno humano numa generalidade materialista. Assim se pode dizer que a dialética é em si mesma compreensiva, desde que a entendamos como um *saber histórico* e, portanto, adequado unicamente ao homem concebido como sujeito ativo da história. Por isso, ela não pode significar outra coisa senão a compreensão do movimento vivo da práxis nas situações concretas. Conhecer o homem é superar, "a cada instante, a contradição íntima que une a compreensão do homem-agente ao conhecimento do homem-objeto".[8]

---

8 Ibidem.

Ora, a literatura da práxis, ao renunciar à correspondência tradicional entre descrição do mundo e contemplação da obra, privilegiando o fazer, contribui assim para a tomada de consciência da ligação intrínseca entre o homem e o trabalho, entre o produtor e a sua produção, quando elucida a prática como humana e o homem como um agente dessa prática, quando procura esclarecer os princípios internos e as condições da relação entre o homem e as suas ações. Essa representação existencial da realidade humana, que mostra a liberdade da consciência como origem e condição da servidão na qual a própria consciência se alienou, cumpre uma tarefa que é ao mesmo tempo metafísica, histórica e ética. Metafísica porque esclarece que, sendo a consciência originariamente liberdade, a servidão só pode definir-se como alienação dessa liberdade; histórica porque nos mostra as situações concretas em que historicamente ocorreu esse processo. A tarefa ética deve ser entendida em estrita conexão com o envolvimento do homem no conhecimento da realidade humana: sendo a existência o fundamento compreensivo desse conhecimento, aquilo que esse fundamento nos revela acerca da realidade humana nos compromete com a sua realização, principalmente porque a compreensão da existência não significa apropriar-se de um dado, mas comprometer-se com uma tarefa, com algo que temos de fazer, e não apenas contemplar. É nesse sentido que a tarefa ética da literatura acompanha o caráter eminentemente prático do conhecimento do homem: escrever é agir.

Bibliografia

ADORNO, T. Engagement. In: _____. *Notas de literatura*. Rio de Janeiro: Tempo Brasileiro, 1973.

BOISDEFFRE, P. *Métamorphoses de la littérature*, II. s. l.: Alsatia, s. d.
_____. *Littérature d'aujourd'hui*. Paris: Union Générale d'Editions, 1958.

BORNHEIM, G. *Sartre*. São Paulo: Perspectiva, 2000.

CAMPBELL, R. *Jean-Paul Sartre ou une littérature philosophique*. Paris: Editions Pierre Ardent, 1947.

CAMUS, A. Carta a Jean-Paul Sartre. In: *Polemica Sartre-Camus*. Buenos Aires: El Escarabajo, 1964.

_____. *O homem revoltado*. Rio de Janeiro: Record, 1997.

CRANSTON, M. *Sartre*. Rio de Janeiro: Civilização Brasileira, 1966.

GLUCKSMANN, C. A origem da literatura. In: *Sartre hoje*. São Paulo: Documentos, 1968. (L'Arc – documentos).

HEIDEGGER, M. *Ser e tempo*. Trad. Marcia de Sá Cavalcanti. Petrópolis: Vozes, 1988.

ISER, W. *O fictício e o imaginário*. Perspectivas de uma antropologia literária. Rio de Janeiro: Editora da UERJ, 1996.

LOUETTE, J.-F. *Jean-Paul Sartre*. Paris: Hachette,1993.

MÉSZAROS, I. *A obra de Sartre*. Busca da liberdade. São Paulo: Ensaio, 1991.

MOUTINHO, L. D. *Sartre* – psicologia e fenomenologia. São Paulo: Brasiliense, 1995.

PERDIGÃO, P. *Sartre – existência e liberdade*. Uma introdução à filosofia de Sartre. Porto Alegre: L&PM, 1995.

RICŒUR, P. O homem revoltado. In: _____. *Leituras II* – A região dos filósofos. São Paulo: Loyola, 1966.

SAINT-SERNIN, B. Philosophie et fiction. *Temps Modernes*, n.531-3, oct.-dec. 1990.

SARTRE, J.-P. *L'imaginaire*. Paris: Gallimard, 1940.

_____. *Une idée fondamentale de la phénomenologie de Husserl*: l'intentionalité. Paris: Gallimard, 1947. (Situations I).

_____. *Présentation de temps modernes*. Paris: Gallimard, 1948. (Situations II).

_____. *Des rats et des hommes*. Paris: Gallimard, 1964. (Situations IV).

_____. *A náusea*. Lisboa: Publicações Europa-América, 1964.

_____. *Sursis*. Trad. Sergio Milliet. São Paulo: Difel, 1964.

_____. *O muro*. Trad. H. Alcântara Silveira. Rio de Janeiro: Civilização Brasileira, 1965.

_____. *Questão de método*. Trad. Bento Prado Júnior. São Paulo: Difel, 1966.

_____. *Uma ideia fundamental da fenomenologia de Husserl*: a intencionalidade. Lisboa: Publicações Europa-América, 1968. (Situações I).

_____. *A idade da razão*. Trad. Sergio Milliet. São Paulo: Difel, 1968.

_____. Je – Tu – Il. Préface à *L'inachevé* de André Puig. Paris: Gallimard, 1972. (Situations IX).

_____. *Ratos e homens*. Lisboa: Publicações Europa-América, 1972. (Situações IV).

_____. *La transcendance de l'Ego*. Paris: Vrin, 1972.

_____. *L'être et le néant*. Paris: Gallimard, 1982. (Colléction Tel).

_____. *Que é a literatura?* Trad. Carlos Felipe Moisés. São Paulo: Ática, 1989.

_____. *Le mur*. Paris: Gallimard, Folio,1996.

_____. *La nausée*. Paris: Gallimard, Folio,1997.

_____. *O ser e o nada*. Trad. Paulo Perdigão. Petrópolis: Vozes, 2001.

_____. *Apresentação de Tempos modernos*. Lisboa: Edições Europa-América, s. d. (Situações II).

SOBRE O LIVRO

Formato: 16 x 23 cm
Mancha: 27,5 x 44 paicas
Tipologia: Iowan Old Style 11/16
Papel: Pólen soft 80 g/m² (miolo)
Cartão Supremo 250 g/m² (capa)
1ª edição: 2004

EQUIPE DE REALIZAÇÃO

Coordenação Geral
Sidnei Simonelli

Produção Gráfica
Anderson Nobara

Edição de Texto
Nelson Luís Barbosa (Assistente Editorial)
Carlos Villarruel (Preparação de Original)
Ada Santos Seles e
Ana Paula Castellani (Revisão)
Oitava Rima Prod. Editorial (Atualização Ortográfica)

Editoração Eletrônica
Santana

Impressão e acabamento